MICHAEL BUCHINGER

Hasst du noch alle?!

Gesunde Kekse, leere Versprechen und Partyspiele.
333 Gründe, um täglich aus der Haut zu fahren

WILHELM HEYNE VERLAG
MÜNCHEN

Penguin Random House Verlagsgruppe FSC® N001967

Originalausgabe 06/2021

Copyright © 2021 by Wilhelm Heyne Verlag, München,
in der Penguin Random House Verlagsgruppe GmbH,
Neumarkter Straße 28, 81673 München
Redaktion: Dr. Henning Thies
Umschlaggestaltung: Hauptmann & Kompanie Werbeagentur, Zürich
unter Verwendung eines Fotos von: © Dominik Pichler
Satz: Satzwerk Huber, Germering
Druck: GGP Media GmbH, Pößneck
Printed in Germany
ISBN: 978-3-453-60583-1

www.heyne.de

Inhalt

Vorwort 006

   I. FILM, FERNSEHEN UND KONZERTE 011

  II. PARTYS 040

 III. REISEN 082

 IV. RESTAURANTS 120

  V. LIEBE UND DATING 146

 VI. INTERNET 178

 VII. MANIEREN 209

VIII. SHOPPING 230

 IX. GESUNDHEIT UND WELLNESS 248

  X. KOMMUNIKATION 267

 XI. LEUTE, ORTE UND DINGE 293

Danksagung 317

Vorwort

Wie heißt es so schön? Man kann nicht nur von Luft und Liebe leben – und das ist völlig richtig! Zu einem guten Leben gehört meiner Meinung nach auch eine gehörige Prise Hass, und das meine ich völlig ernst. Bin ich etwa auf einer Party und habe die Wahl, mich neben eine Person zu setzen, die über Regenbögen, Sonnenblumenfelder, Kinderlachen und andere Dinge spricht, die sie von ganzem Herzen liebt, oder mich zu einem Menschen zu gesellen, der mit einem Glas Wein in der Hand über hassenswerte Dinge wie Menschenmassen, Leute, die im Kino quatschen, oder diese komische Hippie-Person am anderen Ende der Party lästert, die nur über Liebe spricht, würde ich mich jedes Mal für das hassende Lästermaul entscheiden.

Aber warum? Ganz einfach: Hass verbindet! Klar, die meisten von uns mögen süße Katzenbabys und den Sonnenaufgang, aber ich würde auf diese 08/15-Vorlieben keine Freundschaft aufbauen – dann wäre ich ja mit der halben Weltbevölkerung befreundet, und so viel Zeit habe ich nun wirklich nicht. Aber zeig mir eine Person, die gesteht, dass sie Menschen, die auf Rolltreppen auf der falschen Seite stehen, gerne treten möchte oder einen irrationalen Hass gegen jene Artgenossen schürt, die Gnocchi als »Gnotschi« aussprechen, und ich zeige dir einen Freund fürs Leben. »Endlich spricht es mal jemand aus!«, würde ich jauchzen und auf den Trümmern des gemeinsamen Hasses eine wunderbare Freundschaft gedeihen lassen.

»Aber Michi, *Hass* ist so ein starkes Wort, und du solltest es wirklich nicht verwenden. Ich finde, es gibt bereits genug Hass auf der Welt…«, denken sich manche von euch bestimmt und legen schockiert die Hand auf die Brust. Ich hab's verstanden, Leonie: Du bist ein guter Mensch, der noch nie einen bösen Gedanken hatte. Wie schön für dich! Bitte schlag dieses Buch wieder zu und investiere deine Zeit anderswo; gibt es nicht irgendwo eine Brandy-Melville-Store-Eröffnung, bei der du sein solltest? Abgesehen davon würde ich mich ebenfalls als guter Mensch bezeichnen: Genau so, wie es in der Bibel steht, liebe ich meinen Nächsten – aber ich hasse meinen Übernächsten und meinen Überübernächsten, und meinen Überüberübernächsten…

Und wenn wir schon bei Wörtern sind, die inflationär verwendet werden, möchte ich gerne mal wieder gegen die gute alte Liebe sticheln: Ständig muss ich mir von meinen Mitmenschen anhören, wie sehr sie ihren neuen Smoothie-Maker oder diesen 4,99 Euro-Chardonnay aus dem Supermarkt lieben. Ist *lieben* nicht auch ein starkes Wort? *Liebst* du deinen Smoothie-Maker wirklich? Möchtest du ihn deinen Eltern vorstellen, einen romantischen Abend mit ihm verbringen und »schauen, was passiert«, wenn ihr schon ein bisschen angetrunken seid und gemeinsam am Sofa chillt? Eben.

Natürlich *hasse* ich Leute, die zu oft blinzeln oder im italienischen Restaurant mit den Kellnern Italienisch sprechen nicht so sehr, wie ich Krieg, Ungerechtigkeit und diese Maus hasse, die seit Wochen ihr Unwesen in meiner Wohnung treibt und meine Schuhsammlung mit einer WC-Anlage zu verwechseln scheint. Wer wirklich so ein starkes Problem mit meiner Wortwahl hat, kann sich statt jedem »Ich hasse […]« ja einfach »Ich finde […] echt meeega nervig!!!« denken, aber ganz ehrlich: »Michaels mega-nervig-Liste« hat wohl kaum den gleichen Wortklang und für meinen Geschmack auch zu wenige hasserfüllt zischende S-Laute.

Apropos Hass-Liste! Vielleicht sollte ich euch erzählen, wie ich dazu kam, mittlerweile mit Hass mein Geld verdienen zu dürfen. Es war im Juli 2013, als ich aus einer (Wein-) Laune heraus beschloss, als Gegenstück zu all den »Favoriten-Videos« auf YouTube ein Video auf meinem Kanal zu veröffentlichen, in dem ich über all die Dinge sprach, die ich in diesem Monat hasste: meine erste Hass-Liste! Die Resonanz auf dieses Video übertraf meine Erwartungen, und die Leute konnten es nicht lassen, in den Kommentaren gehörig Dampf abzulassen und mir zu schildern, was sie selbst alles gehasst haben.

So beschloss ich, ein regelmäßiges Format aus meinem Alltagshass zu machen, welches sich bis zum heutigen Tag großer Beliebtheit erfreut, ein paar Preise gewonnen hat, zu einem Bühnenprogramm geworden ist und dazu geführt hat, dass mich die Leute regelmäßig auf der Straße aufhalten, um mir in einem endlosen Wortschwall zu erklären, was sie gerade alles hassen, als wäre ich ein Pfarrer des Hasses und Empfänger der heiligen Hass-Beichte. Da haben wir's wieder: Hass verbindet!

In diesem Buch erwarten euch 333 Hass-Punkte, die ich in Kapitel wie »Partys«, »Reisen« oder »Internet« unterteilt habe, und bei deren Lektüre ihr euch hoffentlich »Ja!! Endlich spricht mal jemand aus, was ich mir schon so lange denke!« sagt und nicht: »Oy, was ist *das* denn für ein Buch? Habe ich die Rechnung noch?« Und weil auch ein Querulant wie ich mal eine kleine Meckerpause braucht, habe ich zwischendurch für euch ein paar Listen mit Vorschlägen, wie man es besser machen könnte, damit die Welt ein schönerer Ort wird, in dem alle sich so verhalten, wie ich es ihnen sage.

Ach ja, eine Sache noch: Da mein Hass sehr persönlich und aus meinem Leben gegriffen ist, wollen die Leute immer von mir wissen, was denn bloß passiert, wenn meine Freunde mitbekommen, was ich mal wieder Böses über sie gesagt oder geschrieben habe. »Sind die dann nicht sauer?« Um auf Nummer sicher zu gehen, ändere ich immer, so auch in den folgenden Zeilen, die Namen und Alleinstellungsmerkmale der Leute, damit sich ja niemand wiedererkennt und mich vor Gericht zerrt – obwohl ich schon *genau* weiß, was ich anziehen würde, um die Geschworenen zu bezirzen.

(Lustigerweise passiert es selbst nach diesen Anpassungen manchmal, dass Leute mich konfrontieren. »Wie kannst du so etwas Gemeines über Alisa sagen?«, wollen sie etwa wissen, und darüber kann ich wirklich nur schmunzeln: Ich habe in meiner Erzählung ihren Namen und ihren Job geändert, und du hast sie trotzdem als »diese anstrengende Person, die ständig mit offenem Mund kaut«, erkannt? Heilige Maria, dann muss Alisa ja *wirklich* anstrengend sein.)

Wie dem auch sei, als jemand, der lange Vorworte hasst, werde ich mein eigenes nun beenden und euch auf den kommenden Seiten verraten, welche anstrengenden Dinge mich tagtäglich aus der Haut fahren lassen. Viel Spaß!

I.
FILM, FERNSEHEN UND KONZERTE

Schon in meiner Kindheit liebte ich die Realitätsflucht von Film und Fernsehen. Fühlte ich mich von meinen Mitmenschen genervt oder hatte Stress in der Schule, konnte ich es kaum erwarten, nach Hause zu kommen, eine Folge *Sailor Moon* zu schauen und darüber zu fantasieren, allen Menschen, die ich ein bisschen anstrengend fand, einen Mondstein ins Gesicht zu knallen. Noch schöner fand ich Kinobesuche, bei denen ich für neunzig Minuten vergessen konnte, dass ich in einem kleinen Dorf lebte, in dem man als »sündiger Rebell« galt, wenn man zwei verschiedenfarbige Socken trug, und mich stattdessen über die Leinwand in ein fabelhaftes Großstadtleben transportieren ließ. Doch leider muss ich euch berichten, dass ich mit steigendem Alter auch an meinen einstigen Steckenpferden einiges zu hassen gelernt habe: Das Kino ist ja vielleicht ein ganz netter Rückzugsort, bis einem wieder einfällt, dass man freiwillig 15 Euro gezahlt hat, um seine gemütliche Wohnung zu verlassen und mit einem Haufen laut quatschender Fremder in einem stockdunklen Saal zu sitzen. Und auch ein entspannter Fernsehabend zu Hause wird spätestens nach dem dritten fünfzehnminütigen Werbeblock zu einer lebendigen Hassliste. Schade eigentlich, dass ich selbst bei der einst so schönen Realitätsflucht nicht dem Hass entkommen kann.

Ich hasse Leute, die im Kino reden

Meiner Meinung nach ist das Beste an jedem Kinobesuch, dass man sich nicht mit seiner Begleitung unterhalten muss. Zwei Stunden absolutes Schweigen, während ich Ryan Goslings Bauchmuskeln auf einer meterhohen Leinwand anstarren und mir dabei Popcorn in den Mund schieben darf? Meine Vorstellung vom Himmel! Umso mehr nervt es mich, dass es Leute gibt, die einen abgedunkelten Kinosaal offenbar mit einer Einladung zu einer hitzigen Runde »Wer ist es?« verwechseln und Fragen rausballern, als wären sie Inspektor Columbo höchstpersönlich. Ich habe nicht Eintritt bezahlt, um dich quatschen zu hören. Wenn man dir den Film, der gerade läuft, zwischendurch erklären muss, bist du offenbar ein bisschen zu doof dafür und solltest lieber nach Hause gehen. Meine Freundin Tamara ist so eine Kandidatin. »Wer ist das? Warum sind sie gerade in das Auto eingestiegen? Wo ist die Hauptfigur?«, wollte sie bereits fünf Minuten nach Filmbeginn während unseres ersten (und letzten!) gemeinsamen Kinobesuchs wissen. *Ich weiß es auch nicht, Tamara, ich hab nicht das Drehbuch geschrieben – lass es uns doch gemeinsam herausfinden!* Du hattest also keine Worte, als ich dir offenbart habe, dass ich gerne ein Hip-Hop-Album veröffentlichen möchte, aber kaum schauen wir *Harry Potter*, verwandelst du dich in den sprechenden Hut. Zwischendurch merkte Tamara auch noch Dinge an wie: »Aber Besen können doch gar nicht fliegen!«, und da platzte mir der Kragen! Weißt du, was schon fliegen kann?

Meine Faust! Deswegen ist es essentiell, dass man während der Dating-Phase einer Beziehung unbedingt gemeinsam ins Kino geht. Nein, nicht damit man im Dunkeln rummachen kann, sondern damit man herausfindet, ob der Partner in spe eine anstrengende Quasselstrippe ist. Falls ja: Thank you, next!

Ich hasse Leute, die sich den Abspann bis zum Schluss ansehen

Diese Menschen behaupten, dass der Abspann »Teil des Films und der Vision des Regisseurs« sei, aber wenn es sich nicht um eine ulkige Komödie handelt, bei der lustige Patzer im Abspann gezeigt werden oder wir auf eine Extra-Szene ganz am Ende warten können, ist es verschwendete Zeit, im Kino zu sitzen und Namen zu lesen, die schneller vorbeizischen, als die Autos beim Großen Preis von Monaco. Manche möchten gerne an dir vorbei, um den Kinosaal zu verlassen und sich noch eine extra Portion Nachos für den Nachhauseweg zu kaufen. Extra Hass-Punkte gibt es für jene Leute, die während des Abspanns klatschen und laut »BRAVO!« rufen. Wir sind nicht bei den Filmfestspielen in Cannes, wir sind in einer 14:30-Uhr-Vorstellung im Stadtkino Mattersburg – bitte beruhig' dich wieder!

Ich hasse es, dass Kinotickets immer teurer werden

Vielleicht gehöre ich zur Minderheit, aber ich gehe selbst in Zeiten von Netflix, Amazon Prime und Disney+ nach wie vor sehr gerne ins Kino. Ich finde es schön, eine geteilte Erfahrung mit einem Saal voller Menschen zu haben, und manche Filme kann ich noch mehr genießen, wenn der ganze Saal gleichzeitig lacht, weint oder »Bitte macht, dass es aufhört!«, schreit, wie das bei so ziemlich jedem Adam-Sandler-Film der Fall ist. Ich bin aber kein Fan davon, dass Kinotickets stetig immer teurer werden. Konnte ich mir früher den neusten *Star Wars*-Film um 10 Euro ansehen, zahle ich jetzt 22 Euro für 3D, Dolby Atmos Sound, bequemere Sitze und andere Zusatzleistungen, um die niemand gebeten hat. Für dieses Geld erwarte ich mir schon, dass Yoda aus der Leinwand springt und den »Macarena« auf meinem Schoß performt.

Ich hasse die Werbung im Kino

Eigentlich ist es wirklich frech, dass man dieser Tage mindestens 10 Euro Eintritt zahlt, um in einer dunklen Kammer zu sitzen und erst mal 25 Minuten Werbung über sich ergehen zu lassen. Wenn es wenigstens nur Trailer wären; die würden mich ja noch halbwegs interessieren. Aber nein! In manchen Kinos kann absolut jeder für verhältnismäßig wenig Geld seinen Werbeclip abspielen lassen, weswegen man vor vielen Filmen gerne mal ein Potpourri der schlechtesten Werbungen aller Zeiten sieht, die nicht selten so aussehen, als wären sie unter der Regie einer Kartoffel gemacht und mit einem Taschenrechner gefilmt worden.

Natürlich würde es naheliegen, bei meinem Kinowerbung-Hass ganz einfach immer erst fünfundzwanzig Minuten nach offiziellem Filmbeginn ins Kino zu schliddern, um mir das ärgerliche Spektakel entgehen zu lassen. Als Kind von Eltern, die gerne *mindestens* drei Stunden vor Abflug am Flughafen auftauchten, fällt es mir schwer, absichtlich zu spät zu kommen – und erfahrungsgemäß wird oft just an dem Tag, an dem ich beschließe, dass ich die Werbung überspringe, kurzerhand beschlossen, einfach mal pünktlich mit dem Film anzufangen, weswegen mir nun ein Drittel der Handlung fehlt, und ich mir selbst zusammenreimen muss, warum in aller Welt Whoopi Goldberg plötzlich Nonne *und* vor Gangstern auf der Flucht ist.

Ich hasse Kinder im Kino

Da sitze ich schon entspannt in meinem Kinosessel, habe bereits die halbe Packung Popcorn gegessen und freue mich auf den Film, als plötzlich die Tür aufschwingt und ein Kind nach dem anderen in einem nicht enden wollenden Strom in den Kinosaal kommt, wie aus einem Clownsauto aus der Hölle. Immer wenn ich denke, »Gut, jetzt ist es zu Ende – es ist sicher schon eine ganze Schulklasse hier!«, strömen wieder fünf kleine Neuankömmlinge auf einmal rein, als würde im Saal nebenan ein Meet & Greet mit Woody Allen stattfinden, vor dem sie sicherheitshalber flüchten. Weniges ist anstrengender als Schulklassen, die gemeinsam eine Kinovorstellung besuchen, da sie von der Freiheit, für die kommenden neunzig Minuten nicht einer Lehrperson lauschen zu müssen, einfach so überfordert sind, dass sie einfach durchgehend quatschen oder mit Popcorn um sich werfen. Ich sollte es wissen, ich war während meiner Schulzeit genauso.

Ich hasse Leute, die glauben, sobald das Licht ausgeht, sieht sie niemand mehr

Wie Kleinkinder, die sich beim Versteckspiel einfach mal mitten im Raum hinsetzen und die Augen schließen, in der Hoffnung, dass sie dann nicht mehr zu finden sind, gibt es Kinobesucher, die glauben, unsichtbar zu werden, sobald im Saal das Licht ausgeht. Und das ist es Showtime: Sie bohren in der Nase, kauen an ihren Fingernägeln (vergesst Nachos und Popcorn! Die Kinosnacks von heute wachsen an unseren eigenen Fingern!) und verhalten sich generell so, als würden sie zu Hause auf dem Sofa liegen und Netflix bingen. Newsflash: Dem ist nicht so! Jeder bekommt ganz genau mit, was du da machst, und ich persönlich möchte nur sehr ungern Zeuge davon werden, wie du Oralverkehr mit deinen eigenen Fingern hast, besonders, wenn du vorhast, die Hand, die gerade noch bis zum Anschlag in deinem Mund steckte, auf unsere geteilte Armlehne zu legen.

Ich hasse deutsche Filmtitel

Es scheint ein ungeschriebenes Gesetz zu sein, dass jeder englische Kinofilm einen absolut affigen deutschen Titel braucht, damit so wenig Leute wie möglich ihn sehen wollen. Ein Paradebeispiel ist etwa die Sandra-Bullock/Melissa-McCarthy-Komödie *The Heat*, die – vermutlich, weil die Hauptfiguren zwei Frauen sind, die nicht jeden Abend um 18:00 Uhr für ihre Ehemänner Abendessen kochen – auf Deutsch *Taffe Mädels* heißt. Ich weiß, ich weiß: Es geht darum, dass die Titel gut verständlich sind und leicht von der deutschsprachigen Zunge rutschen, aber ich persönlich würde lieber an der Kinokasse stehen und zwei Tickets für *Big Hero 6* verlangen, als versuchen, *Baymax – Riesiges Robowabohu!* auszusprechen.

Noch schöner finde ich ja, wenn ein englischer Titel in unseren Breiten einen anderen, aber immer noch englischen Titel bekommt; so wird aus *Trainwreck* mit Amy Schumer zum Beispiel *Dating Queen*, und *Crazy Rich Asians* einfach zu *Crazy Rich*; vermutlich in der leisen Hoffnung, dass sich mehr Leute einen Film ansehen, in dem ausschließlich Asiaten mitspielen, wenn sie bloß nicht auch noch im Titel vorkommen. Vielleicht bringt mir mein (nur allzu ungern absolviertes) Englisch-Studium ja doch noch was! Ich könnte Filmtitel-Übersetzer werden und dann – aus Jux und Tollerei und weil mir gerade langweilig ist – darauf bestehen, dass Filme wie *Wonder Woman* auf Deutsch sinnbefreite Titel à la »Das Wahnsinnsweib – (K)eine Frau für alle Fälle!« tragen.

Ich hasse es, dass Filme so lange dauern

Ich mag meine Filme, wie ich meinen Sex mag: Exakt 90 Minuten lang (und ja, auch nach dem Geschlechtsverkehr wünsche ich mir, dass alle Beteiligten schnellstmöglich den Raum verlassen und ihre 3D-Brillen retournieren. Danke!). Doch in Zeiten, in denen unsere Aufmerksamkeitsspannen ohnehin schon so kurz sind, dass mir selbst so manche Instagram-Story »ewig lang« vorkommt, werden Kinofilme plötzlich immer länger. *The Revenant – der Rückkehrer* dauert zwei Stunden, 47 Minuten! Der einzige Grund, warum ich zurückkehren werde, ist um das Kino niederzubrennen. Besonders der Regisseur Martin Scorsese liebt es, ellenlange Filme zu machen. *The Irishman* dauert dreieinhalb Stunden! Länger als manche meiner alkoholfreien Phasen. Unmöglich, mir den Film auf einem Flug nach Mallorca anzusehen: Ich würde ins Cockpit rufen »Können Sie noch mal abheben und eine Runde drehen? Mein Film ist erst bei der Hälfte!«

Wer hat die Zeit? Sicherlich nicht Marty selbst: Der Typ ist fast achtzig; man möchte meinen, er würde seinen Lebensabend damit verbringen, Filme in TikTok-Länge zu veröffentlich, aber nein. Ich gebe offen und ehrlich zu, dass ich mich nicht so lange konzentrieren kann; in dieser Zeit muss ich dreimal aufs Klo, brauche zwei kleine Snacks und mindestens eine Nackenmassage. Wie aufregend kann eine Geschichte sein, dass man so viel Zeit braucht, sie zu erzählen? Langweilig! Wenn ich drei Stunden erleben möchte, in denen so gut wie nichts passiert, gehe ich in einen Sexclub, sage »Macht alles mit mir, was ihr möchtet!« und warte ab.

Apropos, ich hasse diese überlangen XXL-Shows im Fernsehen

Ich bin sicher, Fernsehproduzenten sind wahnsinnig stolz auf ihre stundenlangen »TV-Events« wie *Germany's Next Topmodel*, oder *The Masked Singer*, bei denen die Zuschauer geradezu an den Bildschirmen kleben und horrende Summen für die Werbepausen verlangt werden können, aber ähnlich wie bei den meisten anderen Happenings, die von Heidi Klum moderiert werden, werde ich auch hier mit »Danke, aber nur über meine Leiche!« antworten. Ich hab noch andere Dinge zu tun! Muss ich mir wirklich drei Stunden in meinem Terminkalender blocken, um herauszufinden, dass hinter der Maske des singenden Oktopus die ganze Zeit über nicht – wie von der Jury vermutet – Céline Dion, sondern Lucy von den ›No Angels‹ steckte? Ohne mich!

Ich hasse Serien-Revivals

So gut wie jede halbwegs erfolgreiche Serie aus den Neunzigern kommt dieser Tage früher oder später wieder mit neuen Folgen ins Fernsehen: *Will & Grace*, *Roseanne*, *Full House*. Die Leute lieben es nun mal, diese vertrauten alten Gesichter wiederzusehen – und im Fall von Debra Messing bekommen sie sogar ein völlig neues präsentiert! Doch das Einzige, was beim Anblick dieser neuen alten Serien ein Comeback macht, ist mein Mittagessen. Meistens kommt man doch zu dem Entschluss, dass die Serien früher einfach besser waren, und es liegt noch nicht mal am Skript: *Full House* war tatsächlich noch nie sonderlich gut. Es kam uns nur so vor, weil wir selbst früher sorgenfreier, schöner, straffer und rundum tollere Menschen waren. Traurig.

Ich hasse alte Filme

Besonders jene meiner Bekannten, die gerne Dörrobst essen und im Supermarkt vorzugsweise mit Kupfermünzen bezahlen – sprich, alle über sechzig –, lieben es, mir klassische Komödien der Filmgeschichte zu empfehlen, die ich einfach sehen *muss*: *Manche mögen's heiß*, *Blondinen bevorzugt* oder *Ein Pyjama für zwei* zum Beispiel. Sorry, Waltraut, aber an diesen alten Schinken habe ich so wenig Interesse wie an deinem wöchentlichen Canasta-Abend, aber dennoch danke für die Einladung. Vermutlich waren diese Filme zu ihrer Zeit richtig provokante Schenkel-klopfer: Man muss vermutlich wissen, wie saulangweilig andere Filme früher waren, um es »herrlich lustig« zu finden, wenn Marilyn Monroe in *Wie angelt man sich einen Millionär* ihre Brille abnimmt und gegen eine Wand läuft. *Classic Comedy!*

Ich verstehe auch die Hälfte der Codes aus diesen alten Komödien nicht. Etwa durfte man früher in Filmen nicht einfach sagen, dass zwei Leute Sex miteinander hatten – das wäre doch zu verrucht gewesen!

Stattdessen enthalten die Filme einer gewissen Ära augenzwinkernde Anspielungen darauf, dass zwei Leute »miteinander schwimmen gegangen« sind. Das finde ich ja noch viel schlimmer! Ich würde viel eher mit jemandem Sex haben, als mit dieser Person schwimmen zu gehen – ein Unterfangen, bei dem meine Begleitung womöglich sehen könnte, dass ich nicht wirklich schwimmen, sondern nur wie ein Hund kraulen kann und mit nassen Haaren so aussehe, wie dieses gruselige Mädchen aus *The Ring*. Nein, dankeschön! Dann lieber Beischlaf. Abgesehen davon, kann ich den legendären Romanzen in diesen Klassikern selten etwas abgewinnen. Wenn ich sehen will, wie ein schwuler Mann so tut, als wäre er hetero, schaue ich mir nicht Rock Hudson an, sondern werfe einfach einen Blick auf jedes zweite »glückliche Ehepaar« in meiner Heimatgemeinde auf dem Land.

Ich hasse Horrorfilme

Das Leben ist doch gruselig genug – seid ihr schon mal mit der U6 gefahren? Warum sollte ich mir dann *freiwillig* Filme zuführen, die mir Angst machen? Ich verstehe auch nicht, warum ein Gruselfilm-Abend für viele angehende Paare ein fester Bestandteil der Dating-Phase ist. Wenn ich Angst habe, ist doch nicht mein erster Instinkt, mich an meinen Partner ranzukuscheln, sondern eher, wie am Spieß zu schreien, mit Gegenständen um mich zu werfen und meinen Partner dem Angreifer zu opfern, damit ich sicher davonkommen kann.

Ich hasse es, dass Komödien dieser Tage so unlustig sind

Als Kind der Neunziger bin ich mit klassischen RomComs aufgewachsen. Nichts hat mein Herz lauter singen lassen, als eine seichte romantische Komödie, in der sich Meg Ryan, Julia Roberts oder Sandra Bullock in Tom Hanks, Hugh Grant oder eine Aktentasche mit Bart verlieben. Der einzige Konflikt bei diesen Liaisons war zumeist, dass das Liebespärchen eigentlich gar nicht zusammenpasste, da Meg Ryan Tierschützerin ist, aber Hugh Grant nicht auf seine Krokodillederschuhe verzichten will. Es war die Sorte Filme, bei denen man von Anfang an weiß, wie sie enden und in denen das absolut Traurigste, das passieren konnte, war, dass der Typ am Weg zum Rendezvous mit dem Taxi im verregneten Stau steht, was in der Prä-Smart-phone-Ära dazu führte, dass Julia Roberts traurig aus dem Fenster ihres für New Yorker Verhältnisse viel zu großen Apartments schmollte, weil sie dachte, ihr neuer Macker liebe sie nicht. Aber Spoiler: Seine Liebe war größer als seine Angst, nass zu werden, und so ist er einfach bei starkem Regen aus dem Taxi gesprungen und hat kurzerhand beschlossen, die fünfzehn Häuserblocks zu ihr zu laufen, wo er gerade noch rechtzeitig triefend nass ankommt, um seine große Liebe zu küssen, bevor sie ein für alle Mal nach Paris zieht, um ihren Traum als Barett-Designerin zu leben. Ende gut, alles gut! Ich weiß, dass ich wie ein steinalter Mann (der ich im Geiste ja auch bin) klinge, wenn ich sage: Solche Filme machen sie einfach nicht mehr!

Die typische Inhaltsangabe einer romantischen »Komödie« aus der Jetzt-Zeit lautet: Die junge Laura hat Krebs und verliebt sich im Krankenhaus in einen attraktiven Mann, der an AIDS leidet. Am Schluss sterben beide – ein Spaß für die ganze Familie, vorausgesetzt, niemand in dieser Familie empfindet gerne Freude! Entschuldigung, aber das ist keine Komödie. Das ist trauriger als mein eigenes Leben, aufgrund dessen ich ja erst Komödien schaue. Dieser Tage geht man ins Kino und schaut eine Komödie, um endlich mal wieder zu lachen, und dann ist man zwei Wochen wegen Selbstmordgefährdung unter Beobachtung.

Ich hasse prätentiöse
Arthouse-Liebhaber

Wie gefühlt jeder Millennial habe auch ich mal ein Semester lang Theaterwissenschaft studiert und fühlte mich von Anfang an als klarer Außenseiter unter meinen Kommilitonen. Nicht nur, weil ich nicht gerne Hüte in der Vorlesung trug (schicke Kopfbedeckung, Carmen Sandiego, aber ich kann die PowerPoint-Präsentation nicht sehen!) oder selbstgedrehte Zigaretten kettenrauchte, sondern auch, weil mein Lieblingsfilm nicht *J'ai tué ma mère* oder aber der Kurzfilm *Un chien andalou* war, bei dem einer Frau mit einem Skalpell das Auge aufgeschlitzt wird. Ein richtiger Klassiker für eine Pyjamaparty mit den Mädels!

Ich kann mir nicht vorstellen, dass die Leute diese Filme *wirklich* mögen – es klingt einfach niveauvoller. Ähnlich, wie wenn man sagt, dass man seinen Kaffee ausschließlich schwarz trinkt und dabei mit Vorliebe Goethe liest – okay, schön für dich! Ich bleibe bei meinem Triple Chocolate Chip Frappuccino, Groschenromanen und *Sister Act* als meinem Lieblingsfilm.

Ich hasse den Überschuss
an Entertainment

Als ich ein Kind war, gab es gefühlt fünf für mich relevante Fernsehsender, mit denen ich mir eine Stunde am Tag die Zeit vertrieben habe. Dann war's aber auch gut! Heute dagegen haben wir Netflix, Amazon Prime, Disney Plus und so viele mehr, dass es mich nicht wundern würde, wenn Dyson bald einen Streamingdienst lancieren würde, damit wir endlich ein bisschen Fun haben können, während wir hartnäckige Teppiche staubsaugen.

Das Schlimmste, was mir im Moment passieren kann, ist, dass Freunde mir eine neue Serie empfehlen. »Michi, du *musst Riverdale* schauen!«, sagen sie mir etwa, und ich muss schon sehr aufpassen, dass ich mich nicht an Ort und Stelle in den unglaublichen Hulk verwandle und mit »Weißt du was, fick du dich auch, Anton!« antworte. Die Liste an Serien, die ich laut anderen Menschen schauen *muss*, ist länger als die Liste an Desserts, die ich gerne probieren würde, und der Tag hat nun mal nur vierundzwanzig Stunden. In einer Zeit, in der Netflix jedem, der bei drei nicht auf dem Baum ist, eine eigene zehnteilige Mini-Serie schenkt (außer mir, wie mir aufgefallen ist), komme ich mit dem »Must See TV« einfach nicht mehr hinterher. Manchmal will ich einfach nur in die Luft schauen!

Und ich hasse es auch, wenn Freunde mir ungefragt Bücher borgen

Wenn ich es haben wollen würde, würde ich es mir kaufen, okay? Ich fühle mich dann immer so, als würde ich ein kleines Baby in einem Korb vor meiner Haustür finden. Als hätte ich nicht schon genug um die Ohren, borgst du mir nun auch noch das 1024-Seiten-Buch *Der Distelfink*,

Lara? Dieser nett gemeinte Akt ist sogar noch schlimmer, als eine Film- oder Serienempfehlung, da sich nun auch noch ein Objekt in meinem Besitz befindet, von dem ich weiß, dass meine Freundin es früher oder später zurückhaben will. Ich lasse dann einfach immer ein Jahr verstreichen, in dem ich das Buch natürlich nicht gelesen habe, und gebe es dann zurück mit den Worten: »Wow, was für ein tolles Buch! Besonders mochte ich die Stelle mit dem Distelfink!«

Ich hasse Musiker, die bei Konzerten ihre Fans dazu zwingen zu singen

Während ihrer besten Nummer rufen sie laut: »ICH GLAUBE, IHR KENNT DIESEN SONG!«, und halten dem Publikum das Mikrofon hin. Nicht mit mir! Ich weiß nicht, ob du es vergessen hast, Mariah Carey, aber *ich* bezahle *dich*. Du singst! Genau so sehr hasse ich es übrigens, wenn ich neben Leuten stehe, die das Konzert mit einem großen Vorsprechen verwechseln, sich die Seele aus dem Leib singen und dabei so wild tanzen, wie ich es nur tue, wenn ich Bienen verscheuche. Was erwarten sie sich? Dass Beyoncé sie von der Bühne aus erblickt, alles anhält und ruft: »DAS IST SIE! Die Back-Up-Tänzerin, nach der ich all die Jahre lang gesucht habe!« Träum weiter, Lady.

Ich hasse Leute, die bei Konzerten mitfilmen

Also, in anderen Worten, absolut jeden. Bei den meisten Konzerten, die ich in den letzten Jahren besucht habe, sah ich die Bühne vor lauter Handys nicht. Wirst du dir diese verwackelten Handyvideos von Robbie Williams zu Hause wirklich noch mal ansehen, Chantal? Weitere Hasspunkte gibt es für Influencer, die diese elendig langen Videos, auf denen man so viel erkennt wie auf allen Bildern des Loch-Ness-Monsters, dann auch tatsächlich noch auf Instagram posten. Sie behaupten dann immer, dass sei für jene Leute, die zu Hause sitzen, weil sie das Konzert selbst nicht besuchen können. Ja, klar! Das ist genau das, was Menschen, die geknickt sind, weil sie nicht auf ein Konzert können, jetzt brauchen: Footage von jemandem, der gerade dort ist und den Moment nicht genießt, weil er nur an seinem Handy klebt. Ich bitte dich!

Ich hasse die künstliche Verknappung bei Konzerttickets

Ich tue mich – bei aller Liebe – schwer damit zu glauben, dass ein Kylie Minogue-Konzert mit 14.000 Sitzplätzen nach nur zwei Minuten nahezu ausverkauft sein könnte. Viel eher sind Meldungen wie »Fast ausverkauft!« auf Ticketwebseiten ein Trick, damit man als Fan fürchterlichen Stress bekommt und sich denkt: »Oh mein Gott, ich muss *schnell* zuschlagen!« Werden die »wenigen verbleibenden Tickets« ein bisschen zu sehr beworben, kann man davon ausgehen, dass es noch mindestens 70 Prozent der Tickets gibt, man kurz davorsteht, einen attraktiven »2 for 1«-Deal anzubieten und sogar überlegt, das Konzert an einen kleineren Veranstaltungsort zu verlegen – natürlich nur, um eine »intimere Atmosphäre« zu erzeugen.

Ich hasse Leute, die mir erklären, worum es in Songs »eigentlich« geht

Nur weil sie einmal ein BuzzFeed-Listicle zu dem Thema gelesen haben. »Wusstest du, Michael, dass es bei ›Every Breath You Take‹ von ›The Police‹ eigentlich um einen Stalker geht, der sein Opfer beobachtet? Ziemlich verrückt also, dass das Lied so gerne auf Hochzeiten gespielt wird, oder?« Ja, schon, aber ich finde es generell ziemlich verrückt, dass Leute dreißigtausend Euro aufwärts zahlen, um in unbequemer Kleidung die Liebe zu feiern, welche das letzte Mal, als ich nachgesehen habe, eigentlich absolut gratis war. Aber zurück zum Thema: Haben wir nicht damals im Deutschunterricht gelernt, dass man selten eindeutig sagen kann, was ein Künstler mit seinem Werk meint, und dass vieles zur freien Interpretation steht? Vielleicht singen ›The Police‹ ja auch über ihre liebe Großmutter, die schon so alt und fragil ist, dass sie lieber jeden einzelnen ihrer Atemzüge beobachten, aus Sorge, sie könne schon beim kurzen Atemstopp die Reise ins »ewige Jenseits« antreten.

Ich hasse Musiker, die ihren Auftritt auf der Bühne verpassen

Ich gebe es ja zu: Ich besuche ausschließlich Konzerte von Pop-Diven wie Lady Gaga, Madonna und Céline Dion. Diese Größen haben es sich aber leider irgendwann angewöhnt, ihre Fans warten zu lassen und erst anderthalb Stunden nach offiziellem Konzertbeginn schön langsam darüber nachzudenken, auf der Bühne aufzukreuzen. Entschuldigung? Wenn ich mit einer Freundin zum Brunch verabredet bin und sie kreuzt nicht auf, gehe ich bereits nach einer Wartezeit von fünfzehn Minuten wieder nach Hause und beende die Freundschaft, also warum sollte ich für Madonna eine Ausnahme machen? Ich hab 80 Euro für ein Ticket bezahlt, und mit einer Billig-Airline hätte ich für diesen Preis – und in der Zeit, die du brauchst, um die Muße zu finden, auf die Bühne zu gehen – bereits nach Berlin und zurück fliegen können. Ich kann während des Wartens dann nicht anders, als darüber zu mutmaßen, was sie Backstage so treiben. Sind sie betrunken oder high, und warten darauf auszunüchtern? Gibt es ein Beziehungsdrama? Oder sitzen sie einfach unbekümmert in der Garderobe rum, werfen hie und da einen verdutzten Blick in die Ferne und fragen sich: »Hmm, habe ich da nicht irgendetwas vergessen?« Ja, 14.000 Leute warten auf dich! Jetzt aber hurtig.

Ich hasse es, wenn Musiker Zugaben geben

Wir alle wissen, dass Musiker nach einem Konzert Zugaben spielen, weil es von Anfang an so geplant ist. Trotzdem werden wir dazu genötigt, erst mal eine Zeit lang »Zu-ga-be! Zu-ga-be!« zu skandieren und so intensiv zu klatschen, wie zuletzt nur bei *Peter Pan*, damit Tinkerbell nicht stirbt. Ich hasse das! Das ist in etwa so, als würde ich am Freitagabend eine Gruppe an Leuten brauchen, die mir »Michi, bitte trink eine Flasche Wein!« zurufen. Es wird doch ohnehin passieren. Wir alle wissen es – keine Aufforderung notwendig! Um völlig ehrlich zu sein, könnte ich auch sehr gut auf die Zugabe verzichten: Ich stehe schon seit zwei Stunden rum. Meine Beine tun weh, ich habe Durst und ich muss auf die Toilette. Während alle anderen Konzertbesucher also »Zugabe!« schreien, erwische ich mich nicht selten dabei, in Endlosschleife »Toi-let-te! Toi-let-te!« zu rufen, bevor ich still und heimlich auf ebendiese verschwinde. Einmal war ich auf einem klassischen Konzert, und der Künstler hat sage und schreibe fünf Zugaben gegeben und das natürlich nicht, ohne vor jedem Stück kurz von der Bühne zu verschwinden, bevor er wie Houdini auf mysteriöse Weise wieder auftauchte. Wie rücksichtslos! 90 Prozent des Publikums dieses Klassikkonzerts war über achtzig Jahre alt. Als hätten die noch so viel Zeit (und die funktionstüchtigen Gelenke!), um minutenlang zu klatschen und fünf Zugaben über sich ergehen zu lassen. In der Kürze liegt die Würze!

Ich hasse es, wenn befreundete Künstler mich zu ihren Shows »einladen«

Die Freundschaft mit Künstlern ist nicht immer leicht: Ständig hoffe ich, ihre Muse zu sein und als solche in ihren neuen Romanen oder Songs Erwähnung zu finden, bin aber meistens lediglich dafür gut, sie zum Frühstück oder auf Drinks einzuladen. Sie werden mir das Geld aber nicht schuldig bleiben, beteuern sie meistens, und es mir ganz sicher überweisen, wenn sie es mal haben (ich warte noch immer). Umso mehr freut es mich, wenn befreundete Musiker wie etwa mein Kumpel Torben mich auf ihre Konzerte einladen. »Michi, ich lade dich ein! Komm doch zu meiner Show am Dienstagabend«, sagte er letztens, und ich atmete erleichtert auf, da es offenbar doch noch Menschen gibt, die sich für einen Gefallen revanchieren. »Sehr gerne, ich bin dabei!«, sagte ich und versuchte schon mal im Vorfeld, genug Enthusiasmus für neunzig Minuten der Ukulele-Songs meines Freundes zusammenzukratzen. »Super, das macht dann 22 Euro«, entgegnete er. »Zahlst du gleich oder überweist du mir das Geld später?« Entschuldigung? Nach all den Eggs Benedict, auf die ich dich eingeladen habe, kannst du mich nicht mal auf die Gästeliste eines ranzigen Clubs schreiben lassen? Das ist keine Einladung, das ist ein Hinweis, dass es etwas zu kaufen gibt.

Ich hasse Karaoke-Singen

Leute, die mich zum Karaoke einladen, geben mir im Grunde genommen eine Einladung zu einem Event, bei dem ich mich vor vielen Menschen blamieren kann. Wenn ich das möchte, kann ich genauso gut beim nächsten Klassentreffen erzählen, was ich beruflich mache. Außerdem gibt es bei solchen Vorschlägen meist egoistische Hintergründe: Freunde, die Karaoke vorschlagen, sind meist ausgezeichnete Sänger und wollen auch, dass alle es mitbekommen. In der Karaoke-Bar sagen sie dann wie aus dem Nichts: »Waaas? *Ich* soll singen?«, obwohl niemand irgendwas gesagt hat, bevor sie laut »fünf, sechs, sieben, acht!« schreien und die Bühne stürmen, wo sie so wunderbar singen wie Susan Boyle. Kein Auge im Publikum bleibt trocken; meine aber nicht vor Rührung, sondern vor Wut und Eifersucht. Warum bist du so talentiert? Ich möchte nur von Lebewesen umgeben sein, die weniger draufhaben als ich, weswegen ich meistens mit Topfpflanzen abhänge. Ja, aus mir spricht der Neid, denn ich hab kein vergleichbares Talent. Soll ich etwa die Türen der Karaoke-Bar verriegeln und meine besten Tweets vorlesen? Dafür würde ich wohl keinen Beifall, sondern eher einen Beitrag über einen »gefährlichen Zwischenfall« im Abendfernsehen bekommen.

*****

Michis Tipps:
Sieben Liebesfilme,
die ich am allermeisten hasse

E-Mail für Dich

Okay, es ist eine Hass-Liebe: Im Alter von 14 bis 18 habe ich diesen Film mindestens einmal im Monat geschaut, was euch auch in etwa Auskunft darüber geben sollte, wie viel Sex ich in diesem Zeitraum so hatte. Eigentlich ist dieser RomCom-Klassiker ein wirklich charmanter Film, in dem Meg Ryan und Tom Hanks Rivalen im Geschäft sind, aber Verliebte im World Wide Web spielen, die sich gegenseitig E-Mails schreiben und dabei keine Sekunde lang schnallen, dass sie sich auch im echten Leben kennen (was mich – zugegeben – ein bisschen an ihrer Intelligenz zweifeln lässt. Sie brauchen schon sehr lange, um diese Nuss zu knacken!). Leider habe ich diesem Streifen all meine falschen Erwartungen an die Liebe zu verdanken: Viel zu lange war ich felsenfest davon überzeugt, dass mein Traumprinz schon kommen würde, wenn ich einfach lang genug in Online-Foren oder Chatrooms rumlungern würde. Leider nein: Der einzige Prinz, der mir im Internet je unterkam, war dieser nigerianische Prinz aus den Spam-Mails, der möchte, dass ich ihm Geld überweise.

500 Days of Summer

Zooey Deschanel spielt ein Manic Pixie Dream Girl; die Sorte Freigeist, die es liebt, Hüte zu tragen oder im Regen zu tanzen. Es ist unmöglich, einen Termin mit solchen Menschen zu vereinbaren, da es sein könnte, dass sie kurz vorher im Fernsehen eine Doku über Afrika gesehen und dann beschlossen haben, sofort dort hinzuziehen. Während man also am vereinbarten Treffpunkt auf sie wartet, sind sie schon längst in Äthiopien, haben eine getellerte Lippe und tanzen ausgelassen im Regen. Ich muss wohl nicht erwähnen, dass solche Menschen nur in Filmen existieren: Ich bin mir ziemlich sicher, dass »Summer« im echten Leben schon längst von einem Bus überfahren worden wäre, weil sie mal wieder beim Überqueren der Straße Ukulele gespielt hat. Dass irgendjemand so eine anstrengende Person für auch nur annähernd fünfhundert Tage ertragen könnte, halte ich für äußerst unrealistisch.

Bridget Jones (alle Teile)

Eigentlich fühlt man sich von den Filmen rund um die Londoner Single-Lady und ihre Freunde ja wunderbar verstanden: Bridget ist nicht perfekt – sie raucht, trinkt, flucht und sagt ständig die falschen Dinge im falschen Moment. »Herrlich!«, denkt man sich, »Genau wie ich!« Doch dann passiert es: Gleich zwei wahnsinnig gutaussehende Männer buhlen um Bridget und prügeln sich auf offener Straße, weil sie beide mit ihr zusammen sein wollen, was den Film für mich genauso wenig nachvollziehbar macht wie den neuesten *Star Wars*-Streifen. Hallo? All das wegen *Bridget*? Aber die isst doch Schokolade zum Frühstück! Ich geb's ja zu, ich bin nur neidisch: Um mich haben noch *nie* Männer gestritten – wenn, dann musste ich mit Männern streiten oder ihnen zumindest eine informative PowerPoint-Präsentation mit dem Titel »Warum eine Beziehung mit mir nicht sooo schlecht ist« zeigen, damit sie in Betracht zogen, mit mir zusammen zu sein.

Notting Hill

Unglaubwürdiger als die Tatsache, dass ein Filmstar wie Anna Scott (Julia Roberts) sich einfach so in einen normalen Bürger wie William (Hugh Grant) verliebt, finde ich ja, dass dieser Typ eine süße kleine Reisebuchhandlung in Notting Hill besitzt, viel Zeit mit seinem »Mitbewohner« verbringt und dennoch die Fassade aufrechterhält, vollkommen hetero zu sein.

Als Kontrollfreak nervt es mich außerdem, dass Charaktere in Liebesfilmen – wie auch in diesem! – nie fristgerecht »Ich liebe dich!« sagen können, sondern immer in letzter Sekunde zum Flughafen eilen müssen. Haben sie je etwas von Telefonen gehört? Sie könnten sich diese peinlichen Reden vor all den fremden Menschen ersparen, wenn sie einfach ein bisschen organisierter wären.

27 Dresses

27 Dresses ist ein Film voll von Zufällen, wie sie nur in romantischen Komödien passieren. Aus irgendeinem Grund LIEBT Jane (Katherine Heigl) Hochzeiten und ist gerne die Brautjungfer für ihre Freundinnen. Durch Zufall trifft sie einen Mann, der zufällig bei einer Zeitung den Hochzeitsteil schreibt. Wieso so viele Zufälle? Ich wundere mich schon, wenn zweimal der gleiche Essenslieferant zu mir kommt. Die Kacke fängt so richtig zu dampfen an, als Jane ihren Terminkalender voll mit Hochzeitsterminen im Taxi liegen lässt und der Zeitungstyp ihn aufhebt. Er beschließt, ihr auf diese Hochzeiten zu folgen und einen Artikel zu schreiben, was uns allen als Früherkennungszeichen für Stalking dienen sollte. Der einzige Drei-Wörter-Satz, den ich zu diesem Typen sagen würde, ist »Verpiss dich, Psycho!«, bevor ich meinen Namen ändere und mir ein neues Leben in einem Leuchtturm in Norwegen aufbaue. Schließlich möchte ich nichts dem Zufall überlassen.

Harry und Sally

Harry und Sally lernen sich kennen, als sie eine Fahrgemeinschaft von Chicago nach New York bilden. Während der Autofahrt verstehen sie sich in etwa so gut wie Tom und Jerry – nicht zuletzt, weil sie sich uneinig darüber sind, ob Männer und Frauen Freunde sein können – und gehen schon bald getrennte Wege. Über die nächsten zehn Jahre treffen sie sich immer wieder mal zufällig und werden (huch!) Freunde. Sally täuscht mitten in einem Restaurant einen Orgasmus vor, und spätestens das wäre der Moment, in dem ich meinen eigenen Tod vortäuschen würde, um der Freundschaft mit dieser Schreckschraube zu entkommen. Aber ich glaube, Harry ist beeindruckt, denn am Ende werden sie natürlich ein Paar.

Schlaflos in Seattle

Sam Baldwin ist Witwer und Vater von Jonah; einem dieser nervigen Filmkinder wie Curly Sue und Kevin McCallister, die ständig das Schicksal selbst in die Hand nehmen wollen, obwohl sie gerade mal sieben sind. So ruft der Junge bei einem Radiosender an und wünscht sich als »Weihnachtswunsch« eine neue Frau für seinen Vater. Sam bekommt viele Briefe; so auch von Annie, die zwar eigentlich verlobt ist, doch das ist ihr schnurzegal! Sie schlägt ein Treffen am Empire State Building vor, das dieser gerissene Jonah im Namen seines Vaters bestätigt. Dann fliegt er alleine nach New York, um Annie zu finden. Was ist los mit diesem Kind? In seinem Alter habe ich vollkommen hilflos angefangen zu weinen, wenn meine Mutter mich alleine im Waschmittel-Gang des Supermarkts stehen ließ.

Abgesehen davon, dass der Plot des Films ein absoluter Witz ist, stört mich, dass die Menschen in Filmen sich immer sofort lieben, ohne sich überhaupt richtig zu kennen. Was, wenn Sam nach dem »Happy End« herausfindet, dass Annie »Bruschetta« falsch ausspricht oder Annie merkt, dass das Einzige, was Sam mehr liebt als sie, Kokain und Nutten sind? All das wäre nicht passiert, hätte Jonah sich als »Weihnachtswunsch« beim Radio einfach eine Playstation gewünscht.

II.
PARTYS

Einer der Gründe, warum ich meine Wohnung so sehr liebe, ist die Tatsache, dass ich wie ein allmächtiger Gott bestimmen kann, wer diesen wunderbaren Ort betreten darf und wen ich daraus verbanne – wie Adam und Eva aus dem Garten Eden. Bei all den Dingen, die ich an anderen Menschen hasse, ist es wohl mittlerweile einfacher, Einlass ins »Berghain« zu erlangen als auf eine meiner Partys. Dennoch schmeiße ich gerne mal ein Fest: einerseits, weil es ja durchaus Leute gibt, die ich tatsächlich mag und gerne zu mir einlade, aber auch, weil es zu zweit in einer Wohnung manchmal langweilig werden kann. Wie zwei Könige, die zu ihrem Amüsement mehrere Harlekine an den Hof bestellen, laden mein Freund und ich dann zu einer Party ein, um unserem Pärchen-Alltag dieses gewisse *je ne sais quoi* zu geben. Als kleine Drama-Queen hoffe ich dann natürlich immer auf einen Streit unter den Gästen, den ich mit den Machtworten »Nicht in diesem Ton! Verlasst alle sofort meine Wohnung!« schlichten kann. Wie dem auch sei, in diesem Kapitel verrate ich euch, was ich als Gastgeber, aber auch als Partygast, ganz besonders hasse.

Ich hasse Party-Spiele

Wenn ich auf einer Party bin und jemand sagt: »Wisst ihr, was jetzt lustig wäre? Wenn wir ein Partyspiel spielen!«, ist das mein Signal, zu gehen und mir einen neuen Freundeskreis zu suchen. Lustig für wen? Sicherlich nicht für mich! Mein liebstes Partyspiel heißt »Wer trinkt zuerst die Weinflasche aus«, und ich gewinne meistens, okay? Spiele mit Freunden sehe ich immer als Armutszeugnis. Haben wir uns wirklich so wenig zu sagen, dass wir darüber reden müssen, ob man bei einer Runde UNO eine +2-Karte auf eine +4-Karte legen kann? Wenn ich Freunde treffe, möchte ich doch tiefgründige Gespräche, etwa über die Scheidung ihrer Eltern, führen und nicht die Vierzig-Jahre-Geburtstags-Edition von Scrabble spielen. Trotzdem gelingt es mir immer, meinen Willen durchzusetzen. Dann lege ich eben bewusst das Wort »Ehebruch«, um einen passenden Übergang zum Familiendrama zu finden.

Noch mehr hasse ich Trinkspiele. Welcher normale Mensch braucht einen Vorwand, um Alkohol zu trinken? Wenn, dann bremsen diese blöden Spiele meinen Alkoholkonsum, und ich erwische mich dabei, absichtlich zu verlieren, damit ich meinen Wodka Martini exen kann. Mein Geduldsfaden ist mittlerweile sehr dünn: Wenn ich auf einer Party bin und alle Anwesenden wollen eine Runde »Wer ist es?« spielen, lautet meine erste Frage zumeist: »Ist es eine langweilige Spaßbremse?« Noch bevor sie antworten können, schreie ich viel zu laut: »DANN IST ES WOHL JEDER AUF DIESER PARTY!« und flüchte in die Freiheit.

Ich hasse Leute, die auf Partys ihr Shirt ausziehen

Was ist ihr Problem? Okay, ich hab's verstanden: Du hast genug Zeit, um an fünf Tagen in der Woche ins Fitness-Studio zu gehen und hast zuletzt 2007 ein Kohlehydrat gegessen. Jetzt zieh aber bitte dein T-Shirt wieder an, bevor ich Shania Twains »That don't impress me much« anstimme. Diese Leute erwarten sich wohl Applaus, aber von mir werden sie ihn nicht bekommen: Dieser ungewollte Striptease ist doch einfach nur ihre Art zu sagen: *Seht mich an, ich habe Komplexe und brauche Aufmerksamkeit*, was zufälligerweise auch meine Selbstbeschreibung beim Online-Dating war.

Wenn ich anfange, mich bei Freunden über diese besonderen Partygäste zu beschweren, sagen sie gerne zu mir: »Aber Michi, hab dich doch nicht so! Würde es dich auch stören, wenn dieser Typ ein richtig heißer Feger wäre und einen schnuckeligen Körper hätte?« *Besonders dann, Martina!* Man muss doch nicht mit all seinen Vorzügen hausieren gehen. Nur weil ich österreichweiter Weltmeister im Shrimpswettessen bin, sage ich doch auch nicht vor versammelter Gesellschaft: »Hey seht mich alle an. Ich geh jetzt zum Büfett und verschlinge ein paar Shrimps!« Ich bleibe bei meinem Standpunkt: Der einzige Grund, auf einer Party das T-Shirt auszuziehen, ist, wenn ich beim Snacken unabsichtlich mit Cocktail-Sauce draufgespritzt habe.

Ich hasse Party-Pooper

Denn sie ziehen mit ihrer schlechten Laune alle anderen runter. Ich war auf einer Party, und eine Besucherin hat so traurig dreingeschaut, als hätte sie gerade den Mord an Bambis Mutter beobachtet. Ich erkannte diesen Blick sofort, da er aussah wie das traurige Emoji, das ich an all meine Freunde verschicke, wenn bei McDonald's mal wieder die McSundae-Maschine kaputt ist, und zeigte mich entsprechend empathisch. »Warum so traurig?«, hakte ich nach – zugegeben auch, weil ich auf heißen Gossip aus war – und bekam ein schnippisches »Schlechter Tag!« zur Antwort. Na gut. Binnen fünfzehn Minuten beschwerte sich diese Person dann darüber, dass die Musik zu laut und die Temperatur zu kalt sei, weswegen wir auf dieser ausgelassenen Sommerparty die Fenster schließen und die Musik auf eine sanfte Lautstärke drehen mussten, bis es sich anfühlte, als wären wir in einer Wohlfühlsauna in einem Wellnesshotel. Schau, ich weiß, was es heißt, traurig zu sein: Auch ich habe den Film *Marley & Ich* gesehen. Aber könntest du das nächste Mal nicht einfach zu Hause bleiben?

Ich hasse Leute, die »enttäuscht« sind, wenn ich mal keinen Alkohol trinke

Denn in ihren Augen ist es nur ein guter Abend, wenn ich am Ende so betrunken bin, dass ich mich mit meinen Schuhen schlafen lege. Tatsächlich gibt es Abende, an denen ich einfach mal nüchtern bleiben will, und ich verstehe nicht, warum manche Leute so eine große Sache daraus machen. »Ach komm schon, das ist doch *unser Ding*«, versuchen sie mich in Versuchung zu führen wie die Schlange aus dem Garten Eden. Hmm… also, ich finde, eine Freundschaft, bei der es unsere größte Gemeinsamkeit ist, dass wir uns gern einen hinter die Binde kippen, sollte vielleicht generell noch mal überdacht werden. Schlimmer noch finde ich ja, dass Freundinnen, die mal für einen Abend nichts trinken wollen, immer gleich unterstellt wird, dass sie schwanger seien. Manchmal will man einfach einen netten Abend mit Freunden verbringen und sich am nächsten Morgen nicht so fühlen, als wäre man von einer Dampfwalze überfahren worden. Ich wünsche mir ein bisschen mehr Akzeptanz und Unterstützung! Das nächste Mal, wenn du mir erzählst, dass du heute mal gesund essen willst, werde ich mich sonst plötzlich in die böse Königin aus *Schneewittchen* verwandeln und dich statt mit einem Apfel mit einem XXL-Triple-Cheeseburger locken: »Ach komm schon, nur ein einziger Happen…«

Ich hasse Gemeinschaftsgeschenke

Wird im erweiterten Freundeskreis Geburtstag gefeiert, traut sich niemand auszusprechen, was ohnehin alle denken: »Ich habe absolut keine Lust, ein Geschenk für diese Person auszusuchen, die ich zweimal im Jahr sehe. Wir waren ja früher mal relativ eng, aber jetzt weiß ich noch nicht mal, wie ihr neuer Freund heißt, und ich möchte es, um ehrlich zu sein, auch gar nicht wissen. Ich komme vor allem auf die Party, weil ich gehört habe, dass es Bowle gibt.« Anstatt das Geburtstagskind also mit nichtssagenden Präsenten wie Duftkerzen oder Seifensets zu überhäufen, zahlen alle den absolut kleinsten Betrag, den sie entbehren können, um dann feierlich einen nichtssagenden 100-Euro-Gutschein aus dem Seifenshop zu überreichen. Ich sage: Stoppt den Wahnsinn! Wir leben nicht mehr im Mittelalter, als die Leute sich gefreut haben, wenn sie zum Geburtstag eine Orange und eine Kupfermünze bekommen haben. Der Minimalismus-Trend und die Tatsache, dass man sich ab einem gewissen Alter alle Dinge, die man gerne hätte und die kein absolutes Vermögen kosten, einfach selbst kauft, haben doch ohnehin dazu geführt, dass Geschenke im Freundeskreis für alle Beteiligten zu einer Belastung werden. Spart euch also euren 10-Euro-Beitrag zum Gemeinschaftsgeschenk und investiert ihn lieber in das Seifenset, das ihr eurer Mama zum Muttertag schenken werdet.

Ich hasse WhatsApp-Gruppen als Partyeinladungen

Ich weigere mich zu kommen, wenn auf diese Weise eingeladen wird. Abgesehen davon, dass nun fünfzig Fremde meine Nummer haben, vibriert mein Handy jetzt so häufig, dass ich es ohne Probleme als Vibrator verwenden könnte. Im Minutentakt trudeln neue Nachrichten ein, in denen Menschen, die ich nicht kenne, mir nach und nach die besten Ausreden, um dieser Einladung nicht nachzugehen, wegschnappen. *Ich* wollte doch sagen, dass ich an diesem Tag leider eine Darmspiegelung habe! Schlimmer noch ist es ja, wenn beschlossen wird, dass die WhatsApp-Gruppe einfach so unerhört lustig ist, dass sie nach der Party – als deren Einladung sie ja eigentlich diente – in »Pussytalk Deluxe« umbenannt wird, damit alle fröhlich weiterchatten können. Spätestens das ist mein Signal, sie zu verlassen. Bye Deluxe!

Ich hasse es, wenn Leute im Gespräch schnell zu intim werden

Diese Menschen sind mir suspekter als jeder Mann, der behauptet, dass seine Lieblingsband »Modern Talking« ist. Ich habe sie vor gerade mal fünf Minuten kennengelernt, und mit einem überschwappenden Weinglas in der Hand jaulen sie: »Ich spreche mit meiner Mutter schon seit fünfzehn Jahren nicht und habe auch nicht das Bedürfnis danach, weil ich wegen ihr keinen Sexshop betreten kann, ohne vor Trauer zu schreien!!!« Okay! Diese Story klingt verworrener als die aufregendste Staffel *Stranger Things*, und ich möchte keine Sekunde lang in deinen Wirbelsturm der Crazyness reingesaugt werden. Hat da drüben etwa jemand meinen Namen gerufen? Ich glaube nicht, aber ich gehe mal lieber trotzdem nachschauen. Natürlich warten diese Menschen nur darauf, bis ich sie frage »Warum? Was ist denn passiert?«, damit sie mich als Gratistherapeuten benutzen können. Aber die Erfahrung hat mich gelehrt, dass Situationen wie diese eher gemieden werden sollten als jede Til-Schweiger-»Komödie«.

Ich hasse Party-Philosophen

Wir alle kennen sie, diese Typen, die sich irgendwie mit ihrer Gitarre auf die Party geschummelt haben und – auf besonderen Wunsch von absolut niemandem – »Imagine« von John Lennon singen, bevor sie dir um drei Uhr morgens tief in die Augen sehen und hauchen »Hallo, ich bin Josh. Wo siehst du dich in fünf Jahren?« – und dir im Anschluss Marihuana-Rauch ins Gesicht blasen. Drei Uhr morgens ist nicht der Zeitpunkt für solche Fragen. Ich weiß nicht, wo ich in fünf Jahren sein werde, Josh. Im Moment ist es mein Ziel, die nächste Woche zu überleben. Bei jeder Begegnung mit diesen Party-Philosophen, die gezielt und aggressiv Themen wie »Zukunft« und »Familienplanung« ansteuern, vermute ich insgeheim, dass es sich um meine Eltern im Kostüm handelt, die sich gemeinsam in einen Trenchcoat gezwängt haben und bei nur einer falschen Bewegung rauspurzeln könnten, bevor sie meckernd in den Tiefen der Nacht verschwinden. Nicht mit mir! Abgesehen davon: Muss man immer einen Plan im Leben haben? Dürfen die Dinge nicht auch so bleiben, wie sie sind? Diese Leute geben mir den Eindruck, als würde mein Leben in Schutt und Asche liegen und als würde ich aussehen wie das »Vorher« in einer Umstyling-Show. Dabei bin ich doch eigentlich ganz zufrieden mit mir selbst.

Ich hasse fehlerhafte Party-Einladungen

»Ich werde 30ig und möchte mit euch feiern!« – Du wirst also dreißig-ig? Spannend, doch ich kann leider nicht kommen.

Ich hasse Leute, die lustige Party-Vorschläge bringen, wie etwa die Serie »Das perfekte Dinner« nachzuspielen

»Wir essen jeden Abend bei einem von uns zu Abend, und am Schluss wählen wir einen Gewinner! Das könnten wir doch mal ausprobieren!« Samuel, wie oft noch? Nur, weil man *könnte*, heißt das nicht, dass man *sollte*. Ich sage doch auch nicht: »Hey, ich habe Plastikhandschuhe und jede Menge Gleitgel zu Hause; spielen wir ›Menschen, Tiere und Doktoren‹ und überprüfen, ob Kühe schwanger sind!«

Ich hasse Destinations-Partys

»Dieses Jahr zu meinem 34. Geburtstag habe ich mir gedacht, wir feiern mal in Innsbruck! Das wird ein Spaß!« Wir leben allesamt in Wien, Innsbruck ist 470 Kilometer entfernt, und ich bin immer wieder verwundert, was für unterschiedliche Auffassungen von »Spaß« es doch gibt. Dann sind die Gastgeber auch noch beleidigt, wenn man ob dieser Distanz höflich ablehnt. »Warum bist du nicht dabei, Michael? Du magst mich offenbar nicht!« Doch, aber ich mag mich selbst und mein Sofa noch ein bisschen mehr.

Ich verstehe es ja noch annähernd, wenn Hochzeitspaare sich dazu entschließen, im Ausland zu heiraten (finde es aber rasant unhöflich, dass man meist dazu gezwungen wird, diesen Trip selbst zu finanzieren), aber bei Geburtstagen? Nein, danke. Kannst du nicht einfach in dieser netten Kneipe in deiner Nachbarschaft feiern? Die kennen wir wenigstens alle, und wir hatten schon mehrere schöne Abende dort. Hast du einen persönlichen Bezug zu Innsbruck, oder sieht es bloß gut auf Instagram aus?

Einladungen wie diese ergeben für mich einfach keinen Sinn. Ich blicke dir doch auch nicht tief in die Augen und sage: »Martin, wie du weißt, begann unsere Freundschaft exakt heute vor fünf Jahren, als wir an einem heißen Sommertag in der Schlange unserer liebsten Eisdiele zufällig direkt hintereinanderstanden und ins Gespräch kamen. Mein Leben ist seitdem nicht mehr das gleiche. Also dachte ich mir, wir gehen heute, da es ein ähnlich heißer Sommertag ist wie damals ... zu einem zweistündigen

Vortrag zum Thema Kreditkartenbetrug im Keller der Dorfpfarrei! Yippie!«

Ich hasse Kostüm-Partys

»Das Motto meiner Geburtstagsparty ist ›Die Katzen aus dem Musical *CATS*‹ und wer nicht verkleidet kommt, wird auch nicht reingelassen!« Soll mir recht sein! Wer möchte schon auf so eine fürchterlich klingende Party reingelassen werden? Meine liebste Party-Einladung dieser Sorte war die eines Bekannten namens Thiemo, der wollte, dass sich alle Party-Gäste als »ihre liebste Version von Thiemo« verkleiden. Habe ich gemacht: Als die, die nicht da ist. Besonders hasse ich Halloween-Partys, weil hier der Anspruch besteht, sich gruselig wie eine Leiche anzuziehen, aber dennoch sexy auf eine Art und Weise, die sagt: »Krieche zu mir in den Sarg…« Manche Leute haben aber auch Nerven, ihren Gästen vorzuschreiben, wie sie sich anzuziehen haben. Wie ich mich kleiden soll, lasse ich mir ausschließlich von einem Sugar Daddy wie Richard Gere in einem *Pretty-Woman*-ähnlichen Szenario sagen.

Ich hasse englischsprachige Personen auf Partys

Wer kennt es nicht: Man ist auf einer gemütlichen Party, und zu Beginn sagt der Gastgeber spontan: »Ach ja, fast hätte ich es vergessen: Heute ist meine Freundin Fabienne zu Besuch! Sie ist DJane aus Montreal, und es wäre total toll, wenn wir heute alle Englisch sprechen könnten! Viel Spaaaaß!« Na toll. Angesichts dessen, dass ich nun meine bereits vorgefertigten Anekdoten ins Englische übertragen muss und mir nicht ganz sicher bin, wie ich »Schampilz« übersetzen soll, bin ich kurz panisch, aber unterhalte mich anfangs tatsächlich sehr gut mit Fabienne. Umso unangenehmer ist es mir, wenn nach fünfzehn Minuten, in denen wirklich nur Englisch gesprochen wurde, alle ihren guten Vorsatz über Bord werfen und einfach wieder Deutsch sprechen, woraufhin die arme Fabienne teilnahmslos am Rand sitzt und nichts versteht, wie eine demenzkranke Oma auf einer Familienfeier. Sorry!

Ich hasse meinen Geburtstag

364 Tage im Jahr lechze ich nach Aufmerksamkeit, und wenn ich sie an meinem Geburtstag endlich bekomme, ist sie mir wahnsinnig unangenehm. Ich finde es schön, wenn die Leute mir für Dinge gratulieren, die ich geschafft habe, wie etwa ein Buch zu schreiben oder einen Marathon zu absolvieren (was, unter uns, natürlich noch nie passiert ist, es sei denn, wir reden von »Mord ist ihr Hobby«-Marathons). Aber *geboren werden*? Ist das nicht absolut jeder Person gelungen, die ihr kennt? Zu meinem Geburtstags-Hass trägt natürlich bei, dass ich offenbar viele Leute kenne, die unter einer sehr spezifischen Zwangsstörung

leiden, bei der sie absolut jeder Person, mit der sie noch so peripher je Kontakt hatten, zum Geburtstag gratulieren müssen, selbst wenn der letzte Kontakt exakt vor einem Jahr stattgefunden hat, nämlich als sie mir zuletzt zu meinem Geburtstag gratuliert haben. Wie wäre es, wenn ich einfach mal davon ausgehe, dass du heute an mich denkst, Luisa (und das höchstwahrscheinlich auch nur, weil es in deinem Kalender steht oder Facebook dich daran erinnert), und du dir deine jährliche, eher karg klingende »Alles Gute!«-SMS sparst? Noch schlimmer sind ja jene Leute, die an meinem Geburtstag völlig sinnlose Dinge wie »HB« oder »Happy Happy« auf meine Facebook-Pinnwand posten. Geht es dir gut? Steht »HB« für »HILFE BITTE!!!«? Soll ich die Rettung rufen?

Ich hasse Paare, die in der Öffentlichkeit ein bisschen zu süß sind

Einmal bin ich in der U-Bahn mit einem sehr verliebten Paar von einer Party nach Hause gefahren, die wir alle gemeinsam besucht hatten. Sobald wir die Party verlassen und die U-Bahn betreten hatten, legten die beiden eine Show für mich hin, als wäre ich für das Casting der Sendung »Das perfekte Dinner – süße Pärchen Edition!« zuständig. »Na, Marco, soll ich dir zu Hause noch einen Mitternachtssnack zubereiten, du bist doch so ein süßer kleiner Naschtiger!«, säuselte sie ihm ins Ohr und konnte sich wahrscheinlich gerade noch davon abhalten, ihre Zunge in ebendieses zu stecken. »Und wenn du brav bist, gibt es vielleicht noch ein bisschen Dessert, wenn du verstehst, was ich meine!«, fügte sie in einem sehr lauten Bühnenflüstern hinzu. Selbst der betrunkene Typ in der letzten Reihe, der seit fünf Stationen schlief und nicht mehr wusste, wo oben und unten ist, verstand wohl, was sie meinte! Wenn er gleich kotzte, dann sicher nicht wegen des Alkohols. »Dann können wir uns einkuscheln und gemeinsam eine Folge *Gossip Girl* schauen, das magst du doch so gern!« Ich bitte euch! Dieses süße Liebesgeflüster war mindestens genauso fake wie mein Lächeln während den meisten Familienfeiern. Wenn ein Paar in der Öffentlichkeit solche Turteleien austauscht, setze ich all mein Geld darauf, dass sie in einer riesigen Krise stecken und Marco bereits einen Online-Suchagenten für »Single-Wohnungen in Wien« aktiviert hat. Diese U-Bahn-Fahrt war die Hölle! Noch nie habe ich mir so sehr ein Zugunglück gewünscht.

Ich hasse Geschenke, bei denen es sich um versteckte Kritik handelt

Bestimmt habe ich ein Kindheits-Trauma seit dem einen Weihnachten, als ich zwölf war und von meinen Eltern Schuhe im Totenkopf-Print bekam, welche natürlich *genau mein Ding* waren und die ich als dünn verschleierte Art und Weise deutete, mir zu sagen: »Bitte sei mehr Hetero!« NIEMALS! Wenn du mir ein Kleidungsstück schenkst, das nicht zu 90 Prozent aus Pailletten und Glitzer besteht, hoffe ich, du hast die Rechnung aufgehoben, denn es geht direkt zurück. Ein Geschenk sollte doch der beschenkten Person Freude bereiten, und nicht deine Agenda für das Leben dieser Person durchsetzen.

Ich habe eine Freundin namens Claudia, die ernsthaft dachte, folgendes Geschenk für ihre kleine Schwester wäre eine gute Idee: Unter dem Weihnachtsbaum fand Claudias Schwester ein Kuvert mit Geld vor, welches aber nicht für sie selbst gedacht war, sondern dafür, dass sie damit bei einem gemeinsamen Schwestern-Shoppingtrip Outfits für Claudia aussuchen und bezahlten durfte. »Richtig gehört: *Du* bezahlst mit diesem Geld *meine* Outfits! Frohe Weihnachten, Schwesterherz!«, trällerte Claudia mit Sicherheit ihrer Schwester entgegen, welche – völlig zurecht – wahnsinnig aufgebracht war. Welche Droge hast du genommen, bevor du beschlossen hast, dass *das* ein gutes Geschenk sei?

Ich hasse Partys mit zu vielen Pärchen

Und das soll was heißen, denn ich bin ja selbst Teil von einem. Manchmal erwische ich mich, umgeben von Paaren, wie ich gerade in der fünften Minute meines Monologs über den neuen Käse-Shop um die Ecke bin und am gleichen Abend auch schon hitzig darüber diskutiert habe, welches »Kuschelhotel für Paare« in Österreich am schönsten ist, und denke mir plötzlich: Wir sind alle ganz schön langweilig, oder? Ja, und diese Party könnte wohl nur noch öder sein, wenn später noch Vera Int-Veen auftauchen und uns über die Vorteile von Activia aufklären würde. Wenn ich dann noch eine »witzige« Anekdote darüber hören muss, dass Turteltäubchen Samuel und Laura schon längst mit dieser tollen neuen Netflix-Serie durch wären, wenn ein »gewisser Jemand« (Daumen-Deut auf Samuel) nicht ständig einschlafen würde, bitte ich jemanden, mein Gesicht in den Hummus zu drücken, bis ich aufhöre zu zappeln. Ich habe ja meine eigene Theorie, warum Paare auf Partys so saulangweilig sind: Sobald man eine Beziehung eingeht, hat man nicht mehr nur zwei Egos, sondern noch ein drittes Pärchen-Ego und ist in den meisten Fällen sehr darum bemüht, dieses auch zu wahren. Während man in Single-Tagen noch ganz nebenbei von diesem einen Mal erzählte, als man sich nach einer durchzechten Nacht bei der Taxifahrt nach Hause in den eigenen Ärmelmantel übergab, um nicht die 50 Euro Strafe zahlen zu müssen, ist man dieser Tage viel vorsichtiger mit dem, was man von sich gibt. Die einzige »pikante Geschichte«, die man erzählt bekommt, ist die, dass der schlimme Samuel nachts – wo er doch eigentlich schlafen sollte!!! – aus dem Bett kroch, um heimlich Paprika-Chips zu knabbern. Samuel, Samuel, du freches Früchtchen!

Dabei bin ich der festen Überzeugung, dass jedes Paar spannende Geschichten zu erzählen hätte, wenn sie nur davon ablassen würden, immer so harmonisch wirken zu wollen. Komm, trink noch ein Schlückchen Haselnussschnaps, Laura, und erzähl mir, was du *wirklich* von Samuels Familie hältst. Wenn ich mich recht erinnere, warst du auf dem Begräbnis seiner Großtante so betrunken, dass du beinahe in das Erdloch gefallen wärst? *Tell me more, tell me more!*

Apropos, ich hasse es, wie langweilig ich selbst geworden bin

Mit sechzehn wollte ich um die Welt reisen und jedes Jahr in einem anderen Land wohnen. Zehn Jahre später ist es für mich »wild und spontan«, wenn ich beim Lieferservice in einem neuen Restaurant OHNE Bewertungen bestelle.

Ich hasse Silent Disco

Was ist dabei der Vorteil? Dass auf der Tanzfläche niemand deine Blähungen hört (außer die glücklichen Leute, die gerade keine Kopfhörer tragen)? Bei meiner ersten Begegnung mit Silent Disco konnte ich kaum meinen Augen trauen: Ich habe Leute ohne Musik wild rumtanzen sehen und gefragt »Okay, wer hat das Ecstasy? Das sieht spaßig aus!«, bevor meine Begleitung mir erklärte, dass es sich um eine Silent Disco handelte und die Leute Geld dafür bezahlt haben, wie Idioten auszusehen. Dieser Trend muss wohl ohne mich auskommen. Wenn ich Dinge hören will, die niemand anders hört, verzichte ich einfach für ein paar Tage auf meine Medikamente.

Ich hasse es, wenn ich im Club an der Bar stehe und andere Leute sich vordrängen

Ja, ich sehe aus wie ein Gefrierbeutel voller Kartoffelpüree und *natürlich* kommt die drängelnde Person, die aussieht wie Megan Fox im Urlaub, dann auch zuerst dran, aber dann liegt es doch an ihr zu sagen: »Entschuldigung, aber dieser Oktopus war vor mir da!«

Ich hasse es, bei Partys aufs Klo zu gehen

Besonders, wenn die Gastgeber ihre Wohnung auf diese besonders diabolische Weise geplant haben, bei der die Toilette direkt neben dem Sofa liegt, auf dem alle chillen, und über keine Lüftung, dafür aber über eine Tür verfügt, die so hauchdünn ist wie diese japanischen Shoji-Wände aus Papier. Mir scheint, dass die Musik jedes Mal, wenn ich auf Partys die Toilette besuche, von hartem Techno auf sanften Jazz gewechselt, leiser gedreht wird und alle Gäste gesammelt beschließen, eine kurze Schweigeminute einzulegen, während ich mein Geschäft verrichte. Nicht jeder Gastgeber ist nun mal so rücksichtsvoll wie ich: Sobald einer meiner Gäste aufs Klo geht, drehe ich Rock 'n' Roll auf, der so laut ist, dass man nicht mal seine eigenen Gedanken versteht. Das nennt man Gastfreundlichkeit!

Besonders zur Weißglut bringt es mich, wenn ich gerade auf dem Klo bin und wenige Sekunden später ein anderer

Partygast wie wild an der Tür ruckelt. Diese Leute probieren nie nur einmal kurz, die Tür zu öffnen, und lassen es dann bleiben, wenn sie merken, dass es nicht geht. Nein! Sie denken sich immer: »Hmm, die muss wohl klemmen!«, und ruckeln daran, als wäre Freddy Krüger hinter ihnen her und die Toilette der einzige sichere Rückzugsort.

Noch weniger verstehe ich dieses Verhalten im öffentlichen Raum, wo es doch meistens an der Außenseite des Schlosses Indikatoren dafür gibt, ob die Tür versperrt ist oder nicht. Kommst du aus einem fremden Kulturkreis, in dem die Farbe Rot bedeutet: »Ja bitte, kommen Sie hereinspaziert«? Wenn ihr nur halb so stürmisch im Bett seid, wie beim Öffnen einer Tür, möchte ich eurem Partner gratulieren.

Ich hasse es, für Gäste zu kochen

Weil ich ein miserabler Koch bin. Mein liebstes altes Familienrezept heißt »Ein Happy Meal zum Mitnehmen bitte«. Weil ich aber gerne Freunde zu mir einlade, passiert es öfter, dass manche von ihnen mit knurrendem Magen nach Nahrung fragen. Als »Appetithappen« zeige ich meinen Besuchern und Besucherinnen dann einfach mal ein paar Essensfotos auf Instagram, aber der einzige »Gruß aus der Küche«, den sie bei mir in der Regel bekommen, ist ein Abschiedsgruß, bevor ich sie zu McDonald's schicke. Falls ich mich überwinden kann und doch mal für andere koche oder backe, stelle ich die Gerichte meinen Freunden sicherheitshalber immer als »berühmt« vor. Zum Beispiel: »Das sind meine BERÜHMTEN Bohnenknödel!« Sie müssen ja nicht wissen, dass die meisten meiner Gerichte auf dieselbe Weise berühmt sind wie Serienmörder oder Ebola. Dann sage ich: »Wer einen Zehennagel findet, darf ihn gerne behalten!«, und wünsche ihnen einen guten Appetit. Vielleicht sollte ich Freunde fortan einfach immer zum besonderen »Dinner in the Dark« bei mir zu Hause einladen. Die Leute lieben doch solche Gimmicks, und es hat den versteckten Vorteil, dass sie die Haare im Essen nicht sehen.

Ich hasse es, vor Partys die Wohnung zu putzen

Mein Tipp für euch ist, vor Besuch drei Tage lang durchgehend zu putzen und, wenn die Leute dann kommen, zu sagen: »Ach, entschuldigt den Saustall, habe gar nicht geputzt!« Sie werden sich denken: »Mann oh Mann, wie sauber sieht es wohl erst aus, wenn er putzt?« Meine Freundschaften bestehen zu 90 Prozent aus Schall und Rauch! Haushaltsarbeit ist aber wirklich nicht mein Ding. Wenn ich staubsauge, dann eigentlich fast ausschließlich, um meinen Nachbarn auf die Nerven zu gehen. Niemand hat mich vorgewarnt, dass Erwachsensein daraus bestehen würde, den ganzen Tag zu putzen, nur damit meine Wohnung halbwegs normal aussieht. Man wischt die Böden, putzt die Fenster und ein halbes Jahr später muss man das alles noch einmal tun? Anstrengend!

Ich hasse Party-Gäste mit Ernährungseigenheiten

Mittlerweile habe ich mich ja daran gewöhnt, dass in meiner Generation jede zweite Person einen besonderen, von der Norm abweichenden Ernährungsstil hat. Während ich früher noch dachte, dass diese »Einschränkungen« einfach nur die Art und Weise sind, wie Leute ihrer Essstörung dieses gewisse *je ne sais quoi* geben, und ich als Gastgeber meine Gäste oft mit Worten wie »Weißt du, was auf dieser Party glutenfrei ist, Anita? Die Tür!« von der Fete verbannt habe, bin ich dieser Tage um einiges wohlgesonnener und plane ein paar Stunden mehr ein, um vegane, glutenfreie und zuckerfreie Alternativen vorzubereiten, während nebenher ein deftiges Käse-Fondue vor sich hin brodelt. Was tut man nicht alles, um ein guter Gastgeber zu sein?

Tatsächlich bringt es mich aber noch mehr zum Kochen als ein gutes Fondue, wenn etwa meine vegan lebenden Gäste kurzerhand sagen: »Ach, weißt du was? Zu jeder Ernährung gehören auch Ausnahmen: Heute esse ich Käse, und morgen geht es dann vegan weiter! Man darf nicht zu streng mit sich sein.« ENTSCHULDIGUNG? Ich glaube, ich werde gleich ein bisschen streng mit dir sein. Ich bin deinetwegen drei Stunden lang in der Küche gestanden und habe ein veganes Dreigänge-Menü vorbereitet, nur damit du kurzerhand entscheidest, dass dir das Tierleiden doch nicht ganz so wichtig ist, wie du mir unlängst einen Abend lang gepredigt hast? Du isst jetzt die verdammten Hirselaibchen, okay, Laura?

Ich hasse Leute, die etwas nicht essen, weil es vegan ist

Man kann es nun mal nicht allen recht machen: Tatsächlich hatte ich schon Gäste, die etwa einen Kuchen nicht essen wollten, weil er vegan war. Was ist los mit dir? Gehe ich richtig in der Annahme, dass du dann ebenfalls kein Obst, kein Gemüse, kein Brot und keinen Humus isst, um nur ein paar Beispiele zu nennen? Was erwartest du dir von mir? Dass ich ein bisschen Speck auf dein Kuchenstück lege? Einmal hat mir ein Freund völlig fassungslos erzählt, dass er morgen mit einer Freundin vegan Frühstücken gehen wird – und das in einer Tonlage, als würde er morgen Zeuge eines satanischen Rituals. »Ich bin mir noch nicht sicher, wie das wird…«, meinte er kleinmütig. Ähm… so wie jedes andere Frühstück, nur ohne Ei, Wurst und Milchprodukte?

Ich hasse Gäste, die ungefragt ihre Gitarre mitbringen

Sie ruinieren die Party, indem sie für alle Anwesenden »Wonderwall« von ›Oasis‹ anstimmen. Muss das sein? Kannst du nicht stattdessen auf eine Party mit Politikwissenschaft-Studenten gehen, die allesamt gleichzeitig – wie in einem wirren Bienenkorb – von ihren Auslandssemestern erzählen und deine musikalische Einlage sicher total geil finden?

Ich hasse gesunde Kekse

Unter meinen ernährungsbewussten Freunden ist es Trend, Kekse zu backen und die zweifelsohne beste Zutat, wie zum Beispiel Schokolade, durch eine völlig unpassende, aber »gesündere« Alternative wie schwarze Bohnen zu ersetzen. Mehr noch als diesen Backbetrug hasse ich den überlegenen Blick in den Gesichtern meine Freunde, wenn sie mir dieses Lügengebäck auftischen: Ein wissendes Grinsen, so als würden sie mir gleich K.-o.-Tropfen unterjubeln, damit sie mich leichter verführen können. Kein Grund! Es ist sehr leicht, mich zu verführen: Biete mir einfach Kekse an, die *keine* schwarzen Bohnen enthalten. »Na Michi, fällt dir etwas auf?«, fragen sie dann, nachdem ich zögerlich den ersten Bissen gemacht habe. Ja, ich habe eindeutig die falschen Freunde und diese Kekse schmecken wie das trojanische Pferd.

Ein beliebter Irrglaube in der Healthfood-Community ist auch, dass pürierte Kichererbsen wie Keksteig schmecken. Ähm…nein? Habt ihr je Keksteig probiert? Man darf sich diese Dinge nicht einfach ausdenken. Was als Nächstes? Buchdeckel schmecken wie Karamell? Ein Langhaar-Teppich schmeckt wie eine feurige Quesadilla?

Ich störe mich an der Selbstgefälligkeit dieser Menschen. Sie kommen sich genial vor, als wären sie Teil der *Ocean's-Eleven*-Besetzung und soeben in ein Casino eingebrochen. »Es sind schwarze Bohnen statt Schokolade in den Keksen drin«, sagen sie dann, »man schmeckt doch gar keinen Unterschied, oder?« Doch! Ich hab den Unterschied gesehen, geschmeckt, gerochen und gefühlt. Es war ein Betrug für alle Sinne. Was soll dieser Nonsens? Ich achte ohnehin auf meine Figur und esse nur äußerst selten Süßes – und dann *DAS*? Glaubst du wirklich, ein Film namens *Bridget Jones – Schwarze Bohnen zum Frühstück* würde die Massen ins Kino locken? Mach dich nicht lächerlich, Bärbel.

Ich hasse Partygäste, die absichtlich zu spät kommen

Irgendwann hat sich der Irrglaube eingebürgert, dass es cool ist, auf einer Party »fashionably late« zu sein, und dass eine Einladung zum Abendessen um 19:30 Uhr eigentlich »ab 21:00 Uhr« heißt. Lasst mich euch sagen: Nein, das ist nicht so. Ich bin ein guter Gastgeber – ich zwänge meinen Gästen keine ulkigen Spiele auf und nötige sie auch nicht, sich als Rum Tum Tugger oder die alte Gumbie-Katze zu verkleiden. Meine einzige Bedingung ist, dass sie pünktlich kommen. Spätestens um 20:30 Uhr verriegle ich alle Türen, wie ein mysteriöser Gastgeber in einem Krimi.

Umgekehrt kenne ich Leute, die mich zu einer Sause einladen, sagen, dass es um 19:30 Uhr losgeht und mir völlig entgeistert und halbnackt die Tür aufmachen, wenn ich auch um 19:30 aufkreuze. »Michi?«, fragen sie verwundert, als wäre ich seit Jahren verschollen gewesen oder bei einem Tretbootunglück verstorben geglaubt. Wenn du nicht willst, dass ich um 19:30 Uhr vor der Tür stehe, dann sag nicht, dass es um 19:30 Uhr losgeht. Natürlich komme ich früh: Ich will ja auch so bald wie möglich wieder gehen!

Ich hasse Party-Gäste, die sich bei mir ganz wie zu Hause fühlen

Sie kommen rein, legen direkt die Füße hoch, schmökern ein bisschen in meinen Magazinen und machen es sich so richtig gemütlich. *Mi casa es su casa?* Nicht bei mir! *Mi casa* ist immer noch *mi casa*, also bitte fühle dich nicht zu wohl. Husch, husch, Beine runter vom Sofa, bevor du noch auf die Idee kommst, dir die Zehennägel zu schneiden. Am meisten hasse ich es, wenn die Leute sich, ohne zu fragen, auf mein Bett setzen oder einen Blick in meinen Kühlschrank riskieren. In mein Bett kommt man relativ leicht; sag mir einfach, dass ich sehr schlank und irrsinnig geistreich bin, und der Sesam öffnet sich. Aber in meinen Kühlschrank, Zu Hause des selbstgebrauten Kombucha und meines Mitternachts-Specks? Es gibt auch Grenzen, Philipp!

Ich hasse Leute, die mit Essen im Mund reden

Wenn ich jemanden mit einem Fremdkörper im Mund sehen will, sehe ich mir Paris Hiltons Sex Tape an. Nichts, was du mir sagen wirst, könnte so dringend sein, dass du nicht vorher den Happen deines Rib Eye Steaks schlucken kannst. Letztens war ich auf einer Party, und ein Typ wollte mich unbedingt davon überzeugen, in sein Start-up zu investieren, während er unentwegt Nüsse in sich reingestopft hat, woraufhin natürlich einige direkt wieder rausgefallen sind. Warum soll ich jemandem mein Geld anvertrauen, wenn er nicht mal gewissenhaft mit ein paar Cashews umgehen kann? Wenn du mich nicht davor warnen möchtest, dass hinter mir ein Axtmörder steht und gerade ausholt, gilt: erst kauen, dann schlucken und dann reden.

Ich hasse Partys, auf denen es kein Essen gibt

Wenn du eine Einladung für 19:00 Uhr aussprichst, rechne ich damit, dass es im ganzen Wohnhaus schon himmlisch aus deiner Wohnung duftet, bevor ich überhaupt die Türklingel betätigt habe. Fast noch schlimmer finde ich es ja, wenn die Gastgeber erst zu kochen anfangen, nachdem die Gäste eingetroffen sind und sich dann auch noch Hilfe erwarten. »Michi, könntest du vielleicht das Gemüse schnibbeln?«, fragen sie mich. Ich *kann* schon, aber es wird mein letzter Akt sein, bevor ich zur Tür rausgehe und unsere Freundschaft beende, weil wir offensichtlich völlig unterschiedliche Auffassungen des Wortes *Einladung* haben. Wenn ich Gäste zum Weintrinken in meiner Wohnung einlade, erwarte ich mir doch auch nicht, dass sie die Trauben selbst mit ihren bloßen Füßen zerstampfen.

Ich hasse Leute, denen man Informationen rauskitzeln muss

Manche Menschen geben selbst in einem entspannten Party-Setting so wenig Infos von sich, als wären sie im Zeugenschutzprogramm. Wenn sie auf den Mund gefallen sind, haben sie leider die Rechnung ohne mich gemacht, der ich mich spätestens nach meinem zweiten Schluck Wodka in einen Talkshow-Moderator verwandele und auf pikante Infos von einsamen Gästen aus bin, als müsste ich dem Sender eine gute Einschaltquote garantieren. Meistens fange ich noch sachte an: »Hi, ich bin Michi. Was arbeitest du?«, möchte ich zum Beispiel wissen, und mein Gegenüber antwortet mit: »Nichts Besonderes.« – »Aber jeder Beruf ist besonders!«, versuche ich das Ruder rumzureißen. »Wo genau arbeitest du?« – »Im Supermarkt.«

»An der Kasse?«, versuche ich meinen wortkargen Gesprächspartner dann festzunageln, als wäre ich Jessica Fletcher. »Nein.«

Warum bist du so vorsichtig mit deinen Antworten? Wir sind auf einer locker-flockigen Party und nicht im spannenden letzten Drittel von »Wer wird Millionär?«. Gibt es morgen im Supermarkt eine Aktion auf Fruchtjoghurt, die du noch geheim halten musst, weswegen du an diesem Ort nicht über deinen Job sprechen darfst? Da dachte ich mir, ich tue einmal etwas Gutes, indem ich die Person, die mutterseelenallein beim Hummus steht, anquatsche, und kurze Zeit später komme ich mir schon vor wie ein Kinderpsychologe, der heikle Infos aus einem

Kind rauskitzeln muss. Natürlich: Manche Leute antworten nicht gerne auf direkte Fragen von absolut Fremden, aber was treibst du denn dann auf einer Party? Ich persönlich hab eine Schlangenphobie, aber ich hänge dann auch nicht allzu lange und oft in Schlangenterrarien ab.

Ich hasse Freunde, die immer nur zu sich einladen

Wie bequem kann man sein? Beim ersten Mal freue ich mich noch, wenn mich jemand zu sich in die Wohnung einlädt: Ich liebe es, das Zu Hause meiner Mitmenschen zu sehen und es in unbemerkten Momenten zu durchwühlen wie diese frechen Gäste bei »Das perfekte Dinner«. Lädt eine Person aber bei jedem einzelnen Treffen nur zu sich nach Hause ein und lehnt Einladungen überall anders hin ab, werde ich misstrauischer als ein TV-Detektiv, wenn ihm eine frische Witwe erzählt, dass ihr steinreicher Mann Selbstmord begangen hat und sie die alleinige Erbin seines gesamten Vermögens ist. *Da ist doch was faul!* Warum hängen wir immer nur auf deinem Sofa ab, Thomas? Weißt du überhaupt, wie sich die Sonne auf deiner Haut anfühlt? Bist du ein Vampir und verbrennst, wenn du tagsüber rausgehst? Bist du unter gerichtlich angeordnetem Hausarrest und trägst *deswegen* diese merkwürdige elektronische Fußfessel? Ich dachte, es wäre trendiger Modeschmuck! Die Treffen mit Thomas fühlen sich von Woche zu Woche mehr so an, als würde ich eine alte Frau auf ihrem Sterbebett besuchen, mit dem einzigen Unterschied, dass ich rein gar nichts erben werde. Schön langsam dämmert mir, dass das Einzige, was hier faul ist, Thomas ist, der alte Couchpotato. Geh doch mal nach draußen! Du wirst es hassen!

Ich hasse Abendessen mit fester Sitzordnung

Ein fünfgängiges Abendessen an einer langen Tafel klingt natürlich in der Theorie ganz nett, ist aber mein absoluter Albtraum. Im Grunde genommen bedeutet das nämlich: »Heute Abend sind zwar dreißig Leute anwesend, aber für die nächsten zwei Stunden kannst du dich nur mit drei von ihnen unterhalten: Die Personen links, rechts und gegenüber von dir. Viel Spaß!«

Einmal bin ich bei einem solchen Essen drei Stunden lang neben der jungen Ehefrau eines Schauspielers und Sängers gesessen, dessen Namen ich an dieser Stelle mal lieber nicht sagen werde. Aber nach nur fünfzehn Minuten gezwungenem Smalltalk mit seiner Gattin, wollte auch ich am liebsten singen: *I've been looking for … the Notausgang!* Das nächste Mal setze ich mich lieber auf den elektrischen Stuhl als neben sie.

Ich hasse Gäste, die nicht verstehen, wann die Party vorbei ist

Es ist bereits drei Uhr morgens, ich habe die Musik abgedreht, meinen Pyjama angezogen und mir eine Zahnspange, die ich normalerweise gar nicht trage, in den Mund geschoben, doch mein Gegenüber versteht den Wink mit dem Zaunpfahl einfach nicht und möchte stattdessen wissen, ob es noch etwas von »dieser leckeren Avocado-Sauce« (man nennt es Guacamole, Julius!) gibt. Wie viel deutlicher kann ich es noch machen, ohne es direkt anzusprechen? Geh bitte nach Hause! Direktheit war in Situationen wie diesen leider noch nie meine Stärke. Als ich jünger war, hatte ich auf einer Party einmal eine Gruppe an Gästen, die einfach nicht gehen wollten; besonders einer von ihnen verstand meine Hinweise nicht und schenkte sich unentwegt selbst zu trinken nach. Irgendwann musste er dann doch los und wurde sogar von einem exklusiven Fahrerservice abgeholt: einem Krankenwagen. Danach wollten aber wirklich *alle* schleunigst nach Hause. Nichts beendet eine Party so gründlich wie ein medizinischer Notfall!

Ich hasse es, mit einer merkwürdigen Person die Heimreise anzutreten

Ich als absolut vorbildlicher Vorzeigegast merke natürlich immer, wann es an der Zeit ist zu gehen. Mein Signal ist meistens, wenn die Gastgeber zu einem völlig unpassenden

Zeitpunkt Kaffee anbieten. Ein Espresso um zwei Uhr morgens? Mein Signal, schneller zu verschwinden, als die mysteriöse Katze McCavity aus dem Musical *Cats*. »Na, dann gehe ich mal lieber!«, sage ich also viel zu laut. »Ja, ICH AUCH!«, ruft Joachim, ein anderer Partygast, der mir zuvor negativ aufgefallen ist, als er den im Hintergrund laufenden Hit »Oops … I did it again« von Britney Spears als »fürchterlich« bezeichnete, was für mich an Blasphemie grenzt. Von diesem Zeitpunkt an verbrachte ich die Party damit, ihm so gut wie möglich auszuweichen und vom anderen Ende des Raums leise einen Fluch über ihn zu legen.

Und nun treten wir gemeinsam den Nachhauseweg an! Ich schwebe ja noch in der Hoffnung, dass Joachim einen völlig anderen Weg als ich hat, doch wie es der Zufall so will, wohnt er direkt in meiner Parallelstraße, weswegen wir genau den gleichen Weg und massig Zeit für unangenehmen Smalltalk haben, denn die nächste U-Bahn kommt erst in siebzehn Minuten. Typisch Joachim! Weiß er denn nicht, dass es beim Aufbruch von einer Party einen zeitlichen Diskretionsabstand von den anderen Gästen einzuhalten gilt, es sei denn, man möchte mit der anderen Person flirten – ein Vorhaben, das er sich genauso schnell abschminken kann, wie ich das nach seinen grauenvollen Aussagen mit meinem Plan, auf der Party ein Britney-Spears-Medley hinzulegen, getan habe. Da der Smalltalk äußerst schleppend verläuft, wühle ich in der alten Trickkiste und sage beim Warten auf die U-Bahn völlig unangekündigt »Oh, total vergessen, ich muss ja noch die – äußerst nachtaktive – Katze meiner Freundin füttern, und das am völlig anderen Ende der Stadt. Schade! Bye Alain, Joachim!« Auf diesen zeitaufwändigen Trick greife ich leider viel zu oft zurück, und *Oops…I did it again!*

Ich hasse Gäste, die unangekündigt jemanden mitbringen

Wenn du ohne Vorwarnung jemanden dabeihast, handelt es sich möglichst um einen eisgekühlten Riesling. Ungefragt ein +1 mitzunehmen finde ich frech, denn es wirft meine Verkupplungs-Pläne des Abends völlig aus der Balance. Besonders hasse ich es, wenn ein Gast ungefragt sein Haustier mitnimmt. »Sorry, ich konnte so kurzfristig niemanden mehr finden, der mit Struppi zu Hause bleibt!« Hmm, na ja, wie wär's mit dir selbst? Du hast ja jetzt den Abend frei, weil ich dich soeben wieder offiziell ausgeladen habe. Ich mag Hunde ja grundsätzlich sehr gern, aber noch mehr mag ich höfliche Menschen: Ich hab doch nicht heute Nachmittag zwei Stunden lang die Fußböden geputzt und das Samtsofa abgesaugt, damit dein »kleiner Racker« darauf herumtollen kann. Am meisten ärgert mich, dass ich selbst kein Haustier habe, mit dessen Hilfe ich für diese Unart Rache ausüben könnte. Stattdessen könnte ich sagen: »Oh, Veronica, vielen Dank für die Einladung. Es wird dich ja nicht stören, dass ich meine alte, ölige, ständig überschwappende Fritteuse mit dabeihabe, oder? Wo darf ich sie anschließen?«

Ich hasse es, wenn ich auf einer Party viele neue Leute auf einmal kennenlerne und man sich erwartet, dass ich mir ihre Namen merke

Ich habe einen Punkt erreicht, wo ich mir den Namen meines Gegenübers nur merke, wenn es ebenfalls »Michael Buchinger« heißt. Generell ist das ein Problem von mir, an dem ich arbeiten sollte. Wenn mir Freunde die Namen ihrer Kinder nennen, vergesse ich sie fast augenblicklich. Ich frage mich, wie lange ich noch damit davonkommen kann, sämtliche Kinder einfach »dein kleiner Racker« zu nennen. Die Namen ihrer Hunde merke ich mir dafür ein Leben lang. »Aaaah, da ist ja der kleine Lemmy mit seinem Herrchen Klau... Danie... Mark??«

Ich hasse Leute, die auf Partys keinen Diskretionsabstand halten

Wie ein bedrohlicher Meteorit, der um die Erde kreist, kommen diese – meist betrunkenen Menschen – während des Gesprächs einfach immer näher, was dazu führt, dass ich wiederum einen Schritt zurück nehme, weil ich nicht unbedingt scharf darauf bin, dass ihr Speichel in meinem Auge landet. Das sieht dann so aus, als würden wir mitten auf der Party einen eigenartigen Tanz aufführen, den niemand führen will. Hat euch Corona denn gar nichts gelehrt? Personal Space! Besonders hasse ich es, wenn die Leute mich zur gestischen Untermalung einer besonders spannenden Stelle ihrer Anekdote dann auch noch berühren. Finger weg! Diese Party ist kein All-You-Can-Eat-Buffet und ich nicht die letzte Frühlingsrolle. Warum schmiegst du dich so an mich? Verwechselst du mich mit einer Poledance-Stange? Ich bin in der Tat sehr dünn. Wenn ich nach einer Unterhaltung das Bedürfnis verspüre, mich mit einem Psychologen zu treffen und ihm an einer Puppe zu zeigen, wo mein Gesprächspartner mich berührt hat, war es vermutlich keine gute Unterhaltung. Besonders alte Leute neigen dazu, im Smalltalk deinen Arm zu umklammern – vermutlich, weil sie dich in ihren Sarg zerren wollen. Es ist ihre Art und Weise zu sagen: »Komm, treffen wir gemeinsam Gevatter Tod!« Nicht mit mir, Irmgard!

Ich hasse Leute, die dir von ihrem »großen Projekt« erzählen

Es ist eine Sache, wenn ich auf meinem Klassentreffen so tue, als hätte ich TikTok erfunden, um die Leute zu beeindrucken, die damals nicht zu meiner Geburtstagsparty kommen wollten (also alle), aber es ist eine andere Sache, wenn ich mich mal wieder in einer Situation befinde, in der mir mein betrunkenes Gegenüber um drei Uhr morgens auf einer Party über die laute Musik hinweg ungefragte Details ins Ohr schreit, was sich ein bisschen so anfühlt, als wolle es meinem Ohr einen Zungenkuss geben. »Ich hab ein riesiges Projekt, das wird meeega, du solltest dir mal lieber mein Gesicht merken. In ein paar Jahren wirst du es überall sehen.« Hmm, ich bin mir nicht sicher, ob ich einen Straßenstrich in Floridsdorf als »überall« bezeichnen würde, aber okay.

Davon abgesehen habe ich vor, heute so viel zu trinken, dass ich mich morgen nicht mal erinnern können werde, wie ich überhaupt nach Hause gekommen bin, also werde ich mir wohl nicht sonderlich viel über unsere Begegnung merken. Weil mich die Erfahrung gelehrt hat, dass diese Leute selten so erfolgreich sind, wie sie tun, mache ich mir manchmal einen Spaß daraus, um weitere Details zu bitten, woraufhin meistens rauskommt, dass ihr großes Projekt ist, dass sie sich auf Amazon ein Buch über HTML bestellt haben, mit dem sie das Basteln von Webseiten lernen wollen. WOWZA! Ich rufe schnell mal *Forbes* an, vielleicht haben sie noch einen Platz in der »30 unter 30«-Liste für dich. Ich selbst bin da eher vorsichtig und enthülle meine Projekte nie, bevor sie spruchreif sind. Das einzige »große Projekt«, das bei mir gerade ansteht, ist, endlich die richtige Aussprache von *Tagliatelle* zu lernen, und der einzige Grund, warum ihr euch mein Gesicht merken solltet, ist damit ihr es detailgetreu der Polizei beschreiben könnt, wenn ihr am nächsten Morgen feststellt, dass eure Armbanduhr fehlt.

Ich hasse leere Versprechen

Zum Beispiel die, die viele Leute auf Partys als »höfliche Abschiedsfloskel« bringen. »Hey, wir sollten uns bald mal wieder auf einen Kaffee treffen.« Ja ja, ich hoffe dein Auto überschlägt sich, du dreckiger Lügner! Das wird doch ohnehin nie passieren, und die Chance, dass wir uns diesen Kaffee holen, ist kleiner als die Chance, dass ich in diesem Leben noch mal zum *Sexiest Man Alive* gewählt werde. Wenn ich eine absolut an den Haaren herbeigezogene Lüge hören will, dann höre ich mir selbst zu, wie ich mir jeden Morgen im Spiegel sage: »Michi, du bist ein toller und wertvoller Mensch, und heute wird ein toller Tag!« Lügen, Lügen, Lügen!

Ich hasse es, wenn ich als Einziger jemanden scheiße finde

Auf jeder Party gibt es eine Person, die ich hasse. Es ist wie das Amen im Gebet oder wie dubios riechender Urin nach Spargelverzehr. Unlängst begegnete ich auf einer Party einem selbstverliebten Kotzbrocken namens Thomas. Er war die Sorte Person, die mit absoluter Sicherheit ihre eigenen Instagram-Postings likt und wahrscheinlich auch mit dem Gedanken spielt, zwei Rippen entfernen zu lassen, damit er sich selbst oral befriedigen kann. Also habe ich mental schon mal angefangen, mir Witze über ihn zu überlegen, die ich springen lassen könnte, nachdem er endlich Leine gezogen hätte. Ich konnte mich schon vor meinem inneren Auge sehen, wie ich geistreiche Wortspiele wie »Puh, dieser Thom-Arsch war aber ganz schön anstrengend, oder? Er ist wie diese eine überflüssige Socke, die man nach der Wäsche im Wäschekorb findet. Warum ist er hier?«, woraufhin mir die gesamte Partygesellschaft zustimmen würde, bevor sie mich als »griechischen Chor, der immerzu ausspricht, was sich alle denken« betiteln, bevor sie mich auf einem Sessel durch die Gegend tragen und meinen Namen schreien. Nachdem Thomas endlich gegangen war, war ich schon in der Pole Position zum Lästern, als mir meine Freundin Barbara zuvorkam. »Also, dieser Thomas ist ja wohl ein absoluter Schatz! So ein sympathischer Kerl – den sollten wir öfter einladen!« – und alle Anwesenden stimmten ihr zu! Entschuldigung? Bin ich hier bei *Punk'd*? War Thomas in Wirklichkeit Ashton Kutcher? Die unverblümte Wahrheit über andere Menschen auszusprechen macht leider nur halb so viel Spaß, wenn einem niemand zustimmt, also hielt ich an diesem Abend einfach meinen Mund.

Ich hasse Partys mit Goodie Bags

Auch ich habe *Magic Cleaning* von Marie Kondo gelesen und halte meine Wohnung seitdem so minimalistisch, wie das Notizbuch, in dem ich all meine sexuellen Eskapaden eintrage. Das Letzte, was ich daher brauche, sind Goodie Bags am Ende von Partys, in denen nutzloser Krempel wie ein Kugelschreiber-Set zu finden sind. Ich bin doch nicht von gestern: Sicher haben die Gastgeber auch nur einen Minimalismus-Ratgeber gelesen und versuchen jetzt, ihr altes Zeug als »Geschenk« für ihre Freunde zu tarnen. Nicht mit mir! Wenn es aus dem Goodie Bag nicht verdächtig nach Torte riecht, nehme ich ihn nicht.

*****

Michis Tipps
für gute Gäste

Als alter Partyfuchs und gelegentlicher Gastgeber weiß ich natürlich, wie man ein traumhafter Gast der Spitzenklasse wird, der auf keinem Fest mehr fehlen darf. Befolgt einfach meine Tipps!

Répondez, s'il vous plaît!

Bitte lass mich fristgerecht wissen, ob du meiner Einladung folgen kannst und ob du mit Begleitung, Tieren oder Ernährungseigenheiten kommst, damit ich mich entsprechend vorbereiten oder dich gegebenenfalls gleich wieder ausladen kann.

Bitte sei halbwegs pünktlich

Das letzte Mal, als es mir bei einer meiner Partys »völlig egal« war, wann die Gäste eintrudeln, war ich siebzehn und habe natürlich auch damals einfach nur gelogen. Wenn ein Gastgeber bei der Einladung schon eine Uhrzeit nennt, sollte man nicht unangekündigt mehr als fünfzehn

Minuten zu spät kommen (aber bitte auch nicht zu früh, es sei denn, ihr wollt mich vorfinden, wie ich nervös mein eigenes Spiegelbild mit motivierenden Sprüchen wie »Hör auf zu schwitzen, du dumme Nuss!« anschreie). Bestimmt gibt es dann nur noch abgenagte Hühnerkeulen zu essen und unzählige Insider, die man einfach nicht versteht.

Hab ein Gastgeschenk dabei

Wenn wir nicht regelmäßig einander Gäste sind, halte ich ein kleines Geschenk für eine schöne Aufmerksamkeit, mit der mir meine Freunde zeigen, dass sie es wertschätzen, dass ich – für den in der Regel ein paar hastig aufgetaute Fischstäbchen der Gipfel des absoluten Genusses sind – den ganzen Tag für sie in der Küche gestanden habe. Es muss ja auch keine diamantbesetzte Uhr oder ein Autogramm mit Widmung von Céline Dion sein (obwohl ich natürlich beides gerne nehme), aber eine Flasche Wein vielleicht?

Sei nicht auf den Mund gefallen

Als Gastgeber muss ich natürlich manchmal in die Küche huschen, um nach dem Essen zu sehen oder mir ein geheimes Glas Schnaps zu gönnen, und finde es immer unangenehm, wenn ich dann von meinen Gästen so wenige Geräusche höre, als würde ich ein Schweigeseminar leiten. Natürlich sollt ihr euch wohlfühlen, aber ist es zu viel verlangt, dass ihr – wie ein Starlet in einer Talkshow – auf eine meiner Partys vielleicht zwei bis drei gute Anekdoten mitnehmt, die ihr auspacken könnt, während ich meinen Wodka kippe?

Hilf doch einfach

Wenn die Leute sehen, wie ich gerade zwölf Teller und achtzehn Gläser auf einmal in die Küche tragen will, und daraufhin lustlos fragen: »Soll ich dir helfen?«, während sie bequem sitzen bleiben, ist mir damit wirklich null geholfen. Entweder, du eilst mir zur Seite und hilfst einfach, oder du lässt es bleiben, aber bitte bring mich nicht in die unangenehme Situation zu sagen, »Nein, nein, das geht schon!«, bevor ich unter lautem Klirren die Kellertreppe runterstürze.

Wisse, wann es Zeit ist zu gehen

Wir haben gegessen, wir haben getrunken, und ich habe bereits Kaffee angeboten, betont, was für ein netter Abend es doch *war* und dann wehmütig angemerkt, dass auch die schönsten Abende irgendwann enden müssen – und du bist noch immer da? Warum?

Ein paar Dankesworte

Benimmpäpste raten, nach Feiern handgeschriebene Dankeskarten an den Gastgeber zu schicken, aber das würde ich persönlich schon wieder ein bisschen gruselig finden und fest davon ausgehen, dass der Absender Hals über

Kopf in mich verliebt ist. Eine Dankes-SMS am Tag danach ist aber eine schöne Geste, über die sich jeder Gastgeber freuen wird.

III.
REISEN

»Die Welt ist ein Buch, und wer nicht reist, liest davon nicht eine einzige Seite«, hat der Kirchenvater Augustinus mal gesagt. Aber ganz ehrlich? Manche Bücher muss man nun wirklich nicht lesen. Sämtliche Reiselust, die ich je verspürt habe, wurde mit meiner Entscheidung, Comedian zu werden, im Keim erstickt. Seitdem verbringe ich nämlich einen großen Teil meines Jahres mit dem sogenannten »Jetsetten«, welches um einiges unglamouröser wird, wenn man nicht zwischen London und New York, sondern zwischen Dinkelsbühl und Pforzheim-Süd jettet, um dort vor seinem bei weitem nicht ausverkauften Auftritt noch schnell ein Supermarkt-Sandwich in einem Billig-Hotel zu vertilgen. Wie dem auch sei, die Vorstellung von privaten Reisen zur Entspannung finde ich wiederum ganz fantastisch. Endlich habe ich die einmalige Gelegenheit, meinen Alltag hinter mir zu lassen und sehe mich vor meinem inneren Auge, wie ich mit meiner völlig neuen Persönlichkeit »Michel St. Claire«, die sicherlich noch nie unabsichtlich die Verpackung eines Snickers mitgegessen hat, entspannt durch die Straßen von Paris flaniere und mein eigenes Körpergewicht in Croissants esse. Doch die Realität sieht ganz anders aus, weil ich Paris (vermutlich, weil alle anderen die gleiche Idee hatten wie ich) so überfüllt vorfinde wie ein Einkaufszentrum am Black Friday, was mir endgültig beweist, was ich schon lange vermute: Reisen wäre so viel schöner, wenn ich der Einzige wäre, der reisen dürfte.

Ich hasse die Lügen am Flughafen

Sobald man sich in der Nähe von Flugzeugen aufhält, werden Tatsachen verdreht wie sonst nur von Politikern während der Wahlkampfzeit. Ganz besonders hasse ich Durchsagen wie: »Es tut mir leid, Ihnen mitteilen zu müssen, dass sich Ihr Abflug um fünfzehn Minuten verspäten wird.« Das ist meistens erstunken und erlogen und einfach nur eine blöde Erziehungsmaßnahme, damit wir keinen Faustkampf anzetteln, wenn wir erfahren, dass wir noch mindestens drei Stunden in Gate F23 festsitzen – und genauso effektiv, wie wenn man Kindern sagt: »Okay, wenn Onkel Michi bis drei gezählt hat, musst du ruhig sein, sonst gibt es kein Abendessen. Eins … Zwei … Zweieinhalb … Zweidreiviertel …« Selbst meine zweijährige Nichte weiß, dass bei drei nichts passieren wird, genauso wie nach fünfzehn Minuten Warten am Flughafen nichts passiert sein wird.

Ich hasse den Security Check

Der Security Check macht mich absolut paranoid, weil ich immer Angst habe, verdächtig zu wirken, obwohl ich eine weißere Weste habe als Taylor Swift. Einmal habe ich gehört, dass man bei der Sicherheitskontrolle auf gar keinen Fall das Wort »Bombe« verwenden soll, weswegen ich für absolute Verwirrung sorgte, als ich meine Badebomben gegenüber einer Angestellten stotternd als »Bade-Fizzies« bezeichnete. Ein anderes Mal wurde ein mysteriöses Gerät in meinem Handgepäck gefunden und von mehreren Mitarbeitern ganz genau inspiziert, bevor ich schwitzend gestand, dass es sich dabei um meinen neuen Vibrator handelte.

Diese modernen Nacktscanner tragen nur zu meinem Stress bei und wecken in mir das dringende Bedürfnis, vor dem Durchgehen noch schnell ein paar Dehnübungen und anschließende Sprints am Förderband zu machen, um so vorteilhaft wie möglich auszusehen. Danach auch noch von einem fremden Mann an allen möglichen Körperstellen berührt zu werden ist mir manchmal ein bisschen zu viel des Guten, und ich kann mich nur schwer davon abhalten, während der Untersuchung bibbernd »Es tut gut, *endlich* wieder berührt zu werden!" zu hauchen. Das alles wühlt mich so sehr auf, dass ich nach jeder Sicherheitskontrolle eine »Zigarette danach« brauche.

Es wäre jedoch mein absoluter Traum, den Spieß umzudrehen und selbst Angestellter beim Security Check zu sein. Nichts liebe ich mehr, als im Gepäck fremder Menschen zu wühlen und eine Frage nach der anderen rauszuballern, als wäre ich Sherlock Holmes höchstpersönlich: »Was ist das? Warum haben sie dieses azurfarbene Oberteil eingepackt? Wissen Sie denn nicht, dass Azur die Trendfarbe von *vorletztem* Jahr war? Ts-ts-ts …«

Ich hasse Leute, die die Allerersten im Flugzeug sein wollen

Sie legen am Flughafen extra einen Sprint hin und schubsen Passanten aus dem Weg, nur damit sie die Ersten sind, die sich in der Schlange zum Boarding anstellen können. Wie kann das Verlangen danach, in einer engen Metallröhre zu sitzen und überteuerten Tomatensaft zu trinken, so groß sein, dass man sich dafür bereits eine Stunde zu früh – und unter völliger Missachtung der Boarding-Gruppen – am Gate anstellt? Das ist, als würde man nachts vor einer Konzerthalle campen, um am nächsten Morgen der erste Besucher eines David-Hasselhoff-Konzerts sein zu dürfen. Ich bin sicher, der Ansturm würde sich in Grenzen halten, auch wenn man erst fünfzehn Minuten vor Beginn um die Ecke schliddert.

Besonders hasse ich die völlig irrationale Denkweise dieser Menschen: Glauben sie etwa, sie würden früher an unserem gemeinsamen Ziel ankommen, wenn sie so herumstressen? Geflogen wird doch ohnehin erst, wenn der letzte Passagier (und das bin ich) das Flugzeug betreten hat.

Ich hasse es, wenn andere Passagiere auf meinen Bildschirm starren oder offensichtlich in meinem Buch mitlesen

Wie unangenehm! Sobald ich im Zug oder Flugzeug beschließe, mir eine Folge einer Serie auf meinem iPad anzusehen, ist es mit Sicherheit eine Folge, die zu 90 Prozent aus Sexszenen besteht. Umgekehrt kann ich mich selbst nur schwer davon abhalten und hätte einmal beinahe eine Frau in der U-Bahn angesprochen, weil mir beim Starren auf ihr Handy aufgefallen war, dass sie gerade eine SMS mit »das/dass«-Fehler abschicken wollte.

Ich hasse es, dass ich selten Platz für mein Handgepäck im Flugzeug finde

Okay, ich gebe es zu: Manchmal habe auch ich das geheime Verlangen, eine der ersten Personen im Flugzeug sein, und das nicht, weil ich – ähnlich wie Babys und Kleinkinder – vorab ein bisschen mehr Zeit brauche, um mich an Bord einzugewöhnen. Wenn ich mit Handgepäck reise, schwebe ich immer in der äußerst berechtigten Sorge, dass mir die anderen Reisenden den Platz für meinen winzigen Trolley wegnehmen, weil sie die »Nur zwei Handgepäcksstücke«-Regel missachtet und stattdessen sieben mitgenommen haben. Warum? Ich halte mich *immer* an Regeln, denn sie sind dazu da, den Spaß in Grenzen zu halten. Wenn auf den ersten Blick mal wieder alle Gepäckfächer über den Sitzen voll sind, frage ich immer das Bordpersonal, ob sie wissen, wo es noch ein Plätzchen für meinen Koffer geben könnte und werde fast immer angefaucht wie von einer aufgescheuchten Katze. »NEIN, das weiß ich NICHT!« Okay… aber stehen Sie nicht seit zwanzig Minuten hier rum und beobachten das Geschehen? Nicht selten endet die Misere dann damit, dass ich meinen Koffer unter den Vordersitz schieben und meine Beine darauf abstützen muss, wie ein süßes Baby in einem Anne-Geddes-Foto.

Ich hasse Plaudertaschen

Es scheint Menschen zu geben, die glauben, dass sie gemeinsam mit ihrem Platz in Sitz 23B auch eine Stunde aufbrausender Unterhaltung mit ihrem unschuldigen Sitznachbarn gebucht haben, aber da haben sie sich mächtig geschnitten – zumindest, wenn sie neben Michi »Wehe du sprichst mich an« Buchinger sitzen. Bestens gewappnet gegen diese emsigen Plaudertaschen, nehme ich im Flugzeug zumeist in einer Montur Platz, die ich mir sonst nur für Greenpeace-Werber und ausgewählte Familienmitglieder aufhebe: Sonnenbrille auf, Kopfhörer drin und Mundwinkel so tief nach unten gezogen, als wäre ich soeben alleiniger Zeuge eines Dreifachmordes geworden. Doch da habe ich die Rechnung ohne Irmgard aus Kroatisch-Geresdorf gemacht: »Na, wo reisen Sie denn hin?«, will sie wissen, während sie mir langsam aber sicher einen meiner Kopfhörer aus dem Ohr zieht. Als würden wir nicht in einem Flugzeug zur selben Destination sitzen. Einzelne Teile von älteren Ehepaaren sind in solchen Situationen besonders anstrengend, weil sie sich offenbar denken: »Juhu, endlich sitzt ein Mensch neben mir, den ich nicht jeden Tag für die letzten fünfzig Jahre gesehen habe und für den all meine Anekdoten noch *aufregend* und *neu* sind!«

Es tut mir leid, Irmi, aber die Geschichte über Frau Granabetters Bandscheibenvorfall interessiert mich wirklich nicht die Bohne; ich möchte doch nur in Ruhe das informative und mit Scherzen gespickte Sicherheitsvideo der Airline schauen! Ist das denn zu viel verlangt?

Ich hasse Leute, die nach der Landung sofort aufspringen

Weniges irritiert mich mehr als diese Menschen, die nach der Landung völlig nervös werden und sich panisch nach den Ausgängen umblicken, wie ich es tue, wenn ich auf einer Party bin und gerade angekündigt wurde, dass jetzt »Lotti Karotti« gespielt wird. Im Sekundentakt schauen sie abwechselnd auf ihr Handy und ihre Armbanduhr und murmeln dabei Dinge wie »Das Meeting … die Power-Point-Präsentation … muss sofort hier raus!«, während sie schon mal sicherheitshalber aufspringen und halb gebückt stehen bleiben, obwohl wir noch nicht mal ansatzweise die Parkposition erreicht haben. Ich hab's kapiert, Samuel: Du bist ein erfolgreicher Geschäftsmann, deine Zeit ist tausendmal wichtiger als unsere, und ähnlich wie Meghan Markle bei jedem einzelnen Abendessen mit der Royal Family wünschst du dir einfach nur, du wärst gerade woanders. Aber bitte mach ein paar meditative Atemübungen und beruhige dich.

Ich hasse reisende
Geschäftsmänner

Im ersten Moment wirken diese Artgenossen noch harmlos: Im schicken Anzug schlendern sie frühmorgens zum Abfluggate, begrüßen ihre Kollegen und spielen im Smalltalk eine kleine Runde Bullshit-Bingo, um in die Gänge zu kommen: »Im Hamburg Office sind die alle schon ready für den Kickoff! Ein absoluter No-Brainer, dass wir dort mal für den maximalen Synergie-Effekt reinschauen!« Irgendwann, meistens kurz vor Abflug, dämmert ihnen dann, dass sie sich ja gerade gar nicht im Büro befinden, dass weder ihr Chef noch ihre Ehefrauen da sind und sie jetzt ja auch ein bisschen FUN haben dürfen. Die Herdenmentalität gewinnt Überhand, und das ist der Startschuss für die Mario-Barth-Comedy-Hour: ein endloser Schwall an Machowitzen, der keine Chance auf einen Hammergag vorbeiziehen lässt. »Bitte benützen Sie beim Ausstieg aus dem Flugzeug auch den Hinterausgang!« – »Also, meine Frau lässt mich ja nie den Hinterausgang benutzen, wenn ihr versteht, was ich meine. HAHAHAHA!« Man muss schon sehr schwer von Begriff sein, um *nicht* zu verstehen, was du meinst, und säßen wir nicht im gleichen Flugzeug, würde ich euch jetzt starke Turbulenzen wünschen.

Ich hasse es, durch die Business Class gehen zu müssen, um an meinen Platz in der Economy Class zu gelangen

Muss das sein? Ich halte es mir ohnehin schon jeden Tag vor; ich brauche nicht auch noch eine detailgetreue Ansicht dessen, wie mein Leben aussehen könnte, wenn ich vor acht Jahren nicht zu feig gewesen wäre, um in Bitcoins zu investieren. Business-Class-Reisende sehen immer so glücklich und zufrieden aus mit ihren Wohlfühlsocken und echten Gläsern, während ich auf meinem Walk of Shame an ihnen vorbeiziehe, um in der Sardinendose, die ich auch verdient habe, Platz zu nehmen und an einem Chicken-Sandwich zu nibbeln, das weniger nach Chicken als vielmehr nach verpassten Chancen schmeckt.

Ich hasse Leute, die nach der Landung klatschen

Es stört mich gar nicht so sehr, wenn vereinzelte Passagiere nach der Landung applaudieren: Wenn sie so wenig Schamgefühl haben und danach noch in den Spiegel schauen können, nur zu! Vielmehr nervt es mich, dass nach *anderen* Tätigkeiten, die rein theoretisch tödlich enden könnten, nicht geklatscht wird. Wieso klatscht niemand, wenn er aus dem Zug aussteigt, einen Kugelfisch gegessen oder eine weitere Autofahrt mit mir überlebt hat, ohne dass ich dabei von einer Brücke gerast bin?

Tatsächlich bin ich ein bisschen beleidigt, weil nie jemand für mich klatscht. Klar: Den Piloten und Pilotinnen ist es gelungen, dreihundert Passagiere unversehrt von A nach B zu transportieren, aber ich bin hier hinten umringt von schreienden Kindern, Plaudertaschen und Junggesellinnen-Abschieds-Gruppen gesessen und habe kein einziges Mal versucht, mit meinem Sandwich nach ihnen zu werfen. Wo ist mein Applaus?

Ich hasse Preisschwankungen bei Flügen

Fluglinien sind die wahren Verbrecher dieser Welt. Wage ich es auch nur, mich mehr als zwei Sekunden lang auf ihrer Webseite über einen Flug zu erkundigen, ohne sofort meine Kreditkarte zu zücken und einen Kauf zu tätigen, kann ich mir sicher sein, dass der Flug mit jeder Sekunde teurer wird. Doch damit nicht genug! Reise-Gurus munkeln, dass Flugpreise je nach dem Gerät, das man benutzt, und dem Ort, an dem man sich aufhält, teurer werden. Jetzt werde ich auch noch dafür bestraft, dass ich ein iPhone und eine charmante Altbauwohnung in zentraler Top-Lage habe? Langsam verstehe ich diese exzentrischen »Aussteiger« besser, die die Gesellschaft verlassen und in kleine Waldhütten abseits der Zivilisation ziehen: Sie wollen sicher nur günstige Flüge buchen.

Ich hasse Leute, die mit Kindern reisen

Sehe ich, dass Eltern mit Kindern unter drei Jahren das Flugzeug betreten, gebe ich der Flugbegleiterin sofort ein Signal, mein Weinglas nie leer werden zu lassen und nehme schon mal die auf den Sicherheitskarten angeführte Notfall-Position ein. Das kann ja heiter werden! Versteht mich nicht falsch: Womöglich gibt es ja einen triftigen und absolut lebensnotwendigen Grund, mit einem Kleinkind um den Globus zu reisen, aber wenn der einzige Reisegrund ist, mit Klein-Leonie das Peppa-Pig-Konzert im Madison Square Garden zu besuchen, ist auch mir danach, neun Stunden lang durchzuschreien. Newsflash: Kinder können sich doch ohnehin an kaum etwas erinnern, was vor ihrem vierten Lebensjahr passiert, also spart euch die Kohle und allen anderen die Nerven. Ich möchte mich in diesen Zeilen nicht unbeliebter machen als absolut notwendig – hier also mein Lösungsansatz: Es gibt doch bereits Erwachsenen-Hotels und kinderfreie Hochzeiten; warum also bei Flügen Halt machen? Ich persönlich würde wirklich sehr gerne ein paar hundert Euro mehr zahlen, um einen kinderfreien Flug zu genießen, bei dem das einzige schrille Gekreische von mir kommt, wenn ich im Flugzeug mal wieder *Mamma Mia: Here We Go Again!* schaue und mitzusingen versuche. »My, my, how can I resist you?«

Ich hasse Leute, die alles mit dem Auto fahren

Sie gehen keinen Meter zu Fuß. So auch eine Bekannte von mir, und in der Zeit, die sie damit verbringt, über ihr Auto zu reden – ein Thema, das mich nur noch weniger interessieren könnte, wenn auf dem Beifahrersitz Detlef D! Soost sitzen würde – und wie schwierig es wieder war, in meiner Gegend einen Parkplatz zu finden, hätte ich zu Fuß dreimal durch die ganze Stadt gehen können. Ich bin kein militanter Fußgänger: Da ich auf dem Land aufgewachsen bin, habe ich so früh wie möglich meinen Führerschein gemacht und musste feststellen, dass keiner meiner Fahrlehrer sonderlich gerne lachte – besonders nicht, wenn ich wieder einen meiner Witze springen ließ (etwa, dass es sich bei Geschwindigkeitsbeschränkungen doch nur um *Vorschläge* handle). Autofahren stört mich nicht, aber es ist auch nicht meine große Leidenschaft, und ich verbringe nicht mehr Zeit in meinem Auto als unbedingt notwendig. Umso suspekter finde ich es, wenn ich in die Autos meiner Freundinnen und Freunde einsteigen möchte, und diese daraufhin erst mal ihren halben Kleiderschrank, ein drei Wochen altes Sandwich und ihr Glätteisen von der Rückbank entfernen müssen, was einige Fragen aufwirft, von denen die dringlichste lautet: Lebst du etwa in deinem Auto, Clarissa?

Ich hasse Leute, die mich bitten, ihnen etwas aus dem Urlaub mitzubringen

Längst vergangen sind die Zeiten, in denen meine Freunde sich über kleine Mitbringsel von meinen Reisen freuten (»Dieser Flyer, den ich am Boden des Flughafens gefunden habe, ist doch genau das richtige für Leonie!«). Dieser Tage verlangen immer mehr Menschen von mir, dass ich ihnen etwas Bestimmtes mitbringe. Unhöflich! Ich erzähle ihnen aufgeregt von meinem langersehnten Urlaub und dass ich mich auf eine entspannende Zeit ohne Verpflichtungen freue, und alles, was diese Leute hören, ist: »Versandkostenfreies Shopping im Ausland, Baby!«

»Wow, Michi! Wenn du schon in Paris bist, kannst du dann in dieses Geschäft gehen und mir dieses bestimmte Parfüm mitbringen?« Ich als höflicher Mensch denke mir dann: »Na gut, vielleicht ist es ja nicht viel Aufwand«, aber natürlich ist es immer sehr viel Aufwand. Die Wegbeschreibung zu dem Laden lautet in etwa so: »Fahre mit der ekelhaftesten U-Bahn bis zur Endstation, dann steigst du in einen Bus, gehst die Straße entlang, biegst links ab und schwimmst durch einen kleinen Teich, in dem es nur wenige Krokodile gibt, und da auf der Insel ist auch schon der Laden! Bitte kauf mir das Parfüm um 180 Euro, ich geb' dir dann das Geld, falls ich es grad habe.« *Pardonnez moi?* Ich bin im Urlaub, ich möchte mich doch einfach nur tagsüber betrinken. Und hast du schon mal von der Globalisierung gehört, Lady? Die Einkaufsstraßen absolut jeder

Stadt sehen doch mittlerweile ohnehin gleich aus, und wenn nicht, kannst du dein komisches Parfüm doch auch im Internet bestellen.

Ich hasse Urlaub mit (manchen) Freunden

Bevor man mit anderen Menschen verreist, sollte man immer sicherstellen, dass man die gleiche Auffassung von Urlaub hat. Nichts ist schlimmer, als sich auf einen siebentägigen Strand- und Lese-Urlaub zu freuen, nur um herauszufinden, dass der Reisepartner einer dieser verrückten Menschen ist, die gerne Ausflüge machen und Abenteuer erleben. Ich habe uns beim Kellner des Beach Club gerade noch eine Schale Erdnüsse bestellt, ist das denn nicht Abenteuer genug? Plötzlich wollen sie Wasserski fahren, einen Helikopter mieten und anderen gefährlichen Aktivitäten nachgehen, die mich vermuten lassen, dass sie einen äußerst ausgeprägten Todeswunsch haben. Genauso wenig Geduld habe ich für Menschen, die im Urlaub plötzlich zu sparen anfangen. Natürlich; nicht alle wollen ihr gesamtes Erspartes in Costa Rica auf den Kopf hauen, aber hätte ich gewusst, dass es deine Vorstellung eines »schönen Abendessens« ist, dir über dem Waschbecken unseres Hotelzimmers ein Supermarkt-Sandwich in den Mund zu schieben, wäre ich lieber alleine verreist.

Ich hasse Pressereisen

Nach außen hin wirkt es immer wahnsinnig glamourös, wenn Influencer von Firmen zu Gratisurlauben eingeladen werden, aber ich bin hier, um euch zu sagen: So toll ist das nicht. Klar, grundsätzlich ist es schon fein, dass man die Chance bekommt, ganz ohne Ausgaben ein fremdes Land zu bereisen. Was bloß nie jemand erwähnt, ist, dass das meistens mit einer Gruppe absolut Fremder passiert, die offenbar willkürlich in einer lottoartigen Auswahlzeremonie ausgewählt wurden. Einmal war ich zum Beispiel für eine Getränkemarke in London, zusammen mit einer veganen Bloggerin und einem waschechten Fleisch-Blogger – eine Konstellation, die so wirkte, als hätte der Veranstalter *gewollt*, dass wir uns durchgehend zanken. Vor Ort gibt es dann einen sportlich getakteten Terminkalender mit Führungen und Talks, um sicherzustellen, dass man zwar alle Konferenzräume des Hotels, allerdings möglichst wenig von der Stadt sieht. Gleichzeitig ist es deine Aufgabe, jeden Moment des Tages für deine Community festzuhalten und so zu tun, als hättest du die beste Zeit deines Lebens – und man bekommt für diese reine Werbeveranstaltung in der Regel natürlich auch kein Geld, weil Kost und Logie ja Bezahlung genug sein sollten. Also seid euch gewiss: Ja, diese Reisen sehen immer toll aus, weil es unsere Aufgabe ist, sie toll aussehen zu lassen, aber ich persönlich arbeite lieber zu Hause ein bisschen mehr, damit ich mir dann einen Urlaub ohne Verpflichtungen leisten kann, über den ich online kein Sterbenswörtchen verlieren muss.

Ich hasse Upgrades im Hotel

Ich bin immer etwas misstrauisch, wenn ich eines bekomme. Es fängt schon damit an, dass die Rezeptionistin plötzlich ein schelmisches Grinsen im Gesicht trägt, bevor sie völlig ausrastet: »Sie bekommen ein Upgrade von uns!«, jubelt sie, als wäre ich der 100.000. Besucher des Hotels oder eines dieser glücklichen Kinder, die ein goldenes Ticket für Willy Wonkas Schokoladenfabrik gefunden haben. Gleich kommen sicher die Oompa Loompas hinter dem Rezeptionstresen hervor und singen ein Lied für mich. Yeah! Danke? Einem geschenkten Gaul schaut man nicht ins Maul, aber ich habe mir meine Zimmerwahl schon ganz genau überlegt, und nur weil das Zimmer, das ihr mir nun anbietet, teurer ist, heißt das noch nicht, dass es *besser* ist. Entweder man gibt mir ein »größeres Zimmer«, das nur größer ist, weil es auf Leute, die im Rollstuhl sitzen, ausgelegt ist, was ich nicht zuletzt daran merke, dass der Türspion bei meinem Bauchnabel ist. Nein, danke! Oder ich reserviere ein Zimmer im Nebengebäude: Meistens ist das günstiger und vor allem auch viel ruhiger, was mir sehr recht ist. Ich lüge euch nicht an, wenn ich sage, dass ich ausnahmslos jedes Mal, wenn ich solch ein Zimmer gebucht habe, ein »supertolles Upgrade« für ein Zimmer im Hauptgebäude bekomme, von dem aus ich die ganze Nacht lang Betrunkene in der Hotelbar die »Hits« von Jürgen Drews singen höre. Bitte behaltet euer Upgrade!

Ich hasse Einzelzimmer im Hotel

Warum existieren sie? Sie sind meistens nicht mal viel günstiger, aber dafür halb so groß wie alle anderen Zimmer, da sie nur über ein Einzelbett verfügen. Ach bitte, seid doch nicht so! Welcher Mensch liegt nicht gern alleine in einem Doppelbett und rollt die ganz Zeit darin herum wie Kevin in *Kevin allein in New York*? Das letzte Mal, als ich in einem Einzelbett geschlafen habe, war ich sieben Jahre alt und fand das offenbar schon damals so fürchterlich, dass ich eben dieses Einzelbett regelmäßig genässt habe. Buche ich explizit ein Zimmer mit Doppelbett, gebe aber nur einen Gast an, lassen die Hotels es sich dennoch nicht nehmen, ein paar Abstriche zu machen. »Welcher Mensch braucht schon *zwei* Handtücher?«, denkt sich der Concierge bestimmt, bevor er eines davon – gemeinsam mit dem zweiten Trinkglas, dem zweiten Kopfkissen und der Hälfte der Getränke aus der Minibar – aus meinem Zimmer verbannt. Hallo? Das ist aber schon ein bisschen frech! Ich persönlich liebe es – und komme mir weniger einsam vor –, wenn ich einfach in einem voll ausgestatteten Zimmer wohne. Nicht selten erwische ich mich dann dabei, ähnlich wie Whoopi Goldberg in *Wer ist Mr. Cutty?* einen »Geschäftspartner/Liebhaber« zu erfinden, mit dem ich unterwegs bin – den aber nie jemand zu Gesicht bekommt –, damit ich behandelt werde wie ein normaler Mensch.

Ich hasse die Kleiderbügel in Hotels

Ihr wisst, welche ich meine: die, bei denen man nur den Bügel aus dem Schrank nehmen kann und der Haken drinbleibt. Ohne Zweifel machen die Hotels das, damit die Gäste nicht die Kleiderbügel stehlen, aber ich hasse es, dass ich gutes Geld für ein Hotelzimmer ausgebe und mir direkt beim Öffnen des Kleiderschranks auf subtile Weise unterstellt wird, dass ich höchstwahrscheinlich ein Dieb bin. Wenn das so ist, warum dann bei den Kleiderbügeln aufhören? Kettet doch das Klopapier an und macht die Shampoo-Flaschen mit Kleber im Badezimmer fest, damit ich als kriminelles Mastermind nicht auf allzu dumme Ideen komme.

Ich hasse die Bettdecken in Hotels

Nämlich jene extragroßen für Doppelbetten, die ich mir nachts mit meinem Partner teilen muss. Eigentlich war der Hotelaufenthalt als romantischer Urlaub gedacht, aber diese ganze Deckensituation wirft dann immer das zu Hause – wo wir wie alle normalen Menschen *zwei* Decken haben – völlig unerforschte »Du hast mir nachts ständig die Decke weggeschnappt!« als möglichen Streitauslöser auf. Ohne Zweifel artet die anfangs noch harmlose Zankerei dann in eine viel tiefer sitzende »Du bist einfach so egoistisch – selbst im *Schlaf*!«-Debatte aus, auf die ich an meinen freien Tagen nur allzu gerne verzichten möchte. Und eine ganze Nacht lang unter der Bettdecke in fremden Fürzen marinieren? Nein, dankeschön, da hört die Liebe auf.

Ich hasse all die Lichtquellen in Hotelzimmern

Ich kann einfach nicht schlafen, wenn über mir ein Feuermelder blinkt, von links die digitale Uhr des Fernsehers mein Gesicht grün beleuchtet und unter dem Bett ein erotisches »Stimmungslicht« angebracht ist, das zwar mit Bewegungsmelder funktioniert, aber dennoch immer schon dann angeht, wenn ich auch nur daran denke, mich langsam umzudrehen. Liebe Hotelbetreiber: Ich bin kein kleines Baby und habe auch keine Angst, dass mich in der absoluten Dunkelheit der Buhmann schnappen könnte. Nichts schreit mehr »Juhu, endlich Urlaub!«, als nachts durch ein Hotelzimmer zu streifen und behutsam alle Lichtquellen mit Handtüchern abzuhängen.

Ich hasse es, aus dem Hotel auszuchecken

Während das Personal dir während deines Aufenthalts noch jeden Wunsch von den Lippen abgelesen hat, fangen sie bereits am Tag der Abreise an, dich wie den Kaugummi unter ihren Schuhen zu behandeln, und müssen schon dreimal überlegen, ob sie in den Tiefen ihres Herzens noch die Güte finden, deinen Koffer im Hotel aufzubewahren, bis du die Reise zum Flughafen antrittst. Besonders verabscheue ich aber diesen Scham-Moment, wenn sie dir beim Auschecken aus dem Hotel noch mal ganz genau vorlesen, was du alles aus der Minibar konsumiert hast. Drei Tüten Paprikachips und fünf Miniatur-Wodkas. Ja, ich hab schon verstanden, ich bin ein gieriges Ferkel.

Ich hasse die faulen Ausreden der Hotels

Etwa, dass es im Zimmer »der Umwelt zuliebe« keine Minibar gibt und sie »aus hygienischen Gründen« auch keinen Zimmerservice anbieten können. Bei diesem ganzen »Verwenden Sie Ihr Handtuch bitte öfter als nur einmal«-Hokuspokus mache ich ja noch gerne mit, aber mir »der Umwelt zuliebe« eine Neun-Euro-Packung Chips zu verwehren klingt für mich so glaubwürdig, wie meine Behauptung, keinen durchtrainierten Körper zu haben, weil mein Hausarzt mir verboten hat, Gegenstände über drei Kilo zu heben. Newsflash: Es ist eine Lüge. Ich *will* einfach nicht, und daher weiß ich auch, dass diese »umwelt- und hygienefreundlichen« Hotels einfach keinen Bock haben, ständig die Minibar nachzufüllen oder Essen aufs Zimmer der Leute zu bringen. Ist ja okay, aber seid doch wenigstens ehrlich!

Ich hasse das Brot im Ausland

Nun, da ich rasant schnell auf die 30 zurase, sind meine Sorgen vor dem Reiseantritt nicht mehr: »Was, wenn ich zu verkatert von einer wilden Party am Vorabend bin und am nächsten Morgen meinen Flug verpasse?«, sondern eher: »Wie wird denn wohl das *Brot* an meiner Urlaubsdestination sein?« Bis zum heutigen Tag habe ich absolute Albträume von meinem New-York-Aufenthalt aus dem Jahr 2010, wo ich lernen sollte, dass ein Vollkornbrot in den Vereinigten Staaten nicht viel mehr als braun eingefärbtes Weißbrot ist. Sofort machte ich mir eine mentale Notiz, bei meinem nächsten Aufenthalt entweder Vollkornbrot einzuschmuggeln oder aber direkt ein Airbnb ohne Toilette zu buchen, da ich sie ohnehin die ganze Woche lang nicht brauchen werde.

Ich hasse Airbnbs

Viele meiner Freunde buchen ausschließlich Airbnbs, weil ihnen Hotels »zu unpersönlich« sind und sie sich nach einem »zwischenmenschlichen Erlebnis mit einer anderen Person« sehnen. Mir persönlich ist es zwischenmenschliches Erlebnis genug, beim Room Service ein Clubsandwich zu bestellen und mit der Person, die es mir ins Zimmer bringt, kurz über das Wetter zu schäkern. Airbnbs sind mir äußerst suspekt, und das nicht nur, weil es immer mindestens eine mysteriöse Tür gibt, die man laut eines darauf angebrachten Zettels auf keinen Fall öffnen darf, woraufhin das eigentliche Ziel meiner Reise (»Paris erkunden«) völlig in den Hintergrund rückt und meine Gedanken während des ganzen Aufenthalts nur noch um mein neues Ziel kreisen (»Herausfinden, welche düsteren Geheimnisse sich hinter der mysteriösen Tür verbergen«).

Außerdem klingt für mich nichts anstrengender – oder mehr wie der Anfang eines schlechten Pornos –, als nach einer langen Anreise auch noch eine fremde Person treffen zu müssen, die mir den Schlüssel zu ihrer Wohnung überreicht. Apropos Porno! Einmal dachte ich mir, »Komm, Michi, sei nicht so! Probier es zumindest einmal aus«, und habe in New York tatsächlich in einem Airbnb gewohnt. Anfangs lief es noch ganz nach meinem Geschmack: Der Host bestand darauf, mich nicht zur Schlüsselübergabe zu treffen, sondern den Schlüssel einfach in einem Schließfach zu hinterlegen, teilte mir dann aber auch prompt mit, im Wohnhaus vorzugeben, dass ich »ein Freund von Julio« sei, falls jemand fragt. Freunde zwingen einander nicht, für sie zu lügen, Julio!

Weil er sich als mysteriöse Schattengestalt gab wie der Mörder in Agatha Christies *Und dann gabs keines mehr*, war ich schon bald besessen davon, mehr über Julio herauszufinden. Doch googelte ich seinen vollen – und ganz einzigartigen – Namen, wurden ausschließlich Links zu Porno-Videos ausgespuckt! Grundsätzlich fand ich es nicht schlimm, dass es einschlägige Aufnahmen meines Hosts im Netz gab, aber plötzlich bekam alles in meinem schnieken NY-Apartment ein dubioses Porno-Flair: *Waren das wirklich Serviettenringe in der Küche oder erfüllten sie einen völlig anderen Zweck?,* fragte ich mich während einer meiner vielen schlaflosen Nächte während dieses Urlaubs. Das nächste Mal lieber wieder ein Hotel!

Ich hasse Leute, die ausschließlich Urlaub in All-Inclusive-Clubs auf Mallorca und Ibiza machen

Auf Instagram posten sie dann ein Urlaubs-Bild mit der Unterschrift: »Die Welt ist ein Buch – wer nie reist, sieht nur eine Seite davon!« So viel weiter hast du da aber auch nicht geblättert, Marco!

Ich hasse es, zufällig zur gleichen Zeit in der gleichen Stadt Urlaub zu machen wie eine Person, die ich kenne

Nachdem sie meine Social-Media-Postings aus der Pariser Innenstadt gesehen haben, erreicht mich ohne Zweifel binnen Rekordzeit eine SMS mit dem Inhalt: »Michiiiii! Ich bin auch gerade in Paris!!!! Wollen wir was miteinander unternehmen?« Jakob, ich kann dich schon in Wien absolut nicht ausstehen. Was soll der Eiffelturm bitte daran ändern?

Noch schlimmer aber ist es, wenn man ohne jegliche Verabredung auf Reisen jemandem begegnet, den man kennt. Stellt euch vor, man erklimmt gerade mühevoll die Spitze des Machu Picchu, nur um dort dieses Biest zu treffen, das dich in der zweiten Klasse in den Unterarm gebissen hat. Dieser Zufall ist zu groß, als dass man diese Person einfach ignorieren könnte. Vielleicht ist jetzt der ideale Moment, um zurückzubeißen?

Ich hasse es, Landsleute im Urlaub zu treffen

Sobald sie mich mit meinem Freund Österreichisch reden hören, fangen diese Leute an, mir bedrohlich nahe zu kommen – wie ein Asteroid, der auf die Erde zurast. Sie können es kaum fassen, einen *anderen Österreicher* im Urlaub zu treffen und kommen sich sicher vor wie Lindsay Lohan in *Ein Zwilling kommt selten allein*, als sie entdeckt, dass sie eine Zwillingsschwester hat. Nun wollen sie quatschen, Erfahrungen austauschen oder gar beim Abendessen an unserem Tisch sitzen. Hey, lass uns in Ruhe, Ferdl! Immerhin machen wir Urlaub in einem fremden Land, um Abstand von Österreichern zu bekommen!

Ich hasse Bekannte, die im Ausland wohnen und immer darauf bestehen, dass ich mich »melden« muss, sobald ich in ihrer Gegend bin

Wirklich? Muss ich? Da ich einer guten Lüge selten abgeneigt bin, sage ich dann immer: »Ja, ja, mache ich natürlich!«, und meine es genauso ernst wie meine Behauptung, die AGBs gewissenhaft gelesen zu haben. Als würde es mich je nach *Saarbrücken* verschlagen! Ich bitte dich, Claudia! Aber wie es das Schicksal so will, lande ich dann oft – meistens im Rahmen eines Kabarett-Auftritts – doch früher oder später im Hundert-Kilometer-Umkreis von Saarbrücken, und es vergehen nach meiner Anreise gefühlte anderthalb Sekunden, bevor ich eine passiv-aggressive Nachricht von meiner alten Bekannten bekomme: »Michi!!! Du hast doch gesagt, du meldest dich, wenn du in meiner Gegend bist!« Ja, ich hab auch mal gesagt, dass deine Aussprache gar nicht so feucht ist und du mit deiner Spucke nicht direkt in meinen Mund getroffen hast, aber auch das war gelogen.

Ich hasse Zugreisen

Und ich fühle mich auch ganz schlecht deswegen. Natürlich bin auch ich darum bemüht, meinen ökologischen Footprint zu verkleinern. Längst vergangen sind die Tage, an denen ich während eines Urlaubs wochenlang das Licht in meiner Wohnung brennen ließ, »um die Einbrecher auszutricksen«, oder unter dem Motto »Aus den Augen, aus dem Sinn!« meine alten Batterien einfach in der Toilette entsorgte. Heute verwende ich ausschließlich meinen eigenen Jutebeutel im Supermarkt und weiß schon gar nicht mehr, wie sich ein Plastikstrohhalm an meinen Lippen überhaupt anfühlt. Aber Zugfahren statt Fliegen? Das ist meine persönliche Grenze; zumindest, bis Nachtzugreisen ein bisschen komfortabler und günstiger werden. Nur allzu ungern erinnere ich mich an den Sommer 2019, als ich mir dachte: »Anstatt anderthalb Stunden mit dem Flugzeug zu fliegen, nehme ich dieses Mal der Umwelt zuliebe für dreizehn Stunden den Nachtzug!« Das klang ja grundsätzlich nach einer ziemlich guten Idee… bis mir wieder einfiel, dass ich ja die meisten Menschen hasse und Züge daher wie äußerst lange, fahrende Albträume für mich sind. Natürlich hatte ich in der Kategorie »andere Passagiere« wieder einen absoluten Sechser im Lotto des Hasses gemacht: Hinter der hauchdünnen Wand im Abteil direkt neben mir befand sich ein Mutter-Tochter-Duo, das bereits kurz nach Einstieg heftige »Mommie Dearest«-Vibes versprühte, als Mama ihrem Kind zufauchte: »Ich bin eine erwachsene Frau, und ich trinke so viel ich möchte, ist das klar?« Das hat sie offensichtlich auch getan und war daraufhin die ganze Nacht damit beschäftigt, sich die Seele aus dem Leib zu kotzen. Ist eine Person im Flugzeug anstrengend, denkst du dir: »Okay, ich werde für eine Stunde in den sauren Apfel beißen und danach sehe ich sie nie wieder!« Anstrengende Zeitgenossen im Zug hast du allerdings stundenlang an der Backe. In dieser Nacht lernte ich diese mordlustige Bande aus *Mord im Orientexpress* zu verstehen: Sicherlich fanden sie diesen einen Passagier einfach fürchterlich anstrengend und beschlossen deshalb, ihm den Garaus zu machen.

Ich hasse Fernbusreisen

Fernbusse sind das Las Vegas der Europäer: Hier ist keine Sünde verboten und alles, was in Fernbussen passiert, bleibt in Fernbussen. Einmal bin ich zehn Stunden lang mit dem Fernbus von Wien nach Berlin gefahren und war während dieser Zeit kein einziges Mal auf dem Klo, weil es aussah wie der Tatort eines fürchterlichen Verbrechens. Es ging mir so auf die Nerven, dass die anderen Passagiere sich fürchterlich verhielten, laut Musik hörten, telefonierten oder unter einer Decke heimlich rauchten, dass ich selbst zum absoluten Berserker wurde und meinen Sitznachbar ermahnte, weil ich fand, dass er zu oft blinzelte. Fernbusreisen holen wirklich das Schlimmste aus den Menschen raus.

Ich hasse es, »alte Bekannte« in den öffentlichen Verkehrsmitteln zu treffen

Ich lege ohne Zweifel mein bestes Schauspiel an den Tag, wenn ich so tue, als würde ich ehemalige Studienkollegen und vereinzelte Familienmitglieder einfach nicht sehen. Gebt mir einen Oscar! Der Anblick alter Bekannter in den Öffis fühlt sich jedes Mal so an, als würde sich das Universum einen kleinen Scherz erlauben: »Ooooh, ihr habt euch zuletzt auf dieser Hausparty im Oktober 2015 gesehen, auf der ihr euch zuerst fürchterlich gestritten, aber dann leidenschaftlich geküsst habt und hattet seitdem keinen Kontakt mehr miteinander. *Well, guess what?* Für die nächsten fünfundvierzig Minuten seid ihr im selben Zug, und es gibt kein Entkommen! Viel Spaß!« Eigentlich habe ich ja gar kein Problem damit, alten Bekannten sachlich »Hallo!« zu sagen, ein paar Nettigkeiten auszutauschen und dann wieder getrennte Wege zu gehen. Ich hasse es bloß, wenn die andere Person diese Nettigkeit als offene Einladung sieht, sich direkt neben mich zu setzen und die kommende Dreiviertelstunde mit gezwungenem Smalltalk der Sorte »Und…wie geht es… deiner Tante Roberta? Was? Noch immer tot? Schade« zu verbringen. Oft ist mir das so unangenehm, dass ich dann mal wieder alles herauskramen muss, was ich in dieser »Helen Mirren teaches Acting«-Masterclass gelernt habe, und vorgebe, dass ich auf dieser Zugfahrt eigentlich arbeiten muss, woraufhin ich meinen Laptop raushole und mit angestrengtem Gesicht eine Runde »Minesweeper« spiele – nur, damit ich mich nicht unterhalten muss.

Ich hasse es, wenn in einem öffentlichen Verkehrsmittel mehrere Plätze frei sind und sich eine neuzugestiegene Person *trotzdem* direkt neben mich setzt

Warum? Womöglich habe ich ein freundliches Gesicht, das mich so aussehen lässt, als wäre ich weltoffen, immerzu für einen kleinen Plausch aufgelegt und würde nicht davor zurückschrecken, während einer Anekdote laut »Na das ist ja köstlich! Erzähle mir unbedingt mehr!« durch den ganzen Bus zu jaulen, während ich mir wie wild auf den Oberschenkel schlage. Ich möchte in diesen Zeilen klarstellen, dass das nicht stimmt. Werde ich angequatscht, möchte ich am liebsten den Bus verlassen, um nach Hause zu meinem Tagebuch zu laufen und aufzuschreiben, was mir heute wieder Fürchterliches widerfahren ist.

Ich hasse es, wenn Youngsters sich weigern, alten Leuten ihren Sitzplatz anzubieten

Als Person, die sich immerzu Sorgen über völlig abstruse Szenarien macht, die eventuell eintreten könnten, bekomme ich schon Schnappatmung, wenn ich auch nur sehe, wie eine Person über 65 Bus oder U-Bahn betritt. Es gibt immer diesen unangenehmen Moment, wenn alte Leute einen Sitzplatz suchen und der Busfahrer völlig unerwartet auf die Tube drückt, woraufhin die rüstigen Passagiere nach hinten fallen wie Keanu Reeves in *Matrix*, wenn er einer Kugel ausweicht. Befinde ich mich selbst auf einem Sitzplatz, springe ich sofort auf und biete ihn an, bekomme aber einen regelrechten Tobsuchtsanfall, wenn junge Leute mit ihren verrückten Fidget-Spinnern oder den TikTok-Dreharbeiten zu beschäftigt sind, um das zu tun. Bitte bietet alten Leuten euren Sitzplatz an! Ich sage das nicht, weil ich ein ach-so-guter Mensch bin. Ich bin nur meistens spät dran und habe Sorge, dass ein Todesfall im 13a unseren Bus *noch mehr* verzögern könnte.

Ich hasse Rolltreppen

Nicht selten wache ich nachts schweißgebadet auf, weil ich mal wieder von einer Rolltreppe geträumt habe. Und das aus gutem Grund: Sie sind absolute Todesfallen und sollten meiner Meinung nach verboten werden. Was war die Idee hinter der Erfindung der Rolltreppe? »Boah, Treppen sind so langweilig – also schlage ich vor, wir machen sie *schnell* und *gefährlich*! Machen wir einen Einstieg, auf den man raufspringen muss, einen Ausstieg, von dem man abspringen muss, und am Ende sollte es außerdem spitze Zacken geben, an denen man sich mit seinen Schuhbändern oder Haaren verfangen kann! Hach, ich liebe es, dass ich immer so tolle Ideen habe, wenn ich kokse!«

Wisst ihr, wie viele Leute ich schon gesehen habe, die auf Rolltreppen gestürzt sind, weil sie sich dachten: »Hey, ich habe zwar zwei Zwanzig-Kilo-Koffer dabei, aber weil ich nicht über klaren Menschenverstand verfüge, nehme ich nicht lieber den Aufzug, sondern die Rolltreppe! Ich stelle einfach einen XXL-Koffer vor mich, einen XXL-Koffer hinter mich und stehe in der Mitte, wie in des Teufels Lieblings-Sandwich! Was soll schon schiefgehen?« Ich habe dieses Szenario in meinem Leben dreimal beobachtet, und es ist *immer* etwas schiefgegangen: Am Ende der Rolltreppe hadert die Person mit ihren insgesamt vierzig Kilo Gepäck, stolpert und fällt zu Boden, was dazu führt, dass sämtliche Personen hinter ihr über sie drüber springen müssen, bis endlich jemand die Rolltreppe stoppt. Bitte seid doch alle ein bisschen vorsichtiger!

Ich hasse Personen, die nicht wissen, wie man sich auf Rolltreppen verhält

Immer, wenn ich gerade sehr in Eile bin, muss ich ohne Zweifel eine lange Rolltreppe nehmen, auf der ausschließlich Leute stehen, die noch nie von der äußerst gängigen Regel »Links gehen, rechts stehen!« gehört haben. Entspannt stehen sie nebeneinander und plaudern und das Einzige, was mich davon abhält, sie zu treten, ist dass ich keinen Bock auf ein Gerichtsverfahren habe.

Ich bin felsenfest davon überzeugt, dass der Weg zur Hölle eine Rolltreppe ist und dass der Teufel einen mit seinem Dreizack nach unten jagt und immer, wenn jemand links steht, wird man gepikst.

Schlimm sind auch jene Leute, die von der Rolltreppe absteigen und dann einfach stehen bleiben, vermutlich weil sie sich denken: »Puh, war das eine aufwühlende Rolltreppenfahrt. Hier ist der ideale Ort für eine kleine Verschnaufpause! Aaaaaaah, herrlich!« Das sind wohl genau die gleichen Leute, die bei der einfahrenden U-Bahn direkt vor der Tür stehen bleiben, damit niemand aussteigen kann. »So, ich bleibe mal hier stehen, schaue in die Luft und denke über das Leben nach. Was für ein wunderbarer Tag!« – für NIEMANDEN! Legen sich diese Leute im Supermarkt auch einfach grundlos auf die Wursttheke?

Natürlich hasse ich auch diese Laufbänder am Flughafen

Am nervigsten finde ich dabei diese Leute, die ein Laufband betreten und dann einfach reglos dort stehen bleiben, wo sie doch gerade die einmalige Möglichkeit hätten, hyperschnell durch den Flughafen zu zischen. *Hallo? Möchtest du dich denn nicht wie ein »Victoria's Secret«-Angel am Laufsteg fühlen?* Trotzdem meide ich diese Bänder wie die Pest: Als jemand, der im Alltag einfach nicht auf der Straße – sei es von Werbern, »alten Bekannten« oder Leuten, die eine Wegauskunft benötigen – angesprochen werden möchte, gehe ich ohnehin stets so schnell, als wäre ich auf der Flucht, weil ich ein seltenes Exponat aus dem Museum in meine Tasche habe fallen lassen, und somit hat die Geschwindigkeit dieser Bänder schlichtweg keinen Reiz mehr für mich. Trotzdem habe ich gute Erinnerungen an Laufbänder: Einmal wurde ich auf einem solchen von einer Frau mit missbilligenden Blicken gemustert, vermutlich, weil meine Shorts ein bisschen zu kurz waren. Sie blickte so böse drein, als wolle sie mein Outfit allein mit der Kraft ihrer Augen den Flammen aussetzen und war so beschäftigt damit, dass sie das Ende des Laufbands verpasste und stolperte. *Good Times!*

Ich hasse öffentliche Verkehrsmittel

Mein Problem mit ihnen ist, natürlich, die Öffentlichkeit. Wenn man eines Tages die Straße entlanggeht und sich denkt: »Moment mal, hier ist es so ruhig … wo sind all die verhaltensauffälligen Leute, die sonst mit sich selbst laut herumschreien, auf den Boden spucken oder eine Zigarette auf ihrem eigenen Handrücken ausdrücken?«, dann sind sie vermutlich alle in den öffentlichen Verkehrsmitteln.

Ich hasse Leute, die wie wild die Haltestopp-Taste drücken, wenn sie rausmüssen

»Hier muss ich raus, hier muss ich raus!«, rufen sie, während sie auf die Stopp-Taste einschlagen, als wäre sie der Buzzer bei einer besonders hektischen Folge von *Gefragt, gejagt!* Einmal reicht, Adelheid! Extra-Hasspunkte gibt es, wenn die nächste Station ohnehin die Endstation ist, bei der alle aussteigen müssen. Das sind bestimmt auch die gleichen Leute, die bei McDrive explizit dazusagen, dass ihre Bestellung *zum Mitnehmen* ist.

Ich hasse Leute, die in den Öffis zu viel Platz einnehmen

Und damit meine ich nicht wie ich nach den Feiertagen. Ich spreche von Menschen, die mit ihrem riesigen Fahrrad in einen winzigen U-Bahn-Wagon eintreten und damit den ganzen Wagon teilen. Was wird das? Eine rührende Hommage an Ost- und West-Deutschland? Und wieso nimmst du dein Fahrrad mit in die U-Bahn? Das ist doch, als würdest du deine Ehefrau mit ins Bordell nehmen. Das Rad soll nicht wissen, dass es da noch ein *anderes Transportmittel* in deinem Leben gibt. Ich bin die Sorte Person, die sich dann einen Platz in der Nähe sucht und still wartet, bis der Schaffner vorbeikommt und ihm so richtig Saures gibt. Ich lebe für diese Momente und wünschte, ich hätte Popcorn dabei.

*****

Michis Tipps
für stressfreie Reisen

Als Frequent Traveller kann ich euch sagen, wie das Reisen sich halbwegs angenehm gestalten lässt.

Sei pünktlich

In meinen Albträumen stürmen noch immer meine Eltern um 5:00 Uhr in mein Zimmer, um mich aufzuwecken, weil wir um 13:00 Uhr einen Flug erwischen müssen. Als Kind überpünktlicher Menschen kann ich nur mit den Augen rollen, wenn mir meine Freunde erklären, sie hätten *schon wieder* einen Flug verpasst. Was ist das große Problem? Warst du auf LSD? Reise nur mit Handgepäck, checke immer online ein, sei eine Stunde vor Boarding am Flughafen und alles wird gut gehen.

Reise mit leichtem Gepäck

Das Wunderbare an Auslandsaufenthalten ist, dass man selten die gleichen Personen trifft und es eigentlich egal ist, ob man zwei bis drei Tage hintereinander das gleiche Outfit trägt.

Auf Reisen nehme ich daher nur Kleidung mit, die Fashion Blogger wohl als »Capsule Wardrobe«, ich aber als »beiges oder braunes Zeug, das einfach zu allem passt« bezeichnen würde, und sehe auf allen Fotos so aus wie eine reiche, alte Witwe, die in einem Strandhaus lebt und nur Erdtöne trägt.

Nimm deine eigenen Snacks mit

Ich bin bereits so daran gewöhnt, dass mir beim Security Check sämtliche materiellen Gegenstände, die mir auch nur ansatzweise wichtig sind oder über 50 Euro gekostet haben, weggenommen und vor meinen Augen zerstört werden, dass ich ständig vergesse, dass es absolut erlaubt ist, meine eigenen Snacks oder Mahlzeiten mit an Bord zu nehmen. Genial! Selbst, wenn ich den günstigsten Tarif gebucht habe und mir vom Bordpersonal erklärt wird, dass darin kein Essen inkludiert ist, dass ich aber gerne zwei Erdnüsse für 8 Euro von ihnen kaufen kann, sitze ich entspannt in der Holzklasse und knabbere an meinem Premium-Clubsandwich, das ich von zu Hause mitgebracht habe.

Mach's dir bequem

Es scheint ein Trend zu sein, bereits in schlabbrigen Jogginghosen, Pantoffeln und mit fünf verschiedenen Kissen bewaffnet am Flughafen oder Bahnhof aufzutauchen, als handle es sich dabei nicht um öffentliche Orte, sondern um das eigene Wohnzimmer. Fehlt nur noch, dass die Leute sich im Trinkbrunnen die Zähne putzen und auf dem Gepäckband miteinander kuscheln. Nein, dankeschön! Wie ich mein Glück kenne, würde ich just an dem Tag, an dem ich im Schlabberlook am Flughafen eintrudle, all meine Ex-Freunde auf einmal bei ihrem wöchentlichen »Ist es nicht super, dass wir nicht mehr mit Michael zusammen sind?«-Spaziergang antreffen. Das möchte ich tunlichst vermeiden, aber dennoch komfortabel reisen. So mache ich es mir etwa bei langen Flugreisen zur Priorität, mich – sobald wir die Reiseflughöhe erreicht haben – in eine bequemere Schale zu schmeißen. Ob mich hier jemand unvorteilhaft bekleidet sieht, ist mir herzlich egal: Was 13.000 Meter über dem Meeresspiegel passiert, bleibt 13.000 Meter über dem Meeresspiegel. So auch meine Adiletten und meine Jogginghose, auf deren Hinterseite riesengroß »JUICY« steht. Kurz bevor wir landen, ziehe ich mich dann natürlich wieder um und tue so, als wäre ich durchgehend top gestylt gewesen.

Lass es dir gut gehen

Während sie im Flugzeug oder Zug an die Zieldestination sitzen, neigen viele Leute dazu, ungeduldig in die Luft zu schauen und die Stunden und Minuten bis zur Ankunft zu zählen. Nicht ich! Ich finde diese Stunden *paradiesisch*. Wann hat man schon die Gelegenheit, mehrere Stunden ohne Handyempfang herumzusitzen und Zeit zur freien Verfügung zu haben? Nie (es sei denn, man ist Gefängnisinsasse). Trag eine wohltuende Gesichtsmaske auf, probier eine Meditationsapp aus oder schau diese Serie, die dir deine Freunde ständig empfehlen, für die du aber bislang nie Zeit hattest. Du wirst deine Reise so sehr lieben, dass du dich bestimmt wieder auf die Rückreise freust.

IV.
RESTAURANTS

Die große Ironie meines Lebens scheint zu sein, dass ich wahnsinnig gerne esse, aber so ein gestresster Koch bin, dass es mir schon gelingt, bei der Zubereitung von einfachen Gerichten wie Tiefkühlpizza oder Zitronenkuchen meine Küche in Brand zu setzen. Ich hege starken Groll gegen Leute, die davon schwärmen, dass Kochen ja soooo entspannend für sie ist. Hallo? Man hantiert mit spitzem Messer, heißem Feuer und manchmal auch toten Tieren – was ist daran entspannend? Zählt »Mit Krokodilen schwimmen« auch zu deinen liebsten Entspannungsmethoden? Egal, denn wenn Gott gewollt hätte, dass ich koche, hätte er bestimmt keine Restaurants erfunden. Schon seit meiner Kindheit frequentiere ich so gerne und oft Restaurants, dass meine liebste »hausgekochte Mahlzeit« im Kindesalter vom Italiener ums Eck kam… der sich immerhin in einem *Haus* befand, in dem *gekocht* wurde. So habe ich bis zum heutigen Tag genug Erfahrung gesammelt, um auch bei Restaurantbesuchen einiges hassen zu können und ähnlich kritisch zu sein wie diese Spitzenköche bei der »Küchenschlacht« (aber natürlich frei von jeglicher kulinarischen Expertise). Egal ob Sternerestaurant oder Imbissbude, ich habe immer was zu meckern.

Ich hasse Leute, die meine Bestellung im Restaurant bekritteln

Vor kurzem war ich mit einem Freund essen, als ich beschloss, den geläufigen Rat so ziemlich aller Fitnessblogger, nämlich *immer* auf meinen Körper zu hören, endlich mal zu befolgen. Und wie es der Zufall so wollte, schrie mein Körper an diesem Tag wie am Spieß nach Pommes, weswegen ich auch prompt eine üppige Portion davon bestellte. Meine Begleitung, nennen wir sie mal Hannes, bemerkte daraufhin völlig unprovoziert: »Ja, Michael, es muss nicht immer gesund sein. Jeder kann bestellen, was er oder sie möchte, selbst wenn es vielleicht nicht das Allerbeste für den Körper ist. Super – es ist *deine* Entscheidung!« Ähm … ja, ich weiß. Warum fängst du an Ort und Stelle an, meine Bestellung zu verteidigen, als wärst du mein Anwalt im Fall »Michis Recht auf Frittiertes«? Danke, Erin Brockovich, aber ich habe doch ohnehin kein schlechtes Gewissen bezüglich meiner Pommes, sonst hätte ich sie ja nicht bestellt.

Nüchtern betrachtet hat der gute Hannes natürlich auch überhaupt nichts Böses gesagt, aber drehen wir den Schaschlik-Spieß doch mal um. Stellt euch vor, ich treffe mich mit Hannes zum Ausgehen und sage direkt: »Ja, du hast vollkommen recht, mein lieber Hannes, man muss nicht *immer* top gestylt sein! Ab und zu tut es auch der Schlabberlook. Komfort geht vor – solange *DU* dich nicht albern fühlst, warum nicht?« Er würde mir schneller die Freundschaft kündigen, als ich überhaupt »Und bitte mit extra Mayo!« rufen kann.

Ich hasse diese hippen Restaurants, bei denen man mindestens zwei Monate vorher reservieren muss

»Ein Tisch? Ohne Reservierung? An einem Donnerstag?«, fragt der Oberkellner, falls man es doch tatsächlich wagt, spontan aufzukreuzen, und lacht erst mal fünf Minuten lang durch, wie ein Teenager, der zum ersten Mal kifft. »Nein, nein, das ist leider unmöglich!«, schließt er dann ab, während er die letzten Lachtränen von seiner Backe wischt. Ich verstehe es schon, wenn es spontan keine freien Plätze gibt, und freue mich ja auch über eure Beliebtheit, aber bitte geht mal nicht davon aus, dass es absolut immer so bleiben wird. Was soll denn diese Selbstgefälligkeit, wenn ich euch im Grunde genommen anbiete, mein Geld bei euch zu lassen? Wenn der erste Hype vorbei ist und ihr – wie alle Lokale, die sich ein bisschen überschätzen – zu schnell expandiert, wer wird dann noch euer Etablissement besuchen? Sicherlich nicht ich!

Ich hasse es, wenn ich mit jemandem in einem Restaurant bin und diese Person verstummt, sobald ein Kellner an den Tisch tritt

Etwa, um Wasser nachzuschenken – so als hätten wir gerade über das streng geheime Rezept von Coca-Cola gesprochen. Schließlich könnte der Kellner ja ein Spion im Auftrag von

Pepsi sein! Eine kurze Gesprächspause, wenn jemand an den Tisch tritt, gehört natürlich zum guten Ton – wir müssen den Kellner ja nicht ignorieren, als wäre er Hausgeist Mia –, aber komplettes Schweigen erscheint mir doch ein bisschen paranoid.

Noch schlimmer finde ich es ja, wenn man mit einer anderen Person mitten in einem angeregten Gespräch in ein Taxi steigt und diese Person dann plötzlich so still wird wie eine Muschel. Gerade haben solche Leute noch gesprochen wie ein Wasserfall, und jetzt sitzen sie reglos und stumm auf der Rückbank, als würden sie sich von einer Hüft-OP erholen, was dazu führt, dass ich regelmäßig überprüfen muss, ob sie noch am Leben sind. Atmest du noch, Bianca?

Weil mir diese Situation so unangenehm ist, versuche ich dann natürlich zwanghaft, die Unterhaltung wieder zu beleben und sage belanglosen Nonsens wie:

»Ich hoffe wirklich, dass das Wetter bald wieder besser wird!«

»Jep!«

»Na, freust du dich schon auf den Frühling, Bianca?«

»Jep!«

Wieso sprichst du wie ein taffer, aber unsicherer Skater-Boy aus einem Highschool-Film? Sag doch bitte irgendetwas anderes als nur »Jep!«, damit wir nicht wie die Sorte Personen wirken, denen es unangenehm ist, wenn ausgerechnet ein *TAXIFAHRER* ihr Gespräch mithört.

Ich hasse Überraschungsmenüs

Manche Restaurants lieben es in letzter Zeit, ihren Gästen diese verherrlichte Resteverwertung aufzuschwatzen, als wäre sie das Größte seit der Erfindung der Bratkartoffel. »Eine Überraschung für alle Sinne – besonders aber für Ihre Geldbörse, weil Sie sich am Ende fragen werden, was denn da bitte so viel gekostet hat. Sie sagen uns, was Sie *nicht* mögen, und unser Koch bereitet Ihnen aus allem anderen ein köstliches Überraschungsmenü zu!« Ich sag dir, was ich nicht mag: Überraschungsmenüs! Die einzige kulinarische Überraschung, die ich goutiere, ist der Fund des letzten Pommes in meiner McDonald's-Tüte, nachdem ich eigentlich dachte, es gäbe keine mehr.

Ich hasse diese neuartigen Restaurantkonzepte, bei denen jede Speise »zum Teilen« gedacht ist

Natürlich erfährt man diesen Humbug immer erst, *nachdem* man bereits sitzt und nicht mehr flüchten kann. »Unsere Speisen sind alle etwas kleiner als in gewöhnlichen Restaurants«, erklärt die Kellnerin dann leicht von oben herab, »darum sollten Sie etwas mehr bestellen und jede Speise miteinander teilen!« Aber wenn die Speisen zum Teilen gedacht sind, sollten sie dann nicht *größer* sein als sonst? Mmmmh, genau das ist es, worauf ich jetzt total Lust habe: *ein* Spaghetto. Ich als Kind mit zwei

Geschwistern habe in meiner Kindheit und Jugend genug geteilt und habe die Nase gestrichen voll davon. Wer was von meinen Spaghetti will, soll sich gefälligst selbst welche bestellen.

Auch hasse ich es, wenn die Speisen im Rahmen dieses modernen Konzepts zu völlig unterschiedlichen Zeitpunkten serviert werden, im »Balagan-Style!«, was meiner Meinung nach einfach nur das Schönreden einer schlecht organisierten Küche ist. Das nächste Mal, wenn ich Freunde zu Kaffee und Kuchen einlade und es einfach nicht auf die Reihe bekomme, fünf halbwegs warme Espressi und ein paar Tortenstücke auf einmal zu servieren, behaupte ich auch einfach, meine Küche im ausgelassenen Balagan-Style zu betreiben. »Bitte trennt euch von euren verstaubten Kaffee-und-Kuchen-Ansichten! Eure Espressi kommen, wann sie kommen: Vielleicht heute, vielleicht morgen, aber sicherlich nicht gleichzeitig!«

Ich hasse es, wenn Restaurants und Cafés ihre eigene Sprache haben

Dann sehe ich mich gezwungen, laut Speisekarte eine »Happy Chicken Bowl mit Ginger Dressing« zu bestellen, die eigentlich nur ein »Hähnchen mit Ingwerdressing« ist, aber nicht so heißen darf, weil sie dann aufgrund des niedrigeren Coolness-Faktors drei Euro weniger kosten würde. Besonders komisch finde ich es, wenn mich die Kellner korrigieren und mir sagen, dass mein kleiner Kaffee hier

Tall Americano heißt, weil ich mich nun offenbar in einem Paralleluniversum befinde, in dem das englische Wort für »groß« nun plötzlich etwas Kleines bezeichnet. Ich würde da ja sogar noch mitspielen, wenn die Bezeichnungen überall halbwegs gleich wären, aber nein: Was an einem Ort *tall* ist, ist anderswo doch wieder *small* oder manchmal sogar eher *tiny*, aber – so viel steht schon mal fest – ganz sicher nicht *klein*.

Ich hasse es, wenn Cafés mir meinen Tee in einem Glas ohne Henkel servieren

Der Kellner stellt mir dann ein riesiges Glas randvoll mit kochend heißem Wasser hin, an dem es keine Möglichkeit gibt, es zu berühren, ohne sich die Finger zu verbrennen, und ich komme mir dabei vor wie in einem besonders diabolischen Spielchen dieser verrückten kleinen Puppe aus den *Saw*-Filmen. Nun sehe ich mich gezwungen, meinen Tee zu trinken, wie eine Katze ihre Milch und werde zur Lachnummer des gesamten Etablissements. Ist es das, was ihr wolltet, liebe Café-Besitzer?

Ich hasse Büfetts

Und das vor allem aus Hygienebedenken. Was, wenn zwei redselige Plaudertaschen direkt vor den Käsespätzle miteinander schnacken, und eine von beiden einen besonders kessen Witz macht, woraufhin die andere laut lacht, dann »Ach Renate, du wildes Huhn!« ruft und dabei direkt in die Spätzle spuckt? Und warum muss ich mir diesen Fraß dann auch noch selbst holen? Es stört mich auch, dass bei Büfetts nie eine logische Reihenfolge der Utensilien eingehalten wird. Der klare Menschenverstand würde einem doch sagen, dass zuerst die Teller, dann das Essen und schließlich das Besteck angeboten werden sollten. Stattdessen sehe ich mich an 90 Prozent aller Büfetts gezwungen, mir Teller und Besteck gleichzeitig zu nehmen und letzteres achtlos in meinen Ellbogen zu klemmen, während ich mit beiden Händen Essen fasse − ein Unterfangen, das äußerst gefährlich enden könnte. Was, wenn ich Renate, dem wilden Huhn, unabsichtlich mit meinem Messer ein Auge aussteche? Undenkbar.

Ich hasse Food Festivals

Ihr wisst schon: Diese Märkte, bei denen ein paar Foodtrucks auf einem Platz oder in einer Halle stehen und man sich durchkosten soll. Die Portionen sind immer so groß, dass ich bereits nach einer Speise völlig satt bin, womit das Festival ja dann gelaufen wäre und ich nach fünfzehn Minuten nach Hause gehen könnte. Abgesehen davon möchte ich nicht unbedingt eine Speise verzehren, die jemand in seinem Auto zubereitet hat. Gibt es zum Dessert einen Duftbaum? Lieber zahle ich gleich viel und setze mich dafür in ein Restaurant, in dem ich bedient werde und sogar aus echten Tellern essen darf – wie ein König!

Ich hasse lustige Kellner

Sie machen durchgehend Witze, die – ähnlich wie dieses verschollene Flugzeug damals – einfach nicht landen. Wenn ich mir ein deftiges Club-Sandwich bestelle, vergeht mir doch gleich der Appetit, wenn es mit »Bitte, für Sie: 50 Cent in the Club!« serviert wird. Ich hab's kapiert: Du wärst lieber Stand-Up-Comedian statt Kellner, aber gib mal lieber nicht deinen Brotberuf auf – ähnlich wie das Steak meiner Freundin könnte auch deine Comedy-Karriere noch ein bisschen Salz und Pfeffer vertragen. Wenn ich schlechte Witze hören will, schaue ich mir meine eigenen YouTube-Videos an.

Ich hasse es, dass ich in feinen Restaurants nie wiedererkannt werde

Ich gehe zum fünfundzwanzigsten Mal hin, und sie sagen: »Guten Tag, speisen Sie zum ersten Mal bei uns?« Aber kaum betrete ich zum zweiten Mal einen Dunkin' Donuts, ruft der Verkäufer: »Miiichiiii, du altes Haus, willkommen ZURÜCK! Wieder mal DAS ÜBLICHE für dich?«

Ich hasse Leute, die mir Lokale empfehlen, weil die Besitzer »ebenfalls schwul« sind

»Michi, dieses süße Café wirst du lieben – der Typ, der es betreibt, ist auch schwul!« Okay? Dann habe ich auch einen Lokal-Tipp für dich und bin mir ziemlich sicher, dass es dir gefallen wird: Die Besitzerin ist eine blöde Kuh, die wegen ihrer komischen Aussagen eigentlich keiner leiden kann.

Apropos, ich hasse Leute, die das Wort »schwul« als negatives Wort verwenden

Verrückte Jugendliche lieben es, »schwul« als Synonym für »langweilig« oder »blöd« zu nutzen, wie etwa in der Formulierung »Ich war vorhin auf einer Party, aber ich bin wieder nach Hause gegangen, denn sie war voll schwul!« Diese Aussage ergibt auf mehreren Ebenen absolut keinen Sinn. Wenn nicht plötzlich Liza Minnelli die Bühne gestürmt und ein Medley aus den Hits des Musicals *Cabaret* vorgetragen hat, war die Party wahrscheinlich nicht schwul, sondern einfach nur langweilig. Allerdings verstehe ich in diesem Fall das Wort »schwul« als Ersatz für »langweilig« nicht. Wart ihr schon mal auf einer wirklich schwulen Party? Also einer Party für, von und mit schwulen Männern? Feten wie diese sind der Grund, warum ich auf Party-Einladungen von homosexuellen Freunden nunmehr wie auf Hurricane-Warnungen reagiere und mich mit einem Kreuzworträtsel-Heft in meinem Haus verschanze. Diese Get-Togethers fangen nämlich gerne einmal völlig harmlos am Freitagabend an und enden irgendwann am Sonntagvormittag in einem Frühstückslokal, wo man versucht, das vergangene Wochenende zu rekonstruieren, während man völlig aufgelöst »Entzugskliniken in meiner Nähe« googelt. Das Einzige, was ich mir wilder vorstelle, sind Partys von Frauen Mitte vierzig, die mal wieder einen »Abend mit den Mädels, ganz ohne Kinder« erleben möchten und fortan nie wieder gesehen werden.

Ich hasse Gäste, die im italienischen Restaurant Italienisch reden

Manchmal setze ich mich alleine in Restaurants, um zu essen und zu lesen, was fast immer damit endet, dass ich mit leerem Blick eine beliebige Seite in meinem Buch fixiere, während ich eigentlich die anderen Gäste belausche. Bei einem Italiener in München saß ich letztens direkt neben einem deutschen Ehepaar, das unbedingt – um absolut jeden Preis! – wollte, dass alle wissen, dass sie mindestens schon einmal in Italien waren. Ihre Bestellung klang in etwa so: »*Allora*, ich nehme bitte die *Spaghetti al nero*, und für die *Signora* noch einen *piccolo Prosecco* – *grazie mille, mio amico*!!!« Wir haben es verstanden: Ihr wart schon mal im Ausland! Diesen Drang danach, weltläufig und bereist zu wirken, fand ich so beknackt, dass ich mich schon sehr bemühen musste, vor Wut nicht mein Buch zu zerreißen. Besonders eigenartig war dieses Happening, weil offensichtlich keiner der Kellner Italiener war, und es sich ausschließlich um Jugendliche handelte, die sich in den Sommerferien ein bisschen Geld dazuverdienen wollten. Ohne Zweifel mussten sie nach Aufnahme der Bestellung sofort in den Kellner-Backstage-Bereich laufen und panisch googeln, was denn das alles zu bedeuten hatte. Wer weiß, wenn ich mich mal wieder danach sehne, in meine »Zeit in Paris« (also die eine Woche, die ich 2014 dort verbracht habe) zurückversetzt zu werden, spaziere ich einfach in die nächste Bijou-Brigitte-Filiale und trällere: »*Bonjour madame! Je m'appelle Michael! Ou est la bibliothèque? Frère Jacques, Frère Jacques…*«

Ich hasse es, in einem Restaurant fremde Speisen aussprechen zu müssen

Manchmal fühle ich mich superselbstbewusst, aber dann bin ich in einem chinesischen Restaurant, sehe mich gezwungen, »Xiao Mein« auszusprechen und all das Selbstbewusstsein geht flöten.

Ich hasse Gäste, die im Restaurant die Teller stapeln

Manchmal, wenn ich mit Freunden essen gehe und wir alle zu Ende gespeist haben, fängt eine Person aus meinem Freundeskreis an, sämtliche leeren Teller am Tisch einzusammeln und sie meterhoch übereinanderzustapeln, damit es »einfacher für die Kellnerin« ist, die Teller in die Küche zu bringen. Newsflash: Das ist es nicht, und sie hasst dich dafür mindestens genau so sehr wie ich, und das möchte was heißen. Abgesehen davon: Ist das nicht Teil ihres Jobs? Die kleine Teller-Akrobatik seitens der Kellner am Ende einer jeden Restaurant-Mahlzeit ist für mich doch Teil der Show und mindestens genauso aufregend, wie einen Schlangenmenschen im Zirkus zu beobachten. Ich habe doch ohnehin vor, 20 Prozent Trinkgeld zu geben – lass uns den Spaß! Was als Nächstes? Bringst du die Teller auch in die Küche und wirst sie abwaschen? Darf ich bei dir auch gleich eine Mousse au Chocolat bestellen, Daniel? Ich gehe doch auch nicht an die Supermarktkasse und sage frohlockend: »Wissen Sie was? Heute scanne ich die Produkte! Lehnen Sie sich einfach zurück und lesen Sie die *inTouch*, Michi macht es selbst!«

Ich hasse es, wenn die Tische im Restaurant zu nah beieinanderstehen

Dann können die Gäste neben uns jedes Wort hören, sodass sie im Laufe des Abends früher oder später über einen meiner vielen Witze lachen. Dieser Gag war nicht für dich gedacht, Beate! Umgekehrt hasse ich es, den Gesprächen und Geräuschen unserer Sitznachbarn lauschen zu können. Wenn ich während einer Mahlzeit Geschmatze, Rülpser und Fürze hören will, kann ich genauso gut alleine essen.

Ich hasse es, wenn Restaurants am Ende einer Mahlzeit um gute Bewertungen im Internet bitten

»Okay, ja, kein Problem, mache ich auf jeden Fall«, sage ich dann in der gleichen Tonlage, wie ich sie sonst nur an den Tag lege, wenn ich meiner Zahnärztin verspreche, dass ich ab jetzt ganz sicher jeden Tag zweimal Zahnseide verwenden werde. Träumen Sie weiter, Frau Dr. Vogt-Meier! Besonders anstrengend finde ich es, wenn die Kellner mir sagen, wie ich meine Bewertung formulieren soll: »Es wäre toll, wenn du schreiben könntest, dass Jonas ein toller Kellner war und das Essen vom Spitzenkoch Tobias richtig lecker war!« Entschuldigung? Soll ich dir mein Handy geben, und du schreibst die Bewertung einfach selbst? Nichts führt mehr dazu, dass ich nie wieder ein Restaurant besuchen möchte, als am Ende einer Mahlzeit darum gebeten zu werden, eine Lügengeschichte unter meinem Namen im Internet zu veröffentlichen.

Ich hasse Restaurants, die zu viele verschiedene Küchen anbieten

Wenn die Speisekarte so dick ist wie ein Telefonbuch, ist das selten ein gutes Zeichen. Ihr möchtet mir also weismachen, dass ihr Pasta, Burger, Pizza, Sushi, Mexikanisch und Asiatisch serviert und alles davon gut ist? Das macht mich misstrauisch, und ich werde den Verdacht nicht los, dass der siebte eurer »Acht Schätze« Salmonellen sind.

Ich hasse Restaurants, die in ihren Speisekarten zu viele Anführungszeichen verwenden

Etwa bei veganen Speisen. Weniges macht mich misstrauischer als ein »saftiger ›Rinderbraten‹ mit ›Kartoffelpüree‹«. Raus mit der Sprache: Was ist es wirklich? Einmal war ich in einem Restaurant, in dessen Speisekarte doch tatsächlich stand: »Bei uns werden alle Speisen ›frisch‹ zubereitet.« Ich bin sofort aufgestanden und wieder gegangen.

Ich hasse
Selbstbedienungsrestaurants

Und nein, ich spreche nicht *schon wieder* von Büfetts, sondern von diesen Läden, in denen man sich anstellen muss wie bei der Essensausgabe während des Skikurses in der dritten Klasse, damit einem ein grantiger Mann mit Kochmütze ein paar Linsen in den Teller schaufelt. Ist es nicht der eigentliche Sinn von Restaurants, dass man sich mal bedienen lässt? Wieso nehmt ihr mir also den ganzen Spaß, indem ich mich für meine Penne Arrabiata anstellen muss wie für das neue iPhone? Muss ich dann auch Trinkgeld geben und wenn ja: Wofür?

Ich hasse Restaurants mit Schauküche

Ich weiß es ja sehr zu schätzen, dass die Köche so harte Arbeit für mich leisten, aber ich möchte nicht unbedingt dabei zusehen – ähnlich wie ich nicht die Schneiderei besuchen möchte, in der meine Kleidung genäht wird, oder dabei sein will, wenn mein Frühstückswürstchen gestopft wird. Ein Kontrollfreak wie ich kann sich nur schwer davon abhalten, »hilfreiche Hinweise« abzugeben. »Verzeihung, Herr Koch, aber *ich persönlich* würde noch ein bisschen mehr Olivenöl und Salz dazugeben!« Außerdem: Habt ihr denn nicht, so wie ich, in der Klatschspalte gelesen, dass die arme Tori Spelling beim Besuch eines Restaurants mit Schauküche auf die Grillplatte gefallen ist (wahrscheinlich, weil sie sich ebenfalls nicht davon abhalten konnte, sich einzumischen)? Dieses Schicksal möchte ich gerne vermeiden.

Ich hasse Kellner, die mich behandeln, als wäre ich zum ersten Mal in einem Restaurant

»Kennen Sie sich mit der Speisekarte aus?«, fragen sie, als würde ich in einem antiken Buch aus einer staubigen Bibliothek in Gibraltar blättern und kläglich daran scheitern, die Zeilen aus diesem magischen Schriftstück ins Neuhochdeutsche zu übersetzen. »Ich weiß nicht«, möchte ich antworten. »Funktioniert sie wie alle anderen Speisekarten dieser Welt? Ich suche aus, bestelle und Sie bringen es mir dann?«

Ich hasse es, wenn Kellner an meinem Geburtstag für mich singen

Und es ist mein Indiz dafür, dass es einen Maulwurf in meinem Freundeskreis gibt, der zwar weiß, dass ich meinen eigenen Geburtstag nicht mag, dem Restaurant aber *trotzdem* Bescheid gesagt hat. Zeit für eine Eliminierungs-Zeremonie!

Ich hasse die wohlklingenden Umschreibungen der Speisen im Restaurant

»Heute servieren wir Ihnen mit Vergnügen unser hauchdünnes Kalbsfilet, umhüllt von einem knusprigen Krumen-Konzert, an einem krossen Bündel Bramburi-Sticks mit einer vorzüglichen Tomaten-Dip-Kreation!« Hmm, also … Schnitzel mit Pommes und Ketchup?

Ich hasse Kellner, die sich nichts aufschreiben

Stoisch stehen sie da, während ich und meine drei Freunde unsere ellenlangen Bestellungen aufgeben, und nicken nach jedem Gericht selbstgefällig, weil sie uns zeigen wollen, dass sie über ein überdurchschnittlich gutes Gedächtnis verfügen und sich die ganze Bestellung merken können, inklusive der Spezialwünsche meiner Freundin Cassandra. (»Den Caesar Salad bitte *mit* Hühnerstreifen, aber *ohne* Sardellen, und das Dressing in einer separaten Schale!«) Vielleicht bin ich wieder mal zu misstrauisch, und sie *können* sich die ganze Bestellung auch merken, weil sie in ihrer Kindheit oft genug »Ich packe meinen Koffer und nehme mit…« gespielt haben. Trotzdem macht es mich nervös! Du musst dir ja auch nichts aufschreiben, aber kannst du nicht einfach ein bisschen auf einem Blatt Papier kritzeln, während du meine Bestellung aufnimmst, damit ich mich sicherer fühle?

Ich projiziere natürlich nur meine eigenen Unsicherheiten auf den Kellner: Ich persönlich würde die Bestellungen der Menschen bereits in der Sekunde wieder vergessen, in der sie ihren Mund verlassen, weil mich die Wünsche anderer noch nie interessiert haben. Bestellt eine Gruppe an Gästen drei Aperol Spritz und Nachos für den Tisch, und ich schreibe mir nichts auf, würde ich ihnen mit Sicherheit fünf Grappa, zwei Kilo Thunfisch-Tartar und ein Glas von dem trüben Wasser servieren, das in Mozzarella-Verpackungen enthalten ist, und schleunigst wieder in die Küche verschwinden.

Ich hasse es, wenn Kellner fünf Minuten nach Servieren einer Speise wiederkommen, um mich zu fragen, ob alles passt

Was könnte denn nicht *passen*? »HILFE! Ich bin mir nicht sicher, in welche Körperöffnung ich das Sandwich schieben muss!« Und sie fragen es immer, nachdem ich gerade einen so großen Bissen genommen habe, als wolle ich den Guinness-Weltrekord für »den größten Bissen aller Zeiten« brechen. Mein Hausverstand sagt mir, dass es ihnen wirklich egal ist, wie mir mein Essen schmeckt und sie das nur fragen, weil sie müssen, aber der zynische Teil meines Gehirns glaubt, dass sie einfach mal wieder so richtig ablachen wollen und hören möchten, wie ich mit einem ganzen Pastrami-Sandwich im Mund »Ja danke, alles perfekt!« sage.

Ich hasse es, wenn die Kellner in einem Restaurant sehr gut miteinander befreundet sind

Dann bekommt man als Gast das Gefühl, mit anstrengenden Getränke- und Essenswünschen ihre Quality Time miteinander zu stören. Besonders beliebt sind diese Dynamiken in Studenten-Cafés, in denen die Kellner und Kellnerinnen direkt nach deinem Eintreten ihre köstliche Gossip-Session unterbrechen müssen und dir nicht selten einen Blick zuwerfen, der sagt: »Och nein, jetzt geht *das* schon wieder los! *KUNDEN*!!« Ich trinke nur einen schnellen Espresso und verschwinde wieder, versprochen!

Ich hasse es, im Restaurant getrennt zu zahlen

Nichts ruiniert einen schönen Abend mit Freunden mehr, als am Ende in der Gruppe eine Reihe kniffliger Matheaufgaben lösen zu müssen, indem wir die Rechnung bis auf das kleinste Detail aufteilen. »Okay, ich hatte ein bisschen weniger vom Vorspeisenteller als du, also werde ich mir nur ein Drittel verrechnen. Ich glaube, ich hatte zwei Scheiben Brot aus dem Brotkorb. Was hattest du?« Ich sag dir, was ich habe, Marlene: Die Nase gestrichen voll von deiner Kleinkariertheit! Der Kellner hasst dich doch ohnehin bereits, weil du dein Steak zurückgeschickt hast, da es »nicht blutig genug« war – jetzt zwingen wir ihn, uns was vorzurechnen, als hätte er eine mündliche Prüfung im Matheunterricht? Lass mich doch einfach die Rechnung übernehmen!

Ich hasse Leute, die sich nicht einladen lassen

Die meisten der langjährigen Streitigkeiten, die ich gerade am Köcheln habe, gehen darauf zurück, dass ich beim Abendessen mit Freunden im Restaurant die Rechnung übernehmen wollte und sie sich partout weigerten, mich zahlen zu lassen. Nur ein einziges Mal würde ich gerne sagen »Heute zahle ich!«, worauf die andere Person antwortet: »Okay, ich danke dir!« »Nein, nein, das kann ich unmöglich zulassen!«, weigern sie sich stattdessen vehement, als stünde ich schon in den Startlöchern, mir Heroin zu spritzen oder sonst etwas absolut Fürchterliches zu tun. Können wir uns dieses kleine Theaterstück nicht sparen? Jeder lässt sich doch gerne einladen! Besonders wütend werde ich, wenn meine Freunde dann ulkige Tricks probieren, mir etwa einen 20-Euro-Schein zustecken, obwohl ich gar nicht für sie gestrippt habe. Du kannst dich ja beim nächsten Mal revanchieren! Ich werde mich auch nicht weigern: Wenn wir die Rechnung bestellen, werde ich allerhöchstens anstandshalber mein Portemonnaie zücken und es in Slow-Motion aufmachen, bevor du mich stoppst und sagst: »Michi, heute zahle ich!« Perfekt, ich danke dir!

Ich hasse es, wenn die Köche aus der Küche kommen, um mit den Gästen zu schäkern

Besonders in Restaurants, in denen der Koch aus dem Fernsehen bekannt ist, ist es nicht selten, dass er zwischendurch aus der Küche kommt und sich bewundern lässt, als wäre er Willy Wonka, der Gäste in seiner Schokoladenfabrik empfängt, was nicht zuletzt die Frage aufwirft: »Wenn du hier bist, wer bereitet dann mein Rumpsteak zu?« Ich verstehe schon, dass auch Köche und Köchinnen ein bisschen Ruhm und Ehre vertragen können, aber vielleicht heben wir uns das für das Ende des Abends auf? Ich hatte bisher weder einen Fliesenleger im Haus, der zwischen zwei Fliesen eine Pause macht, um mit mir über die faszinierende Welt der Fugenmasse zu sprechen, noch ist es mir passiert, dass während eines Flugs der Pilot durch die Gänge strawanzt und mich fragt, wie mir die Reise bis jetzt gefällt. Also geh bitte zurück in die Küche!

Ich hasse es, wenn die Toiletten von Restaurants abgesperrt sind

Dann kann ich nicht wie eine mysteriöse Geistergestalt auf die Toilette verschwinden, sondern muss meinen Kellner höflich um Pipi-Erlaubnis und einen Schlüssel bitten, an dem zweifelsohne immer ein überdimensionaler Schlüsselanhänger baumelt, damit ich ja nicht auf den Gedanken komme, den Schlüssel zu entwenden, um fortan zu jeder Tages- und Nachtzeit die versiffte Toilette von »Benji's Burger Paradies« besuchen zu können. Glaubt mir: So toll ist euer Klo nicht.

*****

Michis Tipps
für die Restaurant-Experience zu Hause

Wenn mich die Corona-Lockdowns eines gelehrt haben, dann, dass ich Restaurants (trotz all der in diesem Kapitel angeführten Hass-Punkte) liebe und ihre Schließungen mich zu einer wahnsinnig unausgeglichenen Person machen, die schreiend mit Gabeln um sich werfen möchte, wenn sie zu lange ohne Trüffelpommes auskommen muss. Für mein eigenes Wohlbefinden (und um meine Mitmenschen vor fliegendem Besteck zu schützen) habe ich gelernt, dass es ganz einfach ist, einen Restaurant-Abend zu Hause nachzustellen und möchte euch meine Tipps nicht vorenthalten.

Kreiere ein Menü

Nichts schreit mehr nach einem waschechten Restaurant als eine schwarze Tafel, auf der wunderbare Gerichte mit Kreide aufgeschrieben sind. Koche ein Menü, bestehend aus Vorspeise, Hauptspeise und Nachspeise, und schreib diese Gerichte auf eine Tafel, gemeinsam mit ein paar anderen Gerichten, die tausendmal besser klingen, als der Fraß, den du tatsächlich gekocht hast, und streiche sie dann schmunzelnd durch, weil sie leider – wie das in Restaurants nun mal so üblich ist – bereits »aufgegessen« sind.

Sorge für das richtige Ambiente

Dimme die Lichter so sehr, dass du eine Stirnlampe benötigst, um deine Mahlzeit zu sehen und lass eine spezielle Restaurant-Playlist laufen, die ausschließlich aus vor-sich-dahin-plätschernder Aufzugmusik besteht. Für die ultimative Restaurant-Experience kannst du außerdem im Internet waschechte Restaurant-Geräusche finden wie klapperndes Besteck, leise Unterhaltungen und Leute, die in unregelmäßigen Abständen Dinge wie »Herr Ober, dieser Wein schmeckt nach *KORK*! Dafür zahle ich sicherlich NICHT!« schreien. Aaaah, herrlich!

Die Deko macht den Unterschied

Man glaubt gar nicht, für wie viel Restaurant-Flair eine Tischdecke und ein paar Blumen sorgen können. Schütte ein paar Tropfen Rotwein auf der schneeweißen Tischdecke aus und versuche, deinen Fauxpas mithilfe von geschickt platzierten Servietten zu vertuschen. Authentisch! Auch am Teller darf Deko nicht fehlen: Drapiere ein absolut überflüssiges Salatblatt neben jedem Gericht, oder leg eine dieser schrumpeligen ofengetrockneten Tomaten dazu, die ohnehin niemand essen wird. Platziere außerdem einen Brotkorb auf dem Tisch und deklariere laut, dass du heute kein Brot essen wirst. Iss dann aber trotzdem den ganzen Korb in Rekordzeit leer, so wie ich es immer tue.

Verhalte dich wie im Restaurant

Zieh dich ein bisschen schicker an, als du das sonst zu Hause tun würdest. Vielleicht schnürst du eine kleine Masche mit den Schnüren deiner Jogginghose? Fancy! Solltest du in Gegenwart einer anderen Person speisen, ist es in diesem Schritt essentiell, euch für das ultimative Restaurant-Feeling plötzlich komplett komisch zu verhalten, da ihr euch ja nun »in einem feinen Etablissement« befindet. Unterhaltet euch angespannt über das Wetter, Politik und andere langweilige Themen, damit die Menschen am Nebentisch nicht denken, ihr wärt eigenartig. Oder schweigt euch am besten einfach an.

Lass die Teller liegen

Das Schönste an jedem Restaurantbesuch ist ja wohl, dass man sich nicht um den Abwasch kümmern muss. Nach einem schönen Abend in diesem fantastischen Restaurant soll sich doch jemand anders um die dreckigen Gläser und Teller kümmern, haha! (Nämlich du – es wirst trotzdem du sein, der/die spätestens am nächsten Tag die Teller waschen muss. Sorry.)

V.
LIEBE UND DATING

Man kennt es: Manchmal trieft man jemanden und weiß einfach vom ersten Moment an, dass man den Rest seines Lebens ohne diese Person verbringen will. Es ist Hass auf den ersten Blick! So ging es mir zumindest bei der Partnersuche. Über Jahre hinweg hatte ich mehr Dates, als ich an dieser Stelle zugeben möchte, auf denen mir immer und immer wieder bestätigt wurde, was ich ohnehin schon ahnte: Andere Menschen sind fürchterlich, und ich mag vor allem mich selbst.

Wenn ihr mich fragt, gibt es auch an der Liebe und an Dating einiges zu hassen, wie zum Beispiel schon allein die Tatsache, dass uns von frühester Kindheit an eingedrillt wird, dass das Leben nur zu zweit so richtig lebenswert sei. So gut wie alle Songs aus der Hitparade handeln von *l'amour fou*, und das Leben der Menschen in romantischen Komödien ist erst komplett, wenn sie einen Partner an ihrer Seite haben. Warum? Manchmal denke ich an meine eigene Single-Zeit zurück: Damals, als ich noch alleine, ausgestreckt in der Mitte meines komfortablen Doppelbetts liegen und nachts ungestört so laut schnarchen konnte, als wäre es mein geheimes Ziel, im Schlaf mein gesamtes Wohnhaus zum Beben zu bringen. Es war nicht alles schlecht! Also: »All You Need Is Love«? Nein. Ganz ehrlich: Ein bisschen Hass tut es auch.

Ich hasse Leute, die ganz genaue Vorstellungen von ihren Partnern haben

Sie sind dann sauer, wenn diese nicht erfüllt werden. »Ich suche einen Mann, der 1,82m groß ist, rote Augen hat und mit Vornamen Lorenzo heißt! Alle anderen sind für mich MÜLL! Und wer über zweiunddreißig ist, MUSS SICH GAR NICHT ERST MELDEN. PFUI TEUFEL, NEIN DANKE.« Wir sind hier nicht bei »Erstelle einen Sim« oder in dieser Folge von »Sabrina – total verhext!«, in der Tante Hilda und Tante Zelda sich einen Mann backen. Mit steigendem Alter wäre ich froh, einen Mann zu finden, der mich nicht direkt beim ersten Date fisten will.

Ich hasse Dates, die zu lange dauern

Das perfekte Rendezvous dauert maximal drei Stunden; alles darüber hinaus grenzt an eine Geiselnahme-Situation. Ein Date soll doch als erster Eindruck dienen und Lust auf mehr machen: Doch wenn ich seit sechs Stunden hier sitze und deinem Monolog über all die Ausschläge lausche, die du in deinem Leben schon hattest, bekomme ich eher Lust auf weniger. Als ich relativ neu in der Dating-Welt war, hatte ich einmal ein Rendezvous, das tatsächlich acht Stunden gedauert hat. Ich bin zwischendurch schon immer aufs Klo gegangen, obwohl ich gar nicht musste, nur um eine kleine Verschnaufpause zu bekommen. So naiv und grün hinter den Ohren, wie ich damals war, wusste ich ja nicht, dass ich mich jederzeit hätte verabschieden können. Doch immer, wenn ich Dinge sagte wie »So, dann bestelle ich mal lieber die Rechnung!«, meinte meine Begleitung: »Klasse Idee – wo gehen wir als *Nächstes* hin?«, was irgendwann zwischen der siebten und achten Stunde nicht zuletzt die Frage aufwarf: Hat der denn keinen Job? Oder keine eigene Wohnung?

Ich hasse Kerle, die über ihr Alter lügen

Mit einer frechen Baseball-Cap kreuzen sie zur Verabredung auf und steuern bewusst junge Themen wie »Skateboards« und »Rap-Musik« an, wirken dadurch aber abgelaufener als die Tomatensauce in meinem Kühlschrank. Es tut mir leid, aber anders als du bin ich doch nicht von gestern. Ich bin seit mehreren Jahren auf Online-Dating-Plattformen aktiv, und mir ist nicht entgangen, dass du während dieser Zeit durchgehend siebenundzwanzig geblieben bist. Ich weiß doch, dass sich unter dieser Baseball-Cap eine Halbglatze und jede Menge Enttäuschungen verbergen. Steh doch zu deinem Alter – ist dir schon mal in den Sinn gekommen, dass es Leute gibt, die einen älteren Mann daten *wollen*?

Ich hasse Männer, die alles doppeldeutig sehen

Kaum gönnt man sich als Dessert einen üppigen Becher »Heiße Liebe«, den man sinnlich verspeist, oder erzählt davon, dass man am Gymnasium mal für ein paar Jahre Französisch hatte, verhalten sie sich wie ein dreizehnjähriger Junge, der schon ein bisschen zu aufgeregt wird, wenn er eine Shampoowerbung sieht. »Französisch«, sagen sie wie ein kicherndes Schulmädchen, »kann man aber auch falsch verstehen« und blinzeln und zwinkern dabei mehr als ich, wenn ich ohne Lesebrille versuche, die Rückseite einer Weinflasche zu lesen. *Man muss schon eine besonders reizüberflutete Person sein, um das falsch zu verstehen, Uwe.* Was glauben solche Leute? Dass ich zu verklemmt bin, um über Sex zu sprechen und stattdessen Codes dafür verwende, als wäre ich ein schwuler Mann zu Oscar Wildes Zeiten? Nein! Eigentlich war es mein Plan, meinem Gegenüber nach promptem Verzehr der »Heißen Liebe« in die Augen zu sehen und zu sagen: »So, und jetzt Sex?« Aber nach all seinen merkwürdigen Aussagen muss ich dieses Vorhaben wohl noch überdenken. Wie wird er erst reagieren, wenn ich von meinem Urlaub am Titicacasee erzähle, bei dem ich in einer nahegelegenen Kirche eine wunderschöne Rosette erspäht habe? Das möchte ich mir gar nicht ausmalen…

Ich hasse Leute, die auf Dates von anderen Dates sprechen

»Das war ein schönes, erstes Date mit dir, Michael! Morgen habe ich noch ein Date mit einem Typen. Mal sehen, ob das auch so toll wird.« Moment mal, das Date war also toll, aber nach drei Stunden mit mir bin ich noch immer nicht dein Ein und Alles, für das du gewillt bist, sämtliche anderen Männer zu ignorieren und dein Profil auf allen Dating-Webseiten zu löschen? Ich bin dann mal weg.

Ich hasse Dating in ländlichen Gegenden

Besonders als ich eine Zeit lang auf dem Land wohnte, hatte ich es beim Daten als schwuler Mann nicht unbedingt leicht: Apps und Websites zeigten mir etwa an, dass es in einem Umkreis von fünfzehn Kilometern nur drei andere verfügbare schwule Männer gab – und dass einer davon mein ehemaliger Religionslehrer war. Das macht schon mal wenig Mut! Hat man dann doch irgendwann einen halbwegs interessanten Fisch an der Angel, setzt man sich ins Auto und düst zum verabredeten Treffpunkt – ohne Zweifel einem abstrusen Ort wie einem British Tea Shop, der um 17:00 Uhr schließt und von einer neugierigen alten Dame geführt wird, die das ganze Gespräch belauscht und hie und da Dinge fragt wie: »Na, Michael, ist das etwa dein *Bruder*?« Sobald ich konnte, bin ich in eine Großstadt gezogen und habe nie wieder einen Blick zurückgeworfen.

Ich hasse Ghosting

Online-Dating ist nicht nur anstrengend, weil man sich viel mit Fakern herumschlagen muss, die denken, es sei nicht offensichtlich, dass ihr Profilbild – auf dem noch klar und deutlich ein GettyImages-Wasserzeichen zu sehen ist – nicht sie selbst zeigt. Auch wird man ständig geghostet. Dann schreiben die Leute einfach nicht mehr zurück. Frech! Nicht selten kam ich mir dann vor wie die Heldin in einem Roman von Jane Austen, die täglich darauf wartet, dass der Postbote auf seinem Ross angeritten kommt und ihr einen Brief von Mr. Darcy bringt. Oft habe ich so lange gewartet, dass das Pferd in der Zwischenzeit sicherlich gestorben wäre.

Ich persönlich habe noch nie jemanden geghostet. Ganz im Gegenteil: Vor dem Kontaktabbruch habe ich immer eine viel zu lange und detaillierte Erklärung abgegeben – so wie Heidi Klum, wenn eine Kandidatin bei *Germany's Next Topmodel* ausscheidet. »Jürgen: Dein Profilbild hat mir im ersten Moment sehr zugesagt. Allerdings sind es deine das/dass-Schwäche und deine Anspielungen darauf, dass an den Kondensstreifen von Flugzeugen ›die Regierung‹ schuld sei, die mich stutzig machten. Darum habe ich heute leider kein Like für dich. Auf Wiedersehen!«

Ich hasse es, versetzt zu werden

Und das passiert beim Online-Dating leider relativ oft. Wenn man die Leute noch nicht getroffen hat, ist man für sie wie ein nicht-ganz-reales Internetwesen, das man einfach wegklicken kann wie eine nervige Pop-Up-Werbung für Viagra, wenn einem etwas Besseres dazwischenkommt. Dinge wie *Verabredungen* und *Versprechen* haben beim Online-Dating einfach nicht das gleiche Gewicht wie im realen Leben. Einmal hat mich ein Typ sieben Mal versetzt, bevor ich mir dachte: »Okay, vielleicht steht er einfach nicht so auf mich!« Besonders, wenn man eher nicht auf der Suche nach »Mister Right«, sondern nach »Mister Right Now« ist, kann ein abgesagtes Date frustrierend sein: Jetzt habe ich gerade drei Stunden lang mit dir gechattet und dabei sogar so getan, als würde ich deine Baseballcap-Sammlung »sehr spannend« finden, und jetzt bekomme ich noch nicht mal eine erotische Massage dafür?

Ich hasse Euphemismen für Sex

Wieso können wir nicht einfach Klartext reden? Ich war zu Beginn meiner Dating-Zeit so unerfahren, dass ich Winke mit dem Zaunpfahl nur äußerst selten verstanden habe: Es ist bereits 23 Uhr, und ich sitze mit meinem Rendezvous in einem französischen Lokal, als es zu mir sagt: »Michi, kommst du nicht mit zu mir nach Hause auf einen Kaffee?« *Excusez moi?* Es ist kurz vor Mitternacht, und wenn ich jetzt einen Kaffee trinke, kann ich wieder die ganze Nacht nicht schlafen, von meiner gestörten Darmflora ganz zu schweigen. Nein, dankeschön, Monsieur. Ähnlich selten habe ich ihre Motive verstanden, wenn die Typen mich auf einen »DVD-Abend« zu sich nach Hause eingeladen haben. Zumeist habe ich mich sehr gefreut und bin extra zu Saturn gegangen, um ein *Bridget-Jones*-DVD-Box-Set zu kaufen (alle drei Filme zu einem Hammer-Preis!), nur um in der Wohnung meiner neuen Bekanntschaft zu sehen, dass dieser Typ nicht mal einen DVD-Player hat. Überall brennen Kerzen, es spielt romantische Musik und das Zimmer sieht aus, als wäre Michael Bublé darin explodiert.

Umso mehr genieße ich es, in einer Beziehung zu sein. Man ist einfach ehrlich miteinander. Hie und da blicke ich im Bett von meinem Handy auf, drehe mich zu meinem Partner um und frage: »Hey, willst du Sex?« Darauf sagt er »Nein, nicht wirklich!« Und ich: »Klasse, ich auch nicht!« Das geht dann drei Monate lang so hin und her, bis sich einer von uns beiden denkt: *Okay, na wenn's denn sein muss!*

Ich hasse sexy Talk

Er, in einer sexy Stimme: »Was ist deine Fantasie?« Ich, hauchend: »Dass wir zu dir nach Hause gehen und ich deinen Scanner verwenden darf, um wichtige Dokumente und Rechnungen für meine Steuerberaterin zu scannen...«

Ich hasse es, dass Sex immer so spät stattfindet

Als ich noch Single war, bin ich freitags oft um acht aufgestanden, um an die Uni zu gehen und habe mich um 20 Uhr mit Freunden zum Vortrinken getroffen, bevor wir um ein Uhr morgens in einen Club gingen, wo ich – wenn es mir als blindes Huhn mal gelang, ein Korn zu finden – gegen drei Uhr einen Kerl an der Leine hatte, den ich prompt zu mir nach Hause nahm, wo wir um frühestens vier Uhr Sex miteinander hatten. Doch zu diesem Zeitpunkt war ich bereits seit zwanzig Stunden wach und so müde, dass ich panisch alle erogenen Zonen nacheinander abklapperte (Ohr! Nacken! Nippel! Knie!), damit das Lustspiel möglichst schnell sein Ende nehmen und ich ins Land der Träume abdriften konnte. Kein Wunder, dass so viele Leute, die ausgehen, Drogen nehmen. Können wir diese ganze Club-und-Sex-Kultur nicht ein bisschen weiter nach vorne verlegen? Mich persönlich würde es nicht stören, schon so gegen 16:30 Uhr ein kleines Schäferstündchen einzulegen, um danach pünktlich um 17:30 Uhr zum Early Bird Dinner Special beim Italiener ums Eck zu erscheinen.

Aber ich hasse auch Morgensex

Das ist nicht die Art von Frühstück im Bett, über die ich mich freue. Das Einzige, was ich vor zehn Uhr in den Mund nehme, ist ein frisches Croissant mit Butter und

Marmelade! Nicht mal in deinen kühnsten Träumen werde ich dich küssen, bevor du dir die Zähne geputzt hast.

Ich hasse Paare, die an der Hüfte zusammengewachsen sind

Die können es nicht fassen, dass ich in einer Beziehung lebe und gerne auch mal etwas ohne meinen Freund unternehme. »Wo ist denn dein Schatzi?«, fragen sie dann, wenn sie mich alleine im Park treffen, während sie zu zweit auf einem Tandem im Kreis um mich herum radeln. »Habt ihr euch etwa getrennt?« Nein, haben wir uns nicht, aber hey, wisst ihr was, da hinten ist eine Klippe, auf die ihr gemeinsam mit hoher Geschwindigkeit zuradeln könntet! Ich weiß, es ist schwer für euch zu glauben, weil ihr erst seit zwei Monaten zusammen und superverliebt seid, aber irgendwann kommt die Phase in einer Beziehung, in der man gar nicht mal so böse ist, wenn der Partner ankündigt, mit Freunden in eine Bar zu gehen und keine ausdrückliche Einladung zum Mitkommen ausspricht. »Okay, kein Problem, bleib *so lange du willst*, zum Beispiel zwei bis drei Stunden!«, rufe ich ihm dann noch hinterher, während ich mir schon mal das Badewasser einlasse und ein ganzes Brathuhn in den Ofen schiebe (mein Freund ist Vegetarier, weswegen ich nur selten meiner Chicken-Lust nachgehe, wenn er dabei ist). Durch die Ferne wächst die Liebe, und manchmal mag ich meine Liebsten dort, wo ich sie nicht sehen kann.

Ich hasse es, wenn Paare ihre gemeinsame Wohnung als »Nest« bezeichnen

Was seid ihr? Vögel? Würgt ihr euren Kindern auch das Essen in den Mund?

Ich hasse die Kosenamen meiner Freunde

Wie soll ich meiner Freundin Sarah noch in die Augen schauen, nun da ich weiß, dass sie zu Hause auf den Kosenamen »Mausepups« hört, oder meinen Kumpel Jürgen ernst nehmen, der gerne »Hasenzahn« genannt wird?

Ich hasse es, wenn Paare in meiner Gegenwart in Babystimmen miteinander sprechen

Lieber noch würde ich meiner besten Freundin bei ihrer Darmspiegelung beistehen, als zuzuhören, wie sie ihrem Freund, der sich gerade in den Finger geschnitten hat, in einer Paris-Hilton-artigen Babystimme erklärt, dass alles wieder gut wird, weil sie zufällig ein bisschen Feenstaub in der Tasche hat, den sie auf die Wunde streuen wird, damit »das böse Aua-Aua« bald wieder gut wird. Gerne würde ich sagen »Laura! Bitte nehmt euch ein Zimmer!«, fürchte jedoch, dass sie ihrem Freund dort bloß die Windel wechseln würde.

Ich hasse es, wenn Paare einander übertriebene Liebesgeständnisse machen

»Juliane, du bist die schönste Frau der Welt! Schöner noch als Marilyn Monroe und Sophia Loren kombiniert!«
Denk dran, dass Lügen Sünde ist, Manuel!

Ich hasse Freunde, die mir ihr Beziehungsmodell aufdrücken wollen

Sie stempeln mich als altmodisch ab, weil mein Leben keine Parade an prickelnden Sexkapaden ist, da ich – anders als sie – keine offene Beziehung führe. »Das Leben ist ein Tortenbüfett und ich will mehr als nur eine Sorte probieren!«, sagen sie mir hochnäsig, weil sie wissen, dass ich komplexe Ideen am besten anhand von Torten-Beispielen verstehe. Mittlerweile sollten sie aber auch wissen, dass mein Verhalten an Tortenbüfetts von Augenzeugen rückblickend betrachtet immerzu als »völlig außer Rand und Band« und »Als würde er nicht wissen, wann genug ist« beschrieben wurde. Also Vorsicht bei solchen Vergleichen!

Natürlich habe auch ich über eine offene Beziehung nachgedacht. Ich bin sogar sicher, sie könnte wieder richtig frischen Wind in eine lange Beziehung bringen! Aber im Moment bin ich noch nicht so weit, und bekomme schon einen Stressausschlag beim Versuch, einen Termin für eine Date Night mit meinem Freund zu finden. Dann auch noch drei andere Männer unter einen Hut bringen? Undenkbar. Außerdem habe ich mich nach so langer Zeit in einer Beziehung etwas gehen lassen und bin mir sicher, dass ich nicht unbedingt mehr als sonderlich »hot« gelte. Was, wenn ich mir von einer offenen Beziehung einen frivolen Gangbang erwarte, und am Ende nur von einer Männer-»Gang« abgelehnt werde? Ich finde es schön, dass es einen Teil von mir gibt, den nur mein aktueller Partner kennt – und damit meine ich ausnahmsweise nicht meine 1A-Cher-Imitation.

Ein Bonus an der Monogamie ist auch, dass man seinen Partner und dessen sexuelle Gepflogenheiten schon nach relativ kurzer Zeit gut genug kennt, um zu wissen, wie man den Prozess ein bisschen beschleunigen kann, sollte man mal nicht so in Fahrt sein: Ähnlich wie bei einer Runde »Bop it!« haben viele Menschen eine bestimmte Kombination, die sie schneller zum Ziel bringt. Küsst man sie, beißt ihnen ins Ohr und twistet zum Abschluss ihre Nippel, nimmt »die schönste Sache der Welt« auch schon ein tolles Ende – damit man sich endlich der »zweitschönsten Sache der Welt« widmen kann – gemeinsam im Bett *Bares für Rares* schauen und dabei für Frau Dr. Heide Rezepa-Zabel schwärmen.

Ich hasse schlechte Anmachsprüche

Die Flirtversuche, die ich manchmal zu hören bekomme, sind so schlecht, dass ich zum Beispiel »Moment mal! Spotify hat da einen Fehler gemacht, du warst ja diese Woche gar nicht unter den ›Hottest Singles‹! Hehe!« noch für ein Meisterwerk à la Shakespeare halten würde. Einmal ist ein Typ in einer Bar auf mich zugekommen und hat mir ins Ohr gehaucht: »Du trägst einen wunderschönen Pulli… ich bin ja so neidisch auf deinen Pulli, weil er deinem Körper so nahe ist…« Bist du jetzt scharf auf mich oder auf meinen Pulli? Und worauf willst du hinaus? Soll ich dich etwa häuten und mir anziehen?

Ich hasse Romantik

Ich kann überhaupt nicht damit umgehen, wenn mir jemand ein romantisches Gedicht schreibt oder Rosenblätter in der Wohnung verteilt. Ich selbst würde Rosenblätter nur streuen, wenn der Weg von der Eingangstür direkt nach draußen führt, um meinem Partner dezent zu zeigen, dass er bitte gehen soll. Auch stresst es mich, dass ich keine kreativen Talente habe, um ein Liebesgedicht zu erwidern. Ich könnte Stempel aus Kartoffeln basteln und ein Porträt von dir stempeln, wenn du willst? Oft wirken romantische Gesten auf mich zu erzwungen und so, als hätten die Menschen sie aus Nicholas-Sparks-Filmen aufgeschnappt, die meiner Meinung nach genauso schädlich für Beziehungen sind wie Pornos für das Sexleben.

Ich hasse Leute, die auf Dates sehr viele Aussagen über sich selbst treffen

Es ist eine ungeschriebene Regel, dass Leute immer das Gegenteil von dem sind, was sie explizit zu sein behaupten. Wenn jemand auf einem Date völlig unaufgefordert sagt: »Ich bin eine sehr ehrliche Person«, kann man sich schon mal ziemlich sicher sein, dass er mehr lügt als Pinocchio und bestimmt bei jeder Person in seinem Freundeskreis mit anderen Namen und einer völlig unterschiedlichen Identität bekannt ist. Außerdem nehmen solche Aussagen dem Dating doch den ganzen Spaß! Ich möchte dich doch kennenlernen und selbst herausfinden, wie du bist. Bitte keine Spoiler. Diese Menschen versuchen zwanghafter, ein gewisses Image zu vermitteln als Hillary Clinton und sämtliche Instagrammer zusammen, und das verwirrt mich.

Auf einem Date hat ein Mann mal so viele Statements über sich selbst rausgeballert, als wäre er ein Staubsauger, den er mir verkaufen wollte. »ICH bin ein sehr interessierter Mensch und lese viel, aber dennoch bin ICH sehr kritisch und hole mir meine Infos nicht aus dem Internet. ICH bin sehr loyal. Meine Freunde nennen mich ›das Seil‹, weil ich ihnen Halt und Sicherheit biete.« Puh, nach all diesen Funfacts über dich hätte ich gerne ein Seil, um dich damit auszupeitschen.

Ich hasse Leute, die sich ein Stück Torte teilen wollen

Wer sich auf einem Date mit mir ein Dessert teilen möchte, scheidet sofort aus, ohne Chance auf Wiedergutmachung. Wenn du im Deutschunterricht eine Personencharakterisierung über mich schreiben müsstest und darin sagen würdest: »Michael ist dafür bekannt, sich ab und an ein Stück Torte zu teilen«, würdest du sofort durchfallen. Das stimmt einfach nicht! Desserts sind in Restaurants doch ohnehin meist mikroskopisch klein, und unser Date war megalangweilig. Wieso nimmst du mir das einzige Fünkchen Freude, das ich diesem katastrophalen Abend noch abgewinnen könnte, indem du vorschlägst, ein Dessert zu teilen? Wer sind wir denn? Die Olsen Zwillinge in diesem TV-Film, in dem sie gemeinsam in Paris sind und in einer süßen kleinen Boulangerie zu zweit ein Croissant essen?

Ich hasse Leute, die auf Dates zu viel über ein einziges Thema reden

Besonders anfällig dafür sind jene Menschen, die ein Auslandssemester gemacht haben. Man muss nur etwas sagen wie »Hmm, ich glaube, ich trinke ein Pale Ale!«, und sie sehen es als offene Einladung, nun die langweiligsten Anekdoten aus ihrem Auslandssemester in Irland auszupacken. »Lass dir eines sagen, Michael: Nichts geht über die Pale Ales in Irland! Die waren einfach nur *delicious*, wie der

Ire sagt. Meine Reise begann im September 2014…« Nun beginnt ein Redefluss, der in etwa so lang ist wie der irische Wild Atlantic Way. Halt, Stopp! Auslandssemester sind wie Träume: Sie sind *nur* für dich spannend, und es interessiert absolut niemanden, was genau dort passiert ist.

Das gilt natürlich auch für andere Themen. Einmal wollte ein Typ unentwegt über sein Mountainbike sprechen – ein Thema, an dem ich in etwa so viel Interesse hatte wie am Verzehr eines gesunden »Raw-Brokkoli-Salats«. Ich bin ja kein Unmensch: Wenn ich merke, dass jemand für ein Thema brennt, lasse ich ihn schon gerne darüber reden. Dass ich nach fünfzehn Minuten Mountainbike-Fun allmählich versuchte, den Smalltalk zum etwas allgemeineren Thema »Urlaubsziele« zu lenken, passte meinem Gegenüber aber gar nicht. »Weißt du, wo ich hinreisen möchte? Überall dort, wo man gut *mountainbiken* kann!«

Für so gut wie jedes Gesprächsthema hatte er eine Überleitung zurück zu seinem Bike. *Möchtest du mal heiraten?* Nein, Hochzeiten sind zu teuer. Weißt du eigentlich, wie viele Mountainbikes man von diesem Geld kaufen könnte?

Na, hast du schon Pläne fürs Wochenende? Ja: Wenn das Wetter gut ist, Mountainbiken. Wenn das Wetter schlecht ist, wahrscheinlich auch Mountainbiken. *Ich glaube, ich möchte jetzt nach Hause.* Alles klar. Wenn du willst, kann ich dich heimbringen. Bin mit dem Mountainbike da.

Können wir bitte über etwas anderes sprechen? Ich stelle mir sonst eine Beziehung mit dir wie einen Albtraum auf zwei Rädern vor. Ich bin kein Mountainbike!

Ich hasse Leute, die das Date leugnen

Man sitzt um kurz vor Mitternacht bei Kerzenlicht in einem romantischen Lokal und hält die Hand des Gegenübers, woraufhin es sinnlich seinen Mund öffnet und sagt: »Ich hoffe, du denkst nicht, dass das ein Date ist.« Entschuldigung? Was denn dann? Etwa ein Sketch von »Verstehen sie Spaß«?

Dann werde ich also das nächste Mal, wenn mein Zahnarzt mal wieder seine ganze Hand in meinem Mund hat, all meine Kraft zusammennehmen und nuscheln: »Ich hoffe, Sie denken jetzt nicht, dass das eine Wurzelbehandlung ist!«

Ich hasse Online-Dating

In meinen Single-Tagen versuchte ich mein Liebesglück auf Grindr, was in etwa so ist, als würde man sich auf einem Festival für Fleischliebhaber die ein oder andere vegane Option erhoffen. Das Klima auf dieser App, die die meisten Schwulen vor allem für Sex nutzen, war mir ein bisschen zu sehr »Hey, darf ich dich fisten?« Deswegen wechselte ich prompt auf Dating-Plattformen wie PlanetRomeo oder OKCupid, wo das Klima schon eher »Hey, treffen wir uns auf einen Kaffee und *dann* möchte ich dich fisten?« war.

Besonders schwierig gestaltet sich Online-Dating dadurch, dass einige Leute schon die absolute Krise bekommen, wenn du sie einfach nur fragst, wie es ihnen geht. »Na, wie geht's?« ist eine Chat-Floskel, die wohl so oft eingesetzt wird, dass sie einigen Typen zum Hals raushängt. »Wer mir eine erste Nachricht mit ›Hallo, na, wie geht's?‹ schreibt, hat keine Chance bei mir und wird gleich mal ignoriert!!!«, schreiben sie in ihrem Profiltext. Regt euch mal alle wieder ab! »Na, wie geht's?« ist zwar ein bisschen überpräsent, dafür aber überraschend wandelbar, erfüllt seinen Zweck und liefert jedes Mal Top-Ergebnisse. Diese Leute erwarten wohl so etwas wie: »Na, wie ich auf deinem dritten Bild sehen kann, trägst du auch gerne mal Broschen – so wie ich! Welche ist deine Lieblingsbrosche, mein Broschen-Bro?« Aber diese Beziehung ist mir leider *jetzt schon* zu anstrengend, bevor sie richtig angefangen hat. Ich bleibe einfach bei »Na, wie geht's?«, okay?

Hat man dann endlich mal einen Typen an der Angel, der nicht nur real, sondern auch noch nett wirkt und auch tatsächlich zurückschreibt, muss man schnell handeln, bevor man in der Nachrichtenflut in diesen schnelllebigen Apps gleich wieder untergeht. Nicht selten erwischte ich mich dabei, wie ich – ähnlich wie ein lästiger Bankberater, der dir einen Bausparvertrag andrehen möchte – gleich nach der zweiten Message mit einem Terminvorschlag ins Feld rückte: *Wie wäre es am Dienstag in zwei Wochen von 13:05 bis 14:25 Uhr?*

Ich bin schon seit gut sieben Jahren kein Single mehr und habe *noch immer* Albträume vom Online-Dating. Manchmal, wenn mein Freund einen Streit anzettelt, weil ich mal wieder keine Bio-Butter gekauft habe, oder wenn er im Bett neben mir laut schnarcht, werde ich kurz wütend, aber dann denke ich mir: »Michi, zieh die

Alternative in Betracht!« Sofort habe ich Flashbacks auf Sexanfragen, Faker und Ghosting und beschließe, dass nichts so schlimm sein kann, wie in der heutigen Zeit wieder Single zu sein.

Ich hasse ungewollte Dickpics

Was erwarten sich die Absender? Dass ihr kleiner Schnappschuss den gleichen Effekt auf mich hat, wie Bilder von Gerichten in der Speisekarte eines Touri-Restaurants? »Hmm, das sieht ja mal *meeegalecker* aus, das nehme ich!«

Ich hasse es, verkuppelt zu werden

Eine Zeit lang habe ich dem Online-Dating abgeschworen und stattdessen darauf gehofft, dass persönliche Empfehlungen von Freunden mich zum Liebesglück führen würden. Weit gefehlt! Schnell sollte ich lernen, dass das Einzige, was erniedrigender sein könnte als eine Nachricht von RaunchyPapi69, die Kupplungsversuche meiner Freundin Marlene waren, die Dinge sagte wie: »Karl wird dir gefallen! Ihr seid charakterlich gleich und seht euch sogar ähnlich!« Doch dann saß ich einem ungepflegten Typen mit Vokuhila gegenüber, der mich nach gerade mal fünfzehn Minuten fragte, ob ich unter dem Tisch einen meiner Socken ausziehen und ihm schenken könnte. Wolltest du, dass ich mit einem Socken nach Hause humple, Karl?

Ich hasse Dating-Ratgeber

Und die Tatsache, dass ich so lange nach ihnen gelebt habe. Antiquierte Bücher wie *The Rules* rieten mir, mich für mindestens drei Tage nach einem Date nicht bei der anderen Person zu melden. Was vielleicht 1963 als »kokettes Flirt-Spielchen« galt, erweckt bei meinem Rendezvous aber spätestens seit der Erfindung des Smartphones den Eindruck, dass ich kein Interesse habe oder erdrosselt und in einen Sumpf geworfen wurde.

Ich hasse den Druck, den Beziehungen auf manche Leute ausüben

Letztens gestand mir eine Freundin völlig aufgelöst, sie habe einen Sextraum mit einem anderen Mann gehabt, obwohl sie doch so einen tollen Freund hat. Sie war völlig fertig, bis ich ihr vergewisserte, dass das gar nicht schlimm sei: »Du bist seit zehn Jahren mit diesem Typen zusammen, kennst seine ganze verrückte Familie und weißt, wie seine Blähungen riechen. Dann gehst du nachts schlafen, um endlich sieben bis acht Stunden Ruhe vom Beziehungsalltag zu bekommen und hast den Anspruch an dich selbst, dass du dann auch wieder ausgerechnet von *IHM* träumst? Ich bitte dich! Egal, wie gut die Beziehung ist: Wenigstens in deinen Träumen hast du dir eine kleine Auszeit verdient.«

Mittlerweile bin ich so lange mit meinem Freund zusammen, dass ich es völlig suspekt finde, wenn ich mal einen

Sextraum von ihm habe. Nicht selten rüttle ich ihn dann wach und sage: »Halte dich fest… ich hatte gerade einen Sextraum… von *DIR*? Was ist los mit mir? Habe ich Fieber?«

Ich hasse Hochzeiten

Schön langsam komme ich in dieses Alter, in dem meine Freunde heiraten oder Freundinnen schwanger werden und sagen: »Weißt du was, ich glaube, *dieses Mal* behalte ich es!« Und das finde ich äußerst ungewohnt. Auch ich hatte einen ziemlich ausgeprägten Heiratswunsch. (Als schwules Paar muss man sich die eher begrenzten Meilensteine gut einteilen: Zusammenziehen, Heiraten, … eine Topfpflanze kaufen?) Doch nach den unzähligen langweiligen Hochzeitsfeiern, die ich in den letzten Jahren besucht habe, ist mir die Lust darauf gehörig vergangen. (Der einzige Grund, warum ich noch heiraten will, ist weil ich – wenn ich zum Altar schreite – manchen Gästen als »persönliche Note« auf den Schoß springen oder sie am Knie lecken will, wie die Schauspieler aus *Cats*, wenn sie zur Bühne schleichen.) Nichts ist für mich weniger lebensbejahend oder »ein Zeichen der Liebe«, als an einem heißen Sommertag fünfundsiebzig meiner besten Freunde und ein paar Verwandte, die ich eigentlich gar nicht leiden kann, in Outfits, die sie sonst nie tragen würden, in eine unklimatisierte Eventlocation einzusperren, um vor ihnen Ehegelübde vorzutragen, die so intim sind, dass sie besser ohne Publikum hätten stattfinden sollen.

Nach drei Stunden zur »freien Beschäftigung«, während denen das Brautpaar gestellte Fotos macht, auf denen sie gemeinsam über ein Blumenfeld laufen, als wäre ein Messerstecher hinter ihnen her, gibt es Büfett, eine »Modern-Talking«-Coverband und gezwungene Reden von Freunden und Verwandten als fürchterlichen Ausklang für einen perfekten Hass-Tag. Versteht mich nicht falsch: Bestimmt gibt es auch Trauungen, die völlig ungezwungen und toll sind; ich war nur noch nie zu einer eingeladen.

Ich liebe es aber, auf Hochzeiten endlich die Familie meiner Freunde kennenzulernen

Nach Jahren von Sarahs Erzählungen über ihre fürchterliche Mutter, die mit ihrem Narzissmus immer alles ruinieren muss, komme ich mir vor, wie ein Wünsch-dir-was-Kind, das seinen liebsten Sportler treffen darf, wenn Sarahs Mutter dann endlich vor mir steht. *Kommen Sie, gnädige Frau, trinken wir ein Gläschen und dann erzählen sie mir, was sie wirklich von ihrem neuen Schwiegersohn halten!*

Ich hasse Paare, die gemeinsam ins Fitness-Studio gehen

Von meinem Laufband aus sehe ich sie, wie sie Hand in Hand ins Gym strawanzen und sich, bevor er in die Kraftkammer und sie in den Cardio-Bereich geht, noch einen letzten Kuss geben, der so leidenschaftlich ist, als würde einer von beiden in den Krieg ziehen. Nach fünfundzwanzig Minuten kommt er völlig verschwitzt zurück und fragt »Hey, na, wie geht's? Wollte nur schauen, ob bei dir alles passt!«, bevor sie sich ein bisschen leidenschaftlicher – und verschwitzter als zuvor – küssen. Ist das eure Art von Vorspiel? Ich geh dann mal lieber, bevor die Situation eskaliert und ihr die Yogamatten als Pop-Up-Lustwiese zweckentfremdet.

Ich hasse Paare, die ihre Beziehung einfach nicht offiziell machen

Bei all den »Flirtationships«, »Situationships« und »Es ist kompliziert«-Situationen in meinem Freundeskreis weiß ich gar nicht mehr, wer mit wem zusammen ist und, versteht mich nicht falsch, es kann mir eigentlich auch egal sein. Trotzdem bin ich einfach neugierig und möchte gerne auf dem neusten Stand sein, nicht zuletzt, weil ich viel zu oft in Fettnäpfchen tappe, wenn ich etwa meine Freundin Johanna frage, wie es ihr denn mit ihrem »Gspusi« Ferdinand geht, woraufhin sie einen Tobsuchtsanfall bekommt, weil Ferdinand mittlerweile für sie gestorben ist. Okay, aber vor einer Woche hast du mir doch noch erklärt, es wäre zwar »kompliziert«, aber ihr wäret »zu 75 Prozent zusammen«? Meine eigenen Single-Tage sind ja nicht so lange her, und bei mir hat es schon gereicht, wenn ein anderer Passant in der U-Bahn mich für länger als fünf Sekunden angeschaut hat, um dieser Bindung das Label »Es ist kompliziert« zu geben. Wenn eure Beziehung so »kompliziert« ist, könnt ihr sie mir dann bitte ein bisschen erklären? Keine Sorge, ich verfolge *Keeping up with the Kardashians,* eine Reality-Show über fünf Schwestern, die im absoluten Beziehungs-Wirrwarr leben, im Wochentakt Männer wechseln, mit ihren Ex-Freunden in den Urlaub fahren, oder mal eben für zweiundsiebzig Tage verheiratet sind. Obendrauf war die Mutter vierundzwanzig Jahre lang mit einer ungeouteten Trans-Frau zusammen, die sich seit ihrer Geschlechtsangleichung *gegen* die Rechte der LGBT-Community ausspricht. *Das* ist kompliziert, und ich habe dennoch den vollen Überblick, also glaube ich, dass ich deinem jüngsten Beziehungsdrama mit Leichtigkeit folgen könnte, Johanna.

Ich hasse Sex in der Dusche

Warum sollte eine Tätigkeit, die man auch einfach liegend im Bett erledigen kann, besser sein, wenn man dabei unter laufendem Wasser stehen muss? Ich persönlich habe noch nie das Bedürfnis verspürt, mein Mittagsschläfchen in der Badewanne abzuhalten. Aber da Magazine liebend gerne Sex in der Dusche empfehlen (gleich neben anderen wertvollen Tipps wie »Verbinden Sie Ihrem Freund die Augen und stülpen sie ihm eine aufgeschnittene Grapefruit über sein bestes Stück – er wird es *lieben!*«), habe natürlich auch ich hie und da damit experimentiert und kann es nicht empfehlen: Einer von beiden steht immer frierend im Eck, bekommt Wasser ins Auge, rutscht aus oder langweilt sich dabei, dem anderen dabei zuzusehen, wie er sich sein langes Haar shampooniert. Eine prima Ausrede, um dem Dusch-Sex zu entkommen, ist es, nebenbei bemerkt, »Sorge um die Umwelt« vorzugaukeln – beim ausgedehnten Lustspiel unter der Dusche geht nämlich so viel Wasser verloren, dass man das als verantwortungsbewusster Bürger, dem auch nur ein bisschen was an unserer wunderbaren Mutter Erde liegt, eigentlich nicht mehr vertreten kann. Gern geschehen.

Ich hasse Leute, die beim Online-Dating kein anständiges Profilbild haben

Wenn das Bild statt einem Gesicht eine obskure Landschaft oder eine Lichtung im Wald zeigt, ist das höchstwahrscheinlich die Stelle, an der sie deine Leiche einbuddeln werden.

Ich hasse Leute, die Nettigkeiten mit Flirten verwechseln

Einmal habe ich ein Erweiterungscurriculum in Gender Studies belegt und fand es schade, dass sämtliche Studierende vor den Vorlesungen und Kursen dicht aneinander im Hörsaal saßen und einander anschwiegen, als würde hier gleich eine Beerdigung und nicht eine Vorlesung zum Thema »Sexismus in der Werbewelt« stattfinden. War ich hier in einem Raum voller junger Menschen oder doch auf einem Silent Retreat? Ähnlich wie die ›Black Eyed Peas‹ dachte ich mir »Let's get it started« und beschloss, endlich mal ein bisschen Schwung in die Bude zu bringen. So drehte ich mich zu meiner Sitznachbarin, die gerade auf ihrem Handy Twitter las, und verwickelte sie in ein Gespräch zum Thema Twitter, welches ich rückblickend betrachtet als »äußerst charmant« und »als wären wir alte Freunde« bezeichnen würde. Sie hat mir, nachdem ich mehrmals nachgefragt hatte, sogar ihren Twitter-Namen verraten! Umso tiefer saß der Schock, als ich später ihren neuesten Tweet las: »Wurde heute in der Vorlesung übelst von einem Typen angeflirtet, der ausgerechnet über TWITTER mit mir sprechen wollte. Überleg dir bessere Maschen, Junge!« Ich war schockiert! Ich wollte doch nur nett sein (ein ganz besonderes Event, zu dem es ohnehin allerhöchstens einmal im Jahr kommt), und abgesehen davon hätten mein Dolly-Parton-T-Shirt und ihre »Yep, I'm GAY!«-Buttons auf ihrer ärmellosen Weste Indiz genug sein sollen, dass uns keine allzu große Romanze bevorsteht.

*****

Michis Tipps
fürs Online-Dating

Ich bin nicht unbedingt stolz darauf, aber ich hab einmal für drei Jahre lang sehr intensives Online-Dating betrieben, hatte mindestens ein Date pro Woche und kam mir dabei nicht selten so vor, als würde ich eine Volkszählung schwuler Männer durchführen. Dabei habe ich einige Lektionen gelernt, von denen ihr hoffentlich profitieren könnt:

Profilbilder

Gute Dating-Profile sollten meiner Meinung nach über mindestens drei Bilder verfügen: ein Selfie, ein Ganzkörperbild und ein Bild, das euch bei einer Freizeitaktivität (Bowling? Bouldern? Pommes frittieren?) zeigt, um dem Betrachter zu suggerieren, dass ihr durchaus schon mal das Haus verlassen habt. Gleichzeitig würde ich einen großen Bogen um Leute machen, die sich partout weigern, ein Bild zu schicken (Spoiler: Sie sind wahrscheinlich bereits in einer Beziehung) oder ausschließlich offensichtlich alte Bilder zeigen, auf denen sie etwa grinsend vor dem World Trade Center posieren.

Profiltext

Wie der Klappentext eines Buches sollte auch der Profiltext beim Online-Dating nicht *alles* verraten, sondern Lust auf mehr machen. Kaum etwas finde ich irritierender als Leute, die in ihrem Profiltext bereits ihre halbe Lebensgeschichte erzählen und auch direkt erklären, was sie alles *NICHT* wollen: keine Dicken, keine Kleinen, keine Rothaarigen… Ihr Profiltext klingt radikaler als das Parteiprogramm manch konservativer Partei und ist einfach ein bisschen *zu viel*.

Der erste Schritt

Die erste Kontaktaufnahme kann unangenehm sein, weil gefühlt 99 Prozent aller Online-Datenden einleitend die Frage »Na, wie geht's?« stellen. Zugegeben, es ist auch der offensichtlichste Gesprächseinstieg, aber wie soll man denn jemandem in Erinnerung bleiben, wenn diese Person die Phrase gefühlte hundertmal am Tag hört? Daher habe ich es immer geliebt, mit komplett merkwürdigen Fragen wie »Hast du schon mal deine Zähne gezählt?« oder »Wie viele Daniels kennst du?« entweder das Eis zu brechen oder die Situation noch tausendmal unangenehmer zu machen.

Das erste Date

Hat man sich bereits geschrieben, die Chemie festgestellt und ist sich halbwegs sicher, dass der andere kein Serienmörder ist, dann würde ich nicht allzu viel Zeit verstreichen lassen, um das erste Date vorzuschlagen. Ich halte ein Restaurant, ein lauschiges Café oder einen öffentlichen Park für den idealen Ort, um der neuen Bekanntschaft auf subtile Weise wichtige Infos über ihre bisherigen Beziehungen und das Jahresgehalt zu entlocken. Bonus: Sollte (Gott behüte!) irgendwas Komisches passieren, hat man an diesen öffentlichen Orten außerdem genug Zeugen.

Das zweite Date

Wenn man beim ersten Date gemerkt hat, dass man gut miteinander reden kann, finde ich es beim zweiten Date ganz nett, ein paar erinnerungswürdige Aktivitäten zu wagen, durch die man einander näherkommt. Etwa einen »Escape Room« lösen, dem Reptilienzoo einen Besuch abstatten oder eine Heißluftballonfahrt antreten. So kann es praktisch gar nicht zu Gesprächsflauten kommen, weil man immer ein Thema hat – und außerdem wird sich deine Begleitung unsicher sein, ob es sich bei diesem mulmigen Gefühl um Nervenkitzel ob der riesigen Boa Constrictor oder doch um Schmetterlinge im Bauch handelt, weil die Begleitung so entzückend ist. Win-Win! Ich sage immer halb scherzend, das ideale zweite Date wäre eine Geiselnahme in einer Bankfiliale, aber das wäre vielleicht doch zu viel des Guten.

Das dritte Date

Ich gebe den Dating-Ratgebern durchaus Recht darin, dass beim dritten Date schön langsam was passieren darf. Seht es objektiv: Eine Person, die nicht mit euch verwandt ist, trifft sich bereits zum dritten Mal freiwillig mit euch; da darf man sich ruhig schon mal küssen, wenn noch nicht geschehen (und beide es wollen). Bitte fragt mich nicht, wie man einen ersten Kuss initiiert. Der beliebte Tipp, einfach auf die Lippen des Gegenübers zu starren, hat bei mir immer nur dazu geführt, dass der Angestarrte fragte, ob er Essensreste am Mund habe. Das letzte Mal, als ich einen ersten Kuss gewagt habe, war Obama noch Präsident, und ich habe einfach völlig unromantisch gesagt »Ich denke, wir sollten uns küssen«, und zwar im gleichen Timbre, als würde ich die resolute Entscheidung treffen, die Beatmungsmaschine eines engen Verwandten abzudrehen.

Sei einfach du selbst

Schaut, ich kann euch hier wirklich keine Schritt-für-Schritt-Anleitung für eure gesamte Beziehung geben. Ab jetzt schafft ihr das sicher ohne mich. Viel Spaß!

VI.
INTERNET

Meinen ersten Trip durchs World Wide Web wagte ich im Alter von fünf Jahren; damals, als der Verbindungsaufbau noch mindestens eine Minute dauerte, wahnsinnig laut war und ich nur ein paar Minuten am Stück online sein durfte, da jeder Einstieg ins Internet gleichzeitig die Telefonleitung blockierte. Es waren einfachere Zeiten! Heute bin ich nahezu durchgehend online und ständig erreichbar – ich hasse es! Wenn mein Handy bimmelt, möchte ich es nicht selten theatralisch in den nächsten Brunnen werfen, wie Anne Hathaway am Ende von *Der Teufel trägt Prada*. Online-Sein ist mein Beruf, wenn man so möchte. Im Jahr 2009 startete ich aus reiner Langeweile meinen YouTube-Kanal, um mit lustigen Videos meinen Freundeskreis zu unterhalten. Damals war natürlich noch gar keine Rede davon, dass man mit solchen Spaß-Videos Geld verdienen könnte, doch mehr als ein Jahrzehnt später ist natürlich genau das der Fall: Den Großteil meines Einkommens verdiene ich als Influencer auf Plattformen wie YouTube, Instagram und Twitter – dem Internet eben. Und wie alle Dinge, die als Hobby angefangen und irgendwann zum Beruf geworden sind, hasse ich auch das Internet mittlerweile inbrünstig. Lasst mich euch sagen, warum…

Ich hasse es, dass sich mittlerweile alle als »Blogger« bezeichnen

Zu meiner Zeit musste man noch einen Blog schreiben, um als »Blogger« zu gelten. Heute reicht es schon, wenn man gerne Avocados isst.

Ich hasse es, wenn Blogger sich eine Auszeit nehmen

Und wenn sie diese »dringend notwendige Pause« in einem dramatischen Instagram-Post ankündigen. Was? Ich dachte, dass du deinen Lehrerinnen-Job aufgegeben hast, um hie und da Bilder deines Frühstücks zu posten, *war* bereits die Auszeit! Besonders witzig finde ich es, wenn Blogger groß ankündigen, sich eine dreitägige Pause zu nehmen. Ich bin ungern der Bote von schlechten Neuigkeiten, aber: Es wäre niemandem aufgefallen, wenn du 72 Stunden mal nichts postest, Lara. Niemandem. Und wenn doch, kannst du die Funkstille einfach auf »Probleme mit dem Algorithmus« schieben. Glaubst du, ein Gabelstapelfahrer kann drei Tage ohne Erklärung nicht zur Arbeit kommen? Nein! Du aber schon – nutz es aus und häng deine Pausen nicht allzu sehr an die große Glocke.

Ich hasse es, wenn Blogger auf Instagram das Umfragetool verwenden und sich dann nicht an das Ergebnis halten

Beispielsweise wollen sie von ihrer Community wissen, ob sie ab jetzt ihre Storys in Englisch machen sollen. »You guys, I've been thinking that it would be a good idea to talk in English from now on, so that my non-German-speaking followers can understand me as well!«, trällern sie in die Selfie-Kamera, in einem Kardashian-inspirierten Englisch voll von Uptalk und Vocal Fry. Begleitet wird diese Story von einer Umfrage: »English – Yes or No?«. 97 Prozent ihrer Community drücken entschieden den »No!«-Button, woraufhin eine weitere Story folgt: »Well, since 3 percent of you want me to speak English, I'm just going to do it!« So funktioniert die Demokratie aber nicht, Jakob.

Ich hasse Leute, die hinter jedem Instagram-Posting einen satten Werbedeal vermuten

Veröffentliche ich ein Bild von mir, auf dem im Hintergrund klein eine Flasche einer bestimmten Wassermarke zu sehen ist, kann ich mir sicher sein, dass es keine fünf Minuten dauert, bis Hobbyspürnasen völlig ernst kommentieren »AHA! Eine ungekennzeichnete Werbung! Wie viel tausend Euros hast du denn für die Wasser-Schleichwerbung bekommen?« Um ehrlich zu sein, ist mir nicht mal aufgefallen, dass ein Firmenlogo auf dem Foto zu erkennen war. Ich fand nur, dass meine Beine darauf schlank aussehen, weswegen ich es ohne viel zu überlegen gepostet habe. Die Leute denken immer, Werbekooperationen wären damit getan, dass man ein Produkt dezent im Hintergrund eines Fotos oder Videos platziert. Ganz ehrlich: Ich *wünschte*, es wäre so unkompliziert! Aber nein: Firmen wollen meistens, dass man für mindestens neunzig Sekunden über ihr Produkt spricht, dabei auf viele positive Attribute wie den »erfrischenden Kohlensäuregehalt« eingeht und abschließend einen ellenlangen Rabatt-Code nennt. Glaubt mir: Wenn es Werbung ist, werdet ihr's merken.

Ich hasse Leute, die mich fragen, ob es nicht »gruselig« sei, dass sie aufgrund meiner Social-Media-Präsenz so viel über mein Leben wissen

Mindestens einmal pro Woche bringen meine E-Mail-Kontakte einen Hammer-Gag, indem sie mir etwa noch viel Freude in meinem zweiwöchigen Kroatien-Urlaub wünschen, über den sie mich auf Instagram haben reden hören. Prompt werde ich dann auch noch gefragt, ob ich es nicht gruselig finde, dass sie so viel über mich wissen – ZWINKERSMILEY! Na ja… nicht wirklich. Es ist ja nicht so, als hättest du mich die letzten Monate über beschattet,

Karin, um an diese kostbare Info zu gelangen. Ich habe sie doch selbst ins Internet gestellt, und du hast das gesehen. Es ist also ein ganz klassisches Sender-Empfänger-Modell, das ich null gruselig finde, weil ich derjenige bin, der es aufgebaut hat. Ich suche doch aus, was ich veröffentliche, und das sind meistens Oberflächlichkeiten. Wie heißt meine Mutter? Wo wohne ich genau? Wann habe ich zuletzt geduscht? Sobald du diese Dinge weißt, finde ich das *wirklich* gruselig.

Ich hasse es, wenn die Menschen meinen Sarkasmus nicht verstehen

Als ich ihnen die völlig ernstgemeinte Frage stellte, ob ich denn das Zeug zum Supermodel hätte, hatten sie nichts als schallendes Gelächter für mich übrig. Aber kaum sage ich etwas Sarkastisches, auf das ich tatsächlich ein paar Schmunzler als Reaktion erwartet hätte, nehmen sie mich plötzlich völlig ernst. Etwa, als ich an der Uni nach einer besonders langweiligen Vorlesung über die faszinierende Geschichte des Lautes »Schwa« trocken meinte: »Wow, das war ja ein Hammer-Vortrag – ein Lacher pro Minute!«, und meine Studienkollegin verwirrt erwiderte: »Wirklich, Michael? Ich fand das alles leider eher zäh. Na ja, Geschmäcker sind verschieden…«

Ich hasse schlecht eingebundene Werbekooperationen bei Bloggern

Ganz besonders, wenn diese Leute über kein allzu großes Schauspieltalent verfügen. Mit den Worten »Wie ihr ja wisst, liebe ich Kaugummi mit Erdbeergeschmack…« leiten sie eine Story ein, die noch nicht als Werbung gekennzeichnet ist, aber wir alle riechen den Braten schon längst und wissen natürlich, wohin das führt: Schnallt euch an, gleich kommen fünf bezahlte Storys über Kaugummi, in denen sie lustlos das Influencer-Briefing runterrattern. Glaubt mir: In der Blogger-Welt bedeutet »Wie ihr ja wisst…« in etwa so viel wie: »Ich habe es noch nie erwähnt, aber jetzt erzeuge ich mal falsche Vertrautheit, indem ich so tue, als hätte ich das Ding schon Dutzende Male erwähnt!« Ein weiterer Favorit ist übrigens: »Weil sooo viele von euch gefragt haben…«, was im Grunde genommen heißt: »Niemand wollte es wissen, aber ich möchte trotzdem gerne drüber sprechen!« Während sie mit der Packung posieren und mir einen Rabattcode für Kaugummi nennen, möchte ich ihnen unterdessen einen Rabattcode für Schauspielstunden zukommen lassen. Strengt euch doch wenigstens ein *bisschen* an!

Ich hasse Facebook generell

Gerne würde ich auch mein Profil ganz löschen, aber woher soll ich dann bitte erfahren, welche meiner ehemaligen Klassenkameraden unattraktiv geworden sind? Ich weiß nicht mal, wann es mit diesem sozialen Netzwerk so den Bach runtergegangen ist. Früher habe ich Facebook wirklich gerne verwendet und dort nahezu täglich meine Gedanken und Party-Bilder geteilt. Schon bald bekam ich aber zu viele Freundschaftsanfragen von alternden Verwandten, die Facebook für sich entdeckt und sich Profile erstellt hatten, bei denen sie stilsicher ihre Vor- und Nachnamen vertauschten. Meine Party-Pics waren nun übersät mit Kommentaren von Leuten wie »Knopp Elfriede«, die meinte: »Michael, deine Nippel sehen aus wie die von deiner Mama! Ich habe noch ein Bild von dir, wo du ein Baby bist und an ihrer Brust nuckelst. Wenn du willst, stelle ich es hier im Facebook online!« Spätestens da war es an der Zeit für mich, ein bisschen kürzer zu treten.

Ich hasse Leute, die in ihrer Instagram-Bio anführen, wohin sie als Nächstes reisen

»Based in Vienna, but currently in Dubai and then headed to Paris!«, schreiben sie, um zu signalisieren, dass sie Weltenbürger sind und man sich – ähnlich wie bei Carmen Sandiego – nie hundertprozentig sicher sein kann, wo sie sich gerade aufhalten. Wieso machen sie das immer nur bei coolen Orten? Keiner schreibt: »Currently in Wipperfürth, but then off to Gramatneusiedl!« Wie es diesen Leuten wohl während der Corona-Lockdowns erging, als sie maximal von ihrer Couch zum Kühlschrank jetsetten konnten?

Ich hasse Leute, die ihre sportlichen Aktivitäten mithilfe einer Tracking-App auf Instagram teilen

Es ist einfach langweilig und absolut nichtssagend, wenn du dieses Bild von einer Landkarte teilst, auf der man ganz genau sieht, wo du heute wie schnell gelaufen bist – was außerdem eine offene Einladung für Stalker ist, dich bei deinem morgigen Lauf abzufangen, mit Chloroform in den süßen Schlaf zu locken und dich dann an einem Heizkörper in ihrem Keller anzuketten. Ganz ehrlich: Ich habe mal eine Woche lang meine Läufe auf Instagram gepostet – und das keineswegs, um »meinen sportlichen Fortschritt festzuhalten«, sondern ausschließlich, weil andere Leute denken sollten: »Wow, dieser Michi ist ja ein echter Tausendsassa. Isst ein gesundes Frühstück, geht laufen – was kann der eigentlich *nicht*?« Laufen, ohne dabei fünf Käfer zu verschlucken oder danach wie eine alte Moorleiche auszusehen, zum Beispiel. Aber *diese* Aspekte meines Laufs habe ich natürlich nicht geteilt.

Ich hasse den sozialen Druck, der mit den sozialen Medien verbunden ist

Ich hadere damit, dass ich ständig erreichbar sein soll. Schickt dir jemand eine Nachricht, erwartet er natürlich, dass du demnächst antwortest. Aber an manchen Tagen ist mir einfach nicht danach, weil ich ohnehin schon viel um die Ohren habe. Zeigt der Klingelton eine neue Nach-richt an, zucke ich zusammen wie ein Pawlowscher Hund, werfe meine Hände in die Luft und schreie: »Na toll, jetzt muss ich mich auch noch um diese Nachricht kümmern? Mein Leben ist wirklich eins der schwersten!« War mein Geburtstag in der Kindheit und Jugend immer ein Tag, um ein bisschen die Seele baumeln zu lassen, so komme ich mir im Zeitalter der sozialen Medien an diesem Tag eher vor wie der Servicemitarbeiter eines Mobilfunkanbie-ters, der den ganzen Tag damit beschäftigt ist, die unzäh-ligen Kundenanfragen zu beantworten. Ich wehre mich an stressigen Tagen einfach mit der Behauptung, meine Mes-senger App sei mal wieder kaputt und es komme einfach nichts mehr durch – verdammter unzuverlässiger Schrott!

Ich hasse Influencer, die ihren Alltag detailgetreu dokumentieren

Sie denken offenbar, er sei spannender als Hillary Clin-tons geleakte E-Mails. Interessiert mich, was Gwyneth Pal-trow jeden Morgen macht, trinkt und isst? Na klar! Aber du bist keine Gwyneth, Cassandra, und dein Alltag ist nicht viel spannender als der anderer Menschen. Niemand wird sich denken: »Nach dem Aufstehen Zähneputzen? Genial! Muss ich auch mal probieren!« Am schlimmsten finde ich es, wenn diese Leute ihre Routine so detailge-treu festhalten, dass ich sie mittlerweile besser kenne als meine eigene. Ich denke dann: »Dienstag, 10:00 Uhr, und

Cassandra sitzt noch immer beim Frühstück? Sie sollte doch längst beim Pilates sein!« Ich habe große Sorge, dass all dieses unnütze Wissen wertvollere Erinnerungen aus meinem Gehirn verdrängen könnte. Aber letztlich bin ich ja selber schuld…

Ich hasse Nacktbilder auf Instagram

Ein Trend, den ich gar nicht gerne beobachte, aber ich habe das Gefühl, fast jeder tut es! Ein Typ, dem ich folge, postet immer die schönsten Blumensträuße und Blumengestecke. Als auch er dann plötzlich seine Community mit einem Stängel völlig anderer Art überraschte, war mir das wirklich nicht mehr egal. Natürlich sind diese Bilder immer bedeckt genug, dass Instagram sie nicht gleich offline nimmt. Es freut mich ja, wenn die Menschen so zufrieden mit sich sind, aber ich kann diese Zurschaustellung des eigenen Körpers beim besten Willen nicht nachempfinden. Es ist mir noch nie passiert, dass ich aus dem Augenwinkel einen Blick auf meinen splitterfasernackten Körper im Spiegel erhasche und mir denke: »Moment mal…was mir da entgegenlacht, sieht einfach nur *megagut* aus! Ich sollte ein Foto von mir ins Internet stellen! Sonst glaubt mir ja niemand, wie toll ich aussehe!« Nein. Wenn ich mich nackt im Spiegel sehe, ist das Einzige, was ich mir denke: »Uff…was ist denn das? War das vor einem Jahr nicht noch zehn Zentimeter weiter oben?« Jaja, die Schwerkraft!

Ich hasse Paare mit Hang zum Exhibitionismus

Bilder, auf denen sich Paare in Unterwäsche eng umschlungen küssen, werden von ihnen auf sozialen Medien geteilt. Ist denn ein Fotoshooting Teil eures Vorspiels? Ich fühle mich unwohl, wenn ich solche Bilder sehe; es fühlt sich nicht so an, als wären sie für meine Augen bestimmt. Das ist auch so, wenn Freunde mir ihr Handy geben, um mir ein Foto zu zeigen, und ich beim Weiterscrollen ein Bild von ihnen in der Badewanne finde – mit einem Blick, den ich nur als »kokett« beschreiben kann. Was kommt als Nächstes? Schnappschüsse von deiner Darmspiegelung?

Ich hasse überaktive Influencer

Sie posten jeden Tag zwanzig Storys und drei Bilder und sagen dann: »Sorry, dass ich in letzter Zeit nicht so aktiv auf Social Media bin.« Stellt sie euch vor, wenn sie erst mal richtig aktiv werden! Mamma mia!

Ich hasse Influencer, die glauben, dass ich alles über ihr Leben weiß

Ich treffe auf einem Event einen befreundeten Influencer und frage (höflichkeitshalber), wie es ihm geht. »Na ja, Michael…«, antwortet er leicht betrübt. »Nach der Sache mit Bianca und dem Zwischenfall mit Carlo in Costa Rica geht es mir, um ehrlich zu sein, nicht so gut. Und jetzt auch noch diese Unterlassungsklage! Das Leben meint es nicht immer gut mit mir, aber das hast du sicher schon alles auf meinem Instagram gesehen.« Ähm…nein? Diese Leute sind produktiver als ein Schwarm Bienen und produzieren nahezu minütlich neue Inhalte, aber warum setzen sie voraus, dass ich über die Storys aus ihrem Leben bereits Bescheid weiß, so als wäre ihr Leben eine Telenovela namens »Emmanuels Eskapaden«, von der ich noch nie eine Folge verpasst habe?

Ich hasse Influencerinnen, die behaupten, dass der Algorithmus ihre Bilder nicht anzeige

»Mein neues Bild hat so wenige Likes…«, jammern sie in die Kamera. Erzähl das doch mal deinem Großvater, der im Zweiten Weltkrieg einen Ledergürtel essen musste, um nicht zu verhungern. Und dann posten sie das Bild mit den wenigen Likes noch mals, mit der Aufforderung: »Bitte zeigt ihm ein wenig Liebe!«, so als wäre es ein Kind, das an eine neue Schule gekommen ist, weil es an der alten Schule gemobbt wurde. Es ist ein Bild von dir im Bikini, Luisa, und es wurde mir tatsächlich angezeigt, aber ich habe es aus Hass und Eifersucht bewusst nicht gelikt.

Ich hasse es, wie gut der YouTube-Algorithmus mich kennt

Ich, um zwei Uhr morgens: »Oh Gott, ich bin so müde – Zeit fürs Bett!«

YouTube: »Okay. Hier eine sechsteilige Videoserie darüber, wie man die perfekte Pizza zubereitet.«

Ich: »Fuck yeah.«

Ich hasse es, mein Hab und Gut im Internet zu verkaufen

Die Leute auf diesen Kleinanzeigen-Plattformen sind einfach fürchterlich! Mein Inserat lautet: »Ich verkaufe meinen Kleiderschrank, 70 Euro, Selbstabholung aus Wien!« und bekomme nur Anfragen der Sorte »Also ich würde dir 15 Euro zahlen, wohne allerdings im schönen Saarbrücken :)«. Habe ich dann endlich jemanden gefunden, der meinen Kleiderschrank zum vollen Preis kaufen würde, mache ich einen Abholtermin aus und werde dann garantiert dreimal versetzt – was sich wie ein einziges, riesiges Flashback auf meine Dating-Zeit anfühlt. Nein, dankeschön!

Ich hasse die Verherrlichung von Stress in den sozialen Medien

Die Leute lieben es, ihren »Hustle« auf Instagram zu dokumentieren: Morgens um vier Uhr ins Gym gehen, dann nach Berlin jetten, dort einen ganztägigen Meeting-Marathon abhalten, am Abend noch ein paar Drinks kippen und dann todmüde ins Bett fallen, um (hoffentlich!) am nächsten Tag wieder aufzuwachen und den Wahnsinn von vorne starten zu lassen. Für viele Menschen ist das der Inbegriff von »Erfolg«. Ähm, sorry, aber für mich nicht. Du arbeitest ja mehr als ein Sexarbeiter am Valentinstag. Ich finde das nicht inspirierend, sondern schwebe in der Sorge, schon morgen deine Todesanzeige in der Post zu erhalten.

Wieso sind alle so besessen davon, jede Sekunde ihres Tages mit produktiven Tätigkeiten zu füllen? Stress ist doch kein Statussymbol, und wenn du wirklich einen so stressigen Tag hast, an dem jede Sekunde zählt, dann optimiere doch deinen Workflow, indem du nicht auch noch jeden Schritt auf Instagram dokumentierst. Ich persönlich möchte gar nicht arbeiten; ich möchte lieber so reich heiraten, dass ich den ganzen Tag nichts tun muss und mir jemand um elf Uhr morgens den ersten von vielen Cocktails an meine Chaiselongue am Pool bringt: *Das* ist erstrebenswert!

Ich hasse die Toxic Positivity in den sozialen Medien

Dieser Zwang zur Heiterkeit, wie er vor allem auf Instagram propagiert wird, geht mir gehörig auf die Nerven. Dort behaupten Menschen, dass Glücklichsein eine Entscheidung sei und man jeder noch so schlechten Situation etwas Positives abgewinnen könne – was ja grundsätzlich richtig sein mag. Aber ich finde auch, dass man nicht sämtliche negativen Gefühle im Keim ersticken sollte. Manchmal bin ich einfach traurig, wütend oder nachdenklich, und daran wird sich auch nichts ändern, wenn ich mich noch so zwanghaft eine Minute lang selbst im Spiegel angrinse und mir fünf positive Eigenschaften an mir bestätige. *Alle* Gefühle sind okay – nicht nur die aus der *Live, Laugh, Love*-Kategorie.

Ich hasse es, wenn Leute ihre Bilder zu stark bearbeiten

Ich weiß doch, dass dein Po nicht so kurvenreich ist, Paul, und außerdem hast du das Bild so unachtsam bearbeitet, dass die Tür hinter deinem Po nun ebenfalls eine gehörige Wölbung aufweist und deine Wohnung so aussieht, als wäre sie von Friedrich Hundertwasser gestaltet worden. Ich frage mich, wen diese Scharade täuschen soll? Niemand wird sagen: »Wow, Pauls Training macht sich ja wirklich bezahlt!« Stattdessen bekommen wir unverhoffte

Einblicke in Pauls Körperwahrnehmung. Niemand ist perfekt, aber nichts macht deine Unzufriedenheit über deine Unvollkommenheiten deutlicher als ein bearbeitetes Bild. Ich bearbeite meine Bilder kaum, aus Sorge, nicht mehr gefunden zu werden, sollte ich einmal entführt werden, ohne dass es ein realistisches Fahndungsfoto von mir gibt.

Ich hasse die ewig langen Geschichten auf Foodblogs

Ich möchte wirklich nur ein einfaches Rezept für Bananenbrot, aber bevor ich es bekomme, muss ich mir erst eine ellenlange Geschichte darüber durchlesen, dass die Autorin eine Nussallergie hat, die ihre Ägypten-Reise aus dem Jahr 2014 zu einem absoluten Horror-Trip gemacht hat. Komm zum Punkt!

Ich hasse Amazon-Rezensionen

Zum Beispiel: »SUPER Buch. Sehr lustig, ich kann es wirklich JEDEM empfehlen!« – drei Sterne. Ganz besonders doof finde ich es auch, wenn die Leute sagen, dass ihnen ein Buch wirklich ausgesprochen gut gefallen hat, aber der Versand leider lange gedauert und der Karton bei der Ankunft beschädigt war (wofür der Autor natürlich sehr viel kann), deswegen leider nur ein Stern. Die schönste Fünf-Sterne-Rezension, die ich für eines meiner Bücher je erhalten habe, war jene, in der mit keinem Wort auf den Inhalt eingegangen, aber der Preis als »fair« bezeichnet wurde. Danke!

Ich hasse Blogger, die plötzlich »Experten« in einem Thema sind

Sie leben inzwischen zwei Wochen vegan und haben dabei nicht nur Sojajoghurt, sondern offenbar auch die Weisheit mit dem Löffel gefressen. Und nicht nur das: Alle, die nicht ebenfalls vegan leben, sind nun in ihren Augen dumm und uninformiert. Das regt mich wirklich sehr auf, denn ich habe das Gefühl, dass wir in einer Zeit leben, in der viele Leute Ärzten und Journalistinnen (ihr wisst schon, Menschen, die tatsächlich etwas *studiert* haben, um darin Experten zu werden) misstrauen, sich aber ihre Infos ohne kritisches Hinterfragen von BlissfulBianca97 holen. Die muss es ja wissen!

Ich hasse Blogger, die ein »großes Projekt« anteasern

Doch dann wollen sie nicht mehr darüber reden, weil sie »eigentlich nicht darüber reden« dürfen. Hier ganz heiße Neuigkeiten für dich: Sofern du nicht eine Verschwiegenheitserklärung unterzeichnet hast und 20.000 Euro bezahlen musst, wenn du etwas ausplapperst, *darfst* du darüber reden, Joshua! Du tust es nur nicht, weil du denkst, dass es dich vielbeschäftigt und mysteriös wirken lässt, wenn du – ähnlich wie beim Striptease – nicht immer gleich alles enthüllst, sondern bewusst zu wenig zeigst, damit deine Follower nach *mehr mehr mehr* lechzen. Denn wie allgemein bekannt sein sollte, bilden nicht etwa Offenheit und Authentizität, sondern Zurückhaltung und Geheimnistuerei die Grundsäulen des Influencer-Daseins.

Ich persönlich verliere sehr schnell das Interesse an den »geheimen Projekten« der Leute, denen ich folge, und bekomme eher Lust auf *weniger weniger weniger*, wenn sie nicht sofort mit der Sprache rausrücken.

Ohne Zweifel entpuppt sich ihr viel gehyptes »großes Projekt« nämlich meistens als riesige Enttäuschung: Nach monatelangen Halbhinweisen in den Instagram-Stories habe ich ohne Zweifel bereits eine Wette mit meinen Freunden am Laufen: Es sind bereits 500 Euro im Pott und Tipps reichen von »Schwangerschaft« bis hin zu »Geschlechtsumwandlung«. Doch dann wird nach einem halben Jahr stolz angekündigt, dass sie nun – genau wie absolut jeder – einen Podcast haben, in dem sie wöchentlich über so brisante Tabu-Themen wie »Lifestyle« und »Was ich in letzter Zeit so auf Netflix geschaut habe« sprechen werden. Wie langweilig!

Ich hasse Fishing for Compliments

Man kennt es: Ein Blogger macht eine Instagram-Story und schickt gleich mal vorweg, dass er heute einfach nur fürchterlich aussieht: ungewaschene Haare, Akne und kein Tupfen Make-up im Gesicht – also Dinge, die eigentlich völlig normal sind, besonders, wenn man nur zu Hause am Sofa lümmelt. Ich finde es etwas schwierig, wenn sie diese Bilder dann mit Sätzen wie »Heute bin ich so richtig hässlich, aber ich poste es trotzdem, für mehr Realität auf Instagram« veröffentlichen.

Das ist natürlich ein nobler Gedanke, aber wenn dir nicht danach ist, dann richte doch einfach mal keine Kamera auf dich, wie wär's? Und ganz ehrlich, ich fühle mich auch nicht unbedingt besser, wenn ich sehe, dass diese Menschen an ihren (wie sie meinen) »unattraktiven« Tagen noch immer besser aussehen als ich, wenn ich mich für einen Abend mit meinen Girls mal wieder so richtig aufgebrezelt habe.

Eigentlich kaufe ich den Leuten diese »Mehr Realität auf Instagram«-Masche auch nicht wirklich ab. Ich bin mir ziemlich sicher, dass sie einfach nur auf Komplimente aus sind. Sie wollen, dass jemand sagt: »Ach Manuel, du bist doch wunderschön!« Dann können sie antworten: »Das musst *du* gerade sagen, Rebecca, unsere kleine Beauty-Queen!«

Ich hasse den Begriff »Influencer«

Er impliziert, dass die Menschen, die Influencern folgen, eine leicht beeinflussbare Herde von Schafen sind, die blind den Empfehlungen ihres Anführers nachgehen. Da ich ja hie und da selbst mit bezahlten Social-Media-Postings mein Geld verdiene, weiß ich aber, dass viele Leute (zum Glück!) sehr kritisch sind, und dass auch das Argument »Junge Follower und Followerinnen können ja oft gar nicht eine bezahlte Werbung von einem ehrlichen Tipp unterscheiden!« nicht zutrifft: *Gerade* junge Follower und Followerinnen können das; immerhin wachsen sie mit diesen Inhalten auf.

»Influencer« ist für mich ein fürchterlicher Begriff, aber immer, wenn ich mich selbst als »Digital Content Creator auf Plattformen wie Instagram« vorstelle, komme ich mir nicht nur irrsinnig prätentiös vor, sondern ich werde auch ein paar Sekunden lang verdaddelt angeschaut, bevor mein Gegenüber sagt: »Influencer also?«

Ich hasse Leute, die sich als CEO ihres eigenen Blogs bezeichnen

Sie wollen vor allem das Wort »Influencer« umgehen. Laura Maria backt auf ihrem Blog öfter mal Kuchen und nennt sich daher »CEO und Girlboss bei LauraMariasDeliciousBakes«. Sorry, aber so funktioniert das nicht – du hast doch nicht mal eine Firma, sondern einfach um

20 Euro eine Domain gekauft. Ich kaufe mir ja auch nicht ein kleines Modellflugzeug und bezeichne mich daraufhin als »Pilot«.

Ich hasse Social-Media-Profile für Tiere

Ganz besonders, wenn die dort veröffentlichten Beiträge aus der Perspektive des Tiers verfasst sind. »Hallo, ich bin Schnuffi, und ich möchte gerne dein Freund sein, Wuff-Wuff! Hast du ein Leckerli für mich?« Bitte nicht, Schnuffi! Ich möchte gerne ein Frisbee für dich werfen und in die entgegengesetzte Richtung laufen, während du es holst. Solche Profile sind doch nur ein Schrei der Besitzer nach Aufmerksamkeit – ein Schrei, den ich leider nicht hören kann, weil ich mir gerade die Spotify-Playlist meiner Nachbarskatze anhöre.

Ich hasse es, wenn Leute Internetsprache im realen Leben verwenden

Es tut mir leid, aber das klingt einfach nur beknackt. Ich war letztens auf einer Party und habe mit einer neuen Bekanntschaft Smalltalk geführt, als sich mein Gegenüber plötzlich ein paar Erdnüsse in den Mund stopfte und mit weit aufgerissenen Augen »Omnomnom!« sagte. »Okay Michi, kein Grund, gleich über diese Person zu urteilen – nimm noch einen Schluck Wein und drück ein Auge zu!«, sagte ich mir. Doch später habe ich etwas äußerst Lustiges und Geistreiches gesagt, und die Person sah mich an, kicherte kurz und meinte dann: »LOL!« Da war ich mir ziemlich sicher, dass wir vermutlich keine Freunde werden würden. Zwei Internet-Floskeln in fünfzehn Minuten? Ein paar Stunden mehr mit dieser Person, und sie rollt bestimmt durch die Gänge der Party wie 3CPO aus *Star Wars* und brabbelt wahllos Dinge wie »Bleep Bloop Bamm-Bamm«.

Ich hasse Drucker

Drucker sind die Katzen unter den elektronischen Geräten, und manchmal haben sie einfach keine Lust auf dich. Wenn ich weiß, dass ich was drucken muss, zünde ich bereits eine Stunde vorher eine Entspannungs-Kerze an und vereinbare für gleich danach einen Massage-Termin. Nicht selten – zum Beispiel, wenn ich einen Vertrag ausdrucken, unterschreiben und dann wieder einscannen soll – sitze ich vor meinem gar-nicht-mal-so-alten Drucker und flehe ihn an: »Bitte druck doch einfach nur diese eine Seite aus! Es ist mir auch egal, ob Schwarz als Blau angezeigt wird. Ich will einfach nur diese eine Seite!«

Wir sind in der Technologie so weit gekommen: Man kann sich in Echtzeit mit Menschen unterhalten, die Tausende Kilometer entfernt wohnen. Leute werden in Metallröhren ins Weltall geschickt, und Teslas fahren sich von selbst an unsere Haustür. Aber sobald wir ein ganz einfaches A4-Dokument ausdrucken möchten, dauert das mindestens zehn Minuten und ist mit mehr wahnwitzigen Verwirrungen gespickt als jede Verwechslungskomödie. In erster Linie verstehe ich nicht, warum Drucker immer so laut sein müssen. Sobald man sie aktiviert, geben sie erstmal Geräusche von sich wie ein Siebzigjähriger, der versucht aus einem Sessel aufzustehen. Wenn es danach nicht gerade völlig grundlos einen »Papierstau« (?) gibt, muss man mal eben und ohne Vorwarnung eine – oder am besten gleich vier! – dieser 50 Euro teuren Patronen nachkaufen. Manchmal wäre es wirklich günstiger, stress-freier und auch schneller, einfach direkt ins Büro meines Vertragspartners in einer anderen Stadt zu fahren und den Vertrag dort zu unterschreiben.

Ich hasse Leute, die Social-Media-Shitstorms auf den Seiten großer Firmen anzetteln

Ihr wisst, welche Menschen ich meine: Leute, die so wütend darüber sind, dass sie im Supermarkt einen Salat gekauft haben, in dem sie eine RAUPE vorgefunden haben, dass sie nun ein ellenlanges Posting auf der Face-book-Seite der Supermarktkette veröffentlichen, das sich liest wie eine Aufforderung zum Duell. Prompt kommen über tausend Likes zusammen, weil auch andere Leute sich gerne aufregen. Hallo? Ist eine Raupe im Salat wirk-lich so schlimm? Ich persönlich nehme lieber einen Salat mit Raupe als einen genmanipulierten Salat, der von selbst aus der Verpackung kriecht. Außerdem: Was kann der Social-Media-Manager des Konzerns denn gegen deine Situation unternehmen? Wenn dich die Raupe wirklich so sehr stört, dann geh doch mit dem Salat in die Filiale, wo du ihn gekauft hast und beschwer dich dort. Ich gehe doch auch nicht auf die Social-Media-Seite der Stadt Wien um mich zu beschweren, dass es so viele Tauben in der Stadt gibt. Ich laufe hinter ihnen her und verscheuche sie, wie jeder normale Mensch.

Ich hasse Verschwörungstheoretiker auf Facebook

Bei denen drücke ich so schnell den »Freund entfernen«-Button, als wäre es der Buzzer in einer hektischen Quizshow. Wenn du deine Nachrichten von Websites wie 666verschwoerungstheorien.info bekommst, die nur in Comic Sans verfasst sind, ist das vermutlich kein allzu gutes Zeichen, Emilie. Ich denke, es wäre meine Pflicht als guter Bürger, aufklärend mit solchen Leuten zu sprechen, doch komme ich mir dabei immer vor, als würde ich gegen eine besonders dumme Wand anreden, da meine Verschwörungstheorien-liebenden Facebook-Bekanntschaften dann immer behaupten, sie MÜSSTEN auf diese Seiten zurückgreifen, weil die Mainstream-Medien ja nicht darüber berichten, dass das Coronavirus nur ein Komplott ist, um alte Menschen auszurotten. Okay! Aber wer sagt denn, dass das Internet so viel sicherer ist? Wird es nicht ebenfalls von den Eidechsen kontrolliert? Ich persönlich lasse mir meine Nachrichten nur noch vom Wind zuflüstern. *Was sagst du da? Elvis lebt?*

Ich hasse Leute mit gekauften Followern

Wie bitte? Du hast 90.000 Follower und die kommen alle aus Thailand, aber jeder deiner Beiträge hat nur elf Likes? Spannend! Das muss wohl wieder an diesem gefinkelten Algorithmus liegen.

Ich hasse Leute, die täglich Gym-Selfies posten

Nur weil sie zwei Wochen zuvor angefangen haben, Sport zu treiben. Wo sie früher noch relativ sympathische und authentische Inhalte aus ihrem Leben gebracht haben, füttern sie uns plötzlich tagtäglich mit verschwitzten Snapshots aus dem Fitness-Studio, auf denen sie spärlich bekleidet und erschöpft die Zunge rausstrecken, immer untermalt von inspirierenden Sprüchen wie »No pain, no gain #noexcuses«. Diese Leute haben keine »excuses«, um nicht ins Fitness-Studio zu gehen. Ich dagegen schon. Mir ist zu heiß, mir ist zu kalt, habe keine Lust, etc. Hie und da lassen sie es sich nicht nehmen zu sagen: »Na ja, ich weiß nicht, ob es nur an mir liegt, aber schön langsam sieht man doch Fortschritte, oder?« Ähm…ich glaube, es liegt wirklich nur an dir. Wenn du jeden Tag ein Bild von dir postest, sieht *niemand* Fortschritte.

In meiner Jugend gab es noch keine Social Media, und es war der absolute Himmel! Als Schüler konnten wir uns jeden Sommer zwei Monate von der Umgebung abschotten und an unserem neuen Look feilen. Dann kehrten wir triumphal in die Schule zurück, wie ein Phoenix aus der Asche. Die Leute waren fassungslos, dass Mitschüler Markus plötzlich einen so ausgeprägten Bizeps hatte. Aber dieser Spaß geht doch völlig verloren, wenn du jeden Tag – manchmal sogar jede Stunde – ein Bild deines Fortschritts postest!

Ich hasse es, wenn ich auf Social Media unabsichtlich etwas like

Letztens habe ich beim Putzen meines Handy-Displays unabsichtlich das Selfie einer ehemaligen Studienkollegin gelikt. Sie erkannte das fälschlicherweise sofort als meinen Versuch, »dort anzuknüpfen, wo wir aufgehört haben«, und lud mich binnen Sekunden zu einem Motto-Brunch ein.

Etwas Ähnliches ist mir auch passiert, als ich einmal auf Facebook gesehen habe, dass ein alter Freund (den ich allerdings etwas anstrengend fand) Geburtstag hatte und mir dachte: »Komm, Michi, sei mal nett und gratuliere dieser anstrengenden Person zum Geburtstag. Was kann schon schiefgehen?« Also schrieb ich: »Happy Birthday,

Leo!«, und Leo erwiderte sofort: »SCHÖN, ENDLICH VON DIR ZU HÖREN. Hast du Lust, mit mir am Freitag auf ein Ukulele-Konzert zu gehen? Du kannst bei mir in meinem Bett schlafen – I love you!« Da haben wir's wieder: Nettigkeit bringt nichts!

*****

Michis Tipps: In fünf Schritten zum Internet-Star

Da ich nun seit über zehn Jahren so intensive Selbstdarstellung im Internet betreibe, als wäre es mein Ziel, dass so wenig Leute wie möglich mich leiden können, sehe ich mich als Experte auf diesem Feld. Hier verrate ich euch meine fünf wichtigsten Tipps, mit denen ihr selbst zu einer waschechten Online-Persönlichkeit werden und sicherstellen könnt, dass all eure älteren Verwandten absolut verwirrt von euch sind und regelmäßig nachfragen, wie ihr denn jetzt eigentlich euer Geld verdient.

Sei dir gewiss, dass du eine einzigartige Schneeflocke bist

Ja, es gibt bereits unfassbar viele Influencer und Influencerinnen und ja, es ist im Internet womöglich schon wirklich *alles* einmal gesagt worden – aber sicherlich nicht von *DIR*! Es ist doch egal, ob da draußen bereits drei Millionen

BloggerInnen auf ihren Kanälen so emsig über »Fashion, Beauty & Lifestyle« berichten, als schrieben sie einen Liveticker aus einem Krisengebiet. Tja, mit dir sind das dann wohl drei Millionen *und eins*. Denk nicht zu viel darüber nach, ob du selbst Social-Media-Star werden solltest. Agiere mit dem Selbstbewusstsein eines alten weißen Mannes und nimm dir, was (du fälschlicherweise denkst, dass) dir gehört. Das Schlimmste, was passieren kann, ist, dass niemand deine Inhalte liest – außer vielleicht denen, die dich schon in der Schule nicht leiden konnten und nach der Entdeckung deines Contents bis in die frühen Morgenstunden schallend über dich lachen. Halb so wild!

Mutiere zur Content-Kanone

Wenn es darum geht, Inhalte für deine Kanäle zu produzieren, würde ich nicht zu lange darüber nachdenken, ob gewisse Lebenssituationen »gut genug für Instagram« sind.

Ich bitte dich! Ich habe bereits Leuten über die sozialen Medien live dabei zugesehen, wie sie detailgetreu die Zubereitung eines Kamillentees erklären. *Alles* ist gut genug für Instagram! Nimm uns mit in deinem Alltag und berichte darüber, als handle es über die neuesten brisanten Vorkommnisse aus dem Weißen Haus: Filme dich beim Zähneputzen, beim Chillen am Sofa und von mir aus auch bei der Koloskopie.

Verwirre deine Community

Zeigst du genug öde Szenen aus deinem Alltag, werden sich die Leute unvermeidlich denken: »Wow, er/sie ist ja genau so wie ich! Wie nahbar und authentisch – da folge ich gerne!« Nun, da du dir eine Community aufgebaut hast, ist es essentiell, dass du dir den erst kürzlich erlangten Ruhm so schnell wie möglich zu Kopf steigen lässt. Die Leute *lieben* das – der Größenwahn ist doch erst dieses gewisse Etwas, das einen Blogger zu einem regelrechten Internet-Star macht! Predige über Nachhaltigkeit und kaufe dir im nächsten Augenblick einen SUV. Warum denn nicht? Man wird sich ja wohl noch was gönnen dürfen, wenn man den ganzen Tag lang so hart bloggt. Deine Community muss lernen, dass du unberechenbar wie ein Hase bist: Wenn sie denken, du machst »Zick«, machst du stattdessen »Zack«, und wenn sie denken, du machst »Zack«, hängst du plötzlich den Veganismus an den Nagel und ernährst dich nur noch von Pferdefleisch. Beweise ein für alle Mal, dass du wie der Junge oder das Mädchen von nebenan bist – vorausgesetzt, man wohnt neben einer Anstalt für schwer erziehbare Kinder.

Geld regiert die Welt

Nun, da du deine Star-Attitüde nach außen trägst, wird es nicht mehr lange dauern, bis sich die ersten Firmen bei dir melden und dir bezahlte Kooperationen anbieten. Die oberste – und einzige – Regel, um möglichst viel Geld zu verdienen, lautet: Wirf deine Prinzipien über Bord und nimm alles an! Viele Blogger behaupten, dass sie wirklich nur Produkte bewerben, die sie »wirklich ins Herz geschlossen« haben. Wie wir wissen, kann man für die richtige Gage absolut *alles* ins Herz schließen. Zahn-Bleaching-Streifen? Na klaro! Dosentunfisch? Und ob! Eine Jahreskooperation mit einem Trampolinpark? Absolut, wenngleich natürlich nichts höher hüpfen kann als dein Herz, wenn das Geld auf deinem Konto ankommt.

Auf zu neuen Ufern

Nun, da du durch die authentische Zurschaustellung deines Alltags berühmt und reich geworden bist, ist es an der Zeit, der Sache, für die die Leute dich eigentlich lieben, ein für alle Mal den Rücken zuzukehren. Engagiere ein Team von Leuten, die deinen Instagram-Account für dich schmeißen, und Ghostwriter für deinen Blog, um deiner Social-Media-Präsenz die letzte persönliche Note zu nehmen. Vergiss, worum es dir zu Beginn deiner Online-Karriere eigentlich gegangen ist. Dafür hast du neben deiner Tätigkeit als CEO deines eigenen Unternehmens, mit dem du Halloween-Kostüme für Hunde produzierst, nun wirklich keine Zeit mehr. Zeig ein paar Allüren und wirf mit deinem Smartphone nach Leuten, wenn sie dich als »Influencerin« (die Bezeichnung, die du für die letzten fünf Jahre selbst verwendet hast) und *nicht* als »Hunde-Halloween-kostüm-Designerin« bezeichnen. Gratuliere! Jetzt bist du ein waschechter Internet-Star.

VII.
MANIEREN

Schon als Kind liebte ich Benimmbibeln. Von niedrigem Selbstbewusstsein geplagt, fand ich es schön, dass es Bücher gab, die einem vorschreiben, wie man sich in jeder erdenklichen Lebenssituation zu verhalten hat. Womöglich schürte diese Lektüre das Feuer meines Hasses erst so richtig, denn nachdem ich gelesen hatte, wie man sich richtig verhält, fiel mir auf, wie viele Leute in meinem Umfeld das eigentlich nicht taten. Nun hatte ich schriftliche Beweise dafür, dass mein Groll gegen die anderen mehr als berechtigt war. Grundsätzlich ist es mir ja egal, ob meine Begleitung weiß, mit welcher Gabel sie im Restaurant die Vorspeise essen soll. Vielmehr ist für mich der oberste Grundsatz guter Manieren, rücksichtsvoll durch das Leben zu gehen und immer in Betracht zu ziehen, wie andere Personen sich durch mein Verhalten fühlen. Doch manche Menschen haben so schlechte Manieren, dass ich euch ganz genau sagen kann, wie ich mich durch ihr Verhalten fühle: absolut hasserfüllt! Aber lest selbst.

Ich hasse es, wenn Leute zu spät kommen

Wie ist es im 21. Jahrhundert, in dem uns alle Geräte – von meiner Mikrowelle bis hin zu meinem Staubsauger – die Uhrzeit anzeigen, überhaupt noch möglich, die Zeit zu vergessen und zu spät zu kommen? Ich bin da wirklich streng: Lässt eine Verabredung bis einschließlich fünfzehn Minuten nach dem vereinbarten Treffzeitpunkt nichts von sich hören und reagiert auch nicht auf meine »Bist du gestorben?«-SMS, gehe ich einfach wieder nach Hause. Einmal hat mich eine Bekannte dringend um einen Termin gebeten und war sehr bestimmend in der Wahl des Orts und des Zeitpunkts – 10:30 Uhr in ihrem Lieblingscafé! Umso überraschter war ich, als sie dann einfach nicht aufkreuzte. Ein paar Minuten, nachdem ich es mir wieder in meinem Bett gemütlich gemacht hatte, kam dann ihre Rechtfertigung: Es tut mir leid, Michael, mein Wecker hat einfach nicht geklingelt. *Bullshit!* Das ist doch wirklich nur eine faule Ausrede. Welcher Wecker klingelt denn bitte nicht? Es ist seine einzige Aufgabe! Und selbst *wenn* mein Wecker nicht klingeln würde, würde ich nie im Leben bis 10:30 Uhr schlafen! Meine innere Anspannung davor, einen Termin zu verpassen, ist so stark, dass ich am Vorabend ein Glas Wodka Martini von der Größe meines eigenen Kopfes trinken und erst um 5 Uhr ins Bett gehen könnte und dann *trotzdem* spätestens um 7:30 Uhr ohne Wecker aufwachen würde. Und würde ich mir den Wecker auf 7:30 Uhr stellen, würde ich um 7:29 Uhr aufwachen.

Genauso sehr hasse ich es übrigens, wenn Leute sagen, sie hätten einen Termin verpasst, da sie »die Zeit vergessen« hätten. »Michael, es war verrückt! Ich dachte, es wäre Punkt zwölf, dabei war es bereits 15 Uhr. Ich habe einfach die Zeit vergessen!« Was sind denn das für Menschen? Ich würde auch gern einmal so viel Spaß bei einer Sache haben, dass ich »die Zeit vergesse«, aber nein: In meinem Kopf lebt ein Feldwebel mit einer Schweizer Taschenuhr, der immer ganz genau weiß, wie spät es ist und nicht zu viel Spaß zulässt. Es ist fürchterlich, aber wenigstens komme ich nie zu spät.

Ich hasse Leute, die zu eigenartigen Uhrzeiten anrufen

Ich habe es bereits gesagt, und ich werde es wieder sagen: Anrufe – besonders jene beruflicher Natur – sind meiner Meinung nach nur zwischen 8 und 20 Uhr erlaubt. Wenn du mich um 21 Uhr anrufst, während ich meinen Freund gerade zwinge, mir viel zu viel Fußcreme auf meine trockenen Sohlen zu reiben, handelt es sich besser um einen Notfall. In letzter Zeit werde ich auch sehr oft um Punkt 12 Uhr angerufen, was ich ebenfalls für eine riesige Unart halte. In meinem Freundeskreis werde ich immer dafür belächelt, dass ich meine Mahlzeiten einnehme wie ein überpünktlicher Rentner, der bereits fünf Minuten vor Ladenöffnung vor dem Supermarkt steht und kritisch seine Taschenuhr mustert, während er ungeduldig mit dem Fußballen wippt. Ich frühstücke um 7 Uhr, esse um 12 Uhr zu Mittag und mein Abendessen wird pünktlich um 18 Uhr eingenommen – *KEINE AUSNAHMEN!* Auch ohne diesen Funfact zu meiner Nahrungsaufnahme im Hinterkopf halte ich es für frech, jemanden um 12 Uhr anzurufen. Was denken sich die Leute? »Michi sitzt sicher gerade arbeitsbereit an seinem Schreibtisch und hat bestimmt keine halbe Hühnerkeule im Mund«? Wenn ich genauer darüber nachdenke, halte ich Anrufe generell zu absolut jeder Uhrzeit für wahnsinnig unhöflich. Schreibt mir lieber eine E-Mail, auf die ich dann zwei Tage lang nicht antworten kann.

Ich hasse es, mit einer neuen Bekanntschaft alleingelassen zu werden

Sagen wir, ich bin mit meinem Freund Heiko zum Essen verabredet und er fragt mich, ob er spontan auch seine Mutter mitnehmen kann. Vielleicht habe ich mir ja an diesem Tag vorgenommen, nicht so ein absoluter Misanthrop zu sein wie sonst und sage: »Ja natürlich, gar kein Problem!« Kaum kreuzt Heiko aber mit seiner Mama auf, entschuldigt er sich mal eben für fünfzehn Minuten auf die Toilette. *Unhöflich!* Ich persönlich würde das ja nie machen; zumindest nicht, bis ich mir sicher bin, dass meine Gäste sich auch ohne meine Hilfe gut unterhalten können. Kannst du nicht wenigstens kurz bleiben und eine Smalltalk-Brücke für uns legen, Heiko? Du könntest zum Beispiel sagen: »Michael, meine Mama bäckt gerne

Torten. Mama, Michael isst manchmal alleine eine ganze Torte!« Super, jetzt haben wir ein Gesprächsthema! Stattdessen liegt es nun an mir, Smalltalk mit einer Person zu führen, über die ich überhaupt nichts weiß und mit der ich mich vermutlich auch nicht freiwillig treffen würde. Ohne Zweifel sage ich nach ein paar Sekunden beschämten Schweigens dann etwas Blödes und total Unangebrachtes wie: »Na… der Heiko ist also Ihrer Vagina entsprungen, oder wie war das genau?«

Ich hasse es, wenn Leute keine genauen Zeitangaben machen

Sie wollen mit mir »am späten Nachmittag« etwas unternehmen. Oder sie meinen: »Ich melde mich dann bei dir, wenn ich Zeit habe – so genau kann ich das jetzt noch nicht sagen…« Okay? Warum? Treibst und beschreibst du gerade ein waghalsiges Selbstexperiment für *VICE*, bei dem du eine Woche lang ohne Uhr lebst? Als überaus zuvorkommender Freund halte ich mir also schon mal den »späten Nachmittag« frei, der – wie wir alle wissen – um 16:30 Uhr beginnt und um 18:00 Uhr endet, nur damit sich diese Person dann um 20:00 Uhr meldet und sagt: »Sooo, jetzt habe ich gut Zeit, was machen wir?« Sorry, aber es ist per Definition schon offiziell »Abend« und Papa hat weder Lust noch ist er jetzt noch nüchtern genug, um in die Straßenbahn zu steigen. Ich wünsch dir beim nächsten Mal mehr Glück!

Ich hasse Leute, die beim Telefonieren mit mir nebenbei etwas anderes machen

Und sie glauben dann auch noch, ich würde es nicht merken. Gerade erzähle ich eine wahnsinnig spannende Geschichte darüber, dass ich *Game of Thrones* nicht mag. »Warum nur sind alle so scharf darauf, auf einem Thron aus Schwertern zu sitzen? Ich habe mich mal beim Brunch unabsichtlich auf ein Buttermesser gesetzt und das hat mir gereicht«, schimpfe ich ins Telefon und höre ganz genau, dass die andere Person nebenbei etwas isst, den Abwasch macht oder – am schlimmsten – gerade auf der Toilette sitzt und versucht, die Spülung als »unerwarteten Regenschauer« zu tarnen. Ich bin ohnehin kein Fan von Telefonaten. Ein Telefongespräch mit mir dauert sogar noch kürzer als so manche Promi-Ehe. Also gebt mir einfach fünf Minuten eurer uneingeschränkten Aufmerksamkeit. Ich stutze mir während deiner Poetry-Slam-Auftritte, zu denen du mich ständig einlädst, ja auch nicht die Fußnägel.

Ich hasse Leute, die ohne Gastgeschenk aufkreuzen

Ist man zu einer Party eingeladen, sagt einem der Gastgeber doch indirekt: »Ich mag dich – komm in meine Wohnung und lass mich dir zu essen und zu trinken geben und dich umsorgen, als wärst du ein kleines Vogelbaby, das aus dem Nest gefallen ist!« Bin *ich* dieser Gastgeber, füge ich außerdem indirekt hinzu: Und ich hoffe, du kommst mit so vollen Händen bei mir an, dass du die Türklingel mit dem Ellbogen betätigen musst. Ich finde es absolut unhöflich, wenn das einzige »kleine Geschenk«, das manche Gäste mir hinterlassen, die Popcorn sind, die sie um drei Uhr morgens auf meiner Toilette wieder hochgewürgt haben. Bring das nächste Mal wenigstens eine kleine Flasche Wein mit, Miriam!

Ich hasse kranke Menschen, die trotzdem das Haus verlassen

Niemand denkt, dass du ein Held bist, weil du mit 39 Grad Fieber zum Vorglühen auftauchst. Und wenn du schon darauf besteht, hier zu sein, dann verwende doch wenigstens ein Taschentuch und nies nicht auf meine Pommes, die ich mir gerade gönne, um das Ende meiner – nach nur drei Stunden abgebrochenen – Saftkur zu zelebrieren. Wenn ich von fremden Leuten angespuckt werden möchte, gibt es sicher Apps, bei denen ich das inserieren könnte. Das Einzige, was *ich* ohne Handvorhalten rausschleudere, ist Hass. Also bitte geh nach Hause und erhole dich!

Ich hasse Leute, die einen Gefallen ausreizen

Unlängst hat eine Bekannte ein Buch geschrieben und mich gefragt, ob ich gerne ein Exemplar davon haben möchte.

Mit Büchern ist es wie mit Babys: Wenn die Eltern fragen »Willst du ein Bild von unserem Baby sehen?«, kann ich ja auch nicht sagen: »Weißt du was, nein! Kein Bedarf!« – auch wenn mir wirklich oft danach ist. Die Liste an Büchern, die ich lesen möchte, ist sogar noch länger als die Liste an rezeptfreien Schlafmitteln, die ich unbedingt ausprobieren will, also macht man mir mit einem unerwarteten Buch keine allzu große Freude. Ich werde es wohl kaum in nächster Zeit lesen. Höflichkeitshalber habe ich natürlich gesagt: »Gratuliere! Na klar, immer her mit dem Buch!« – und gedacht, die Sache wäre damit gegessen. Doch da hatte ich die Rechnung ohne meine Bekannte gemacht! Prompt wollte sie als »Wiedergutmachung« für den monumentalen Gefallen, den sie mir mit diesem Buch getan hat, vier Freikarten für meine Kabarett-Show. Außerdem fände sie es »sehr nett«, wenn ich das Buch auch auf Instagram erwähnen könnte.

Sonst noch was, Laura? Dein Buch kostet 9,99 Euro, und streng genommen hättest du für diesen »Gefallen« (den ich nie wollte!) nicht mal ein halbes Kabarett-Ticket bei mir gut. Gibst du mir die restlichen 1.132,71 Euro in bar, oder soll ich dir meine Bankdaten nennen?

Ich hasse gemeine Komplimente

Manche Menschen sagen dir etwas Nettes wie: »Michael, heute siehst du richtig gut aus. Mal gepflegt und gebürstet – top!«, und erst Stunden später fällt es dir wie Schuppen von den Augen: »Moment, so nett war das gar nicht!«, sagst du, während du schockiert vor dem Spiegel dein Wattepad fallen lässt. *Heute* sah ich also gut aus? Sonst nicht, Timon? Was für eine tolle Art zu sagen: »Schöner Mann, wer sind Sie, und was haben Sie mit meinem hässlichen Freund Michael gemacht?« Auch hasse ich es, wenn Leute mich subtil beleidigen, indem sie andeuten, von meinem guten Verhalten »überrascht« zu sein: »Michael, ich bin überrascht! Das Mittagessen, das du heute für mich gekocht hast, war wirklich gut. Aber als die Einladung kam, habe ich mir direkt Magenbitter besorgt und mich zum Abendessen mit einem anderen Freund verabredet. Und nun hast du mich positiv überrascht!« Okay, ich hab's verstanden: Du warst der festen Überzeugung, dass ein Waschbär auf einer Müllhalde was Besseres zu essen finden würde als du bei mir, und du wurdest also positiv überrascht. Nur, könntest du das nicht etwas anders formulieren?

Ich hasse Pietätlosigkeit

Ich weiß schon, wir alle sind auf Likes und Retweets aus, aber oft ist nach dem Ableben einer prominenten Person noch nicht mal die Leichenstarre eingetreten, ehe die Leute schon ihre Gags auf Twitter rausballern. Wenn ich mal sterbe – was ich nicht zu tun gedenke –, gibt es ein striktes dreitägiges Gag-Verbot. Und wer dann noch den Drang zu einer humoristischen Aussage verspürt, soll sich gerne auf meiner Beerdigung äußern.

Ich hasse Großstädter, die meinen Gruß nicht erwidern

Es ist doch wohl die grundlegendste Form des Respekts zurückzugrüßen, wenn eine andere Person »Hallo!« sagt – in meinem alten Wohnhaus aber waren die Chancen, je einen Gruß von meinen Nachbarn zu hören, in etwa so groß wie meine Chancen, *Germany's Next Topmodel* zu werden. Sie sahen mich immerzu völlig verdattert an, als hätte noch nie in ihrem ganzen Leben jemand »Hallo« zu ihnen gesagt. (Was bedeutet dieses mysteriöse Wort überhaupt?) Oder hielten sie es bloß für das Jaulen des Windes in der Ferne? Manchmal machte ich mir einen Spaß daraus und setzte noch ein »Na, wie geht's?« obendrauf, woraufhin meine Nachbarn so aussahen, als würden sich ihre Köpfe gleich schnell um die eigene Achse drehen und schließlich explodieren. Ich verstehe das nicht! Selbst, wenn mir ein Mörder mit einer Axt in der Hand entgegenkommt, würde ich ihn vermutlich zurückgrüßen, wenn er nett »Hallo!« sagen würde.

Ich hasse Leute, die bei gemeinsamen Treffen nur am Handy sind

Dadurch wird angedeutet, dass die Person eigentlich lieber mit anderen Menschen abhängen würde als mit der traurigen Bagage, von der sie sich gerade umgeben findet. Schon unzählige Male habe ich daher vorgeschlagen, am Eingang von Partys einen kleinen Korb anzubringen, in den jeder sein Smartphone legen und Strafe zahlen muss, wenn er es sich unerlaubterweise zurückholt. Nur steigt nie jemand auf meine tolle Idee ein!

Auf Influencer-Events wird das natürlich ad absurdum geführt: Nicht nur ist dort jeder durchgehend auf seinem Smartphone, nein, die Leute performen auch ausschließlich für die Kamera und stellen sich für fünf Sekunden auf die Tanzfläche, damit es in einem lustigen Boomerang so aussieht, als hätten sie Spaß. Dann posten sie ein paar Bilder von dem »leckeren Essen« in ihre Story und verwenden den Hashtag #foodcoma, essen aber keinen einzigen Bissen davon. Macht doch alle, was ihr wollt, aber lasst bitte das Leben nicht so an euch vorbeiziehen!

Ich hasse es, wenn Leute sagen: »Ich möchte dich ja nicht beleidigen, aber...«

Und sie tun es dann trotzdem. Dass du vorausschickst, dass du eine Sache eigentlich gar nicht tun möchtest, und sie dann trotzdem tust, finde ich fast noch unhöflicher, als wenn du einfach zu deinen Handlungen stehen würdest. Bist du denn nicht Herr über dich selbst? Oder warum tust du Dinge, die du gar nicht willst? Ich persönlich möchte dir ja nicht wehtun, aber meine Faust ist bereits in der Luft. Vielleicht ist das ja auch die beste und effektivste Ausrede aller Zeiten, um immer gut dazustehen. »Ich möchte ja wirklich keine Wertpapiere klauen, aber – *oops*, leider schon passiert!«

Ich hasse bescheidenes Angeben

Wir alle haben früh gelernt, dass Prahlen keine Tugend ist. Nun haben manche Leute aber so einen ausgeprägten Geltungsdrang, dass sie sich dazu verleitet fühlen anzugeben, bis sich die Balken biegen – nur auf eine Art und Weise, die suggeriert, dass sie das ja eigentlich gar nicht wollen. Welche Misere! Ich war unlängst auf einer Party und lernte dort Barbara kennen; eine eigentlich ganz nette, junge Dame, die aber bereits nach fünf Minuten im Smalltalk Dinge hauchte wie: »Schön, dass wir uns hier kennenlernen und nicht anderswo…denn ich will ja nicht, dass die Leute wissen, was mein Vater macht…« *Nun, du hast Glück, Barbara! Es interessiert mich nicht die Bohne, was dein Vater macht, und ich werde dir keine Fragen dazu stellen!*, dachte ich mir und redete einfach über etwas anderes. Ein paar Minuten vergingen, bis mein Gegenüber wieder loslegte: »Weißt du, Michael, viele Leute sehen mich mit anderen Augen, wenn sie wissen, aus welcher Art von Familie ich komme…« Weil ich diese Unterhaltung inzwischen so schnell wie möglich verlassen wollte, fragte ich einfach: »Raus mit der Sprache: Was macht dein Vater?« Barbara legte ganz schlechtes Schauspiel an den Tag, bei dem sie so tat, als wäre es ihr fürchterlich unangenehm, das jetzt zu enthüllen. Und sie gestand, dass sie die Erbin einer reichen Kaufhaus-Familie sei. *Oh mein Gott, du armes Ding, das klingt ja ganz fürchterlich. Mein herzliches Beileid.* Und hier noch mein Tipp für den Weg: Wenn du nicht willst, dass alle wissen, was deine Familie macht, musst du auch nicht ständig pseudo-bescheiden darauf anspielen.

Ich hasse Leute, die mir nicht in die Augen schauen

Vor allem beim Sex! Wofür bezahle ich dich überhaupt? In Gesprächen mit meinem Bekannten Gerald ist sein Blick entweder hinter mich, oder starr auf meinen Oberkörper gerichtet, was nicht selten dazu führt, dass ich – wie eine Leinwand-Lolita aus den 1940er-Jahren – etwas hauchen muss wie: »Ich bitte Sie, mein gnädiger Herr! Meine Augen sind hier oben!« Immer, wenn ich mich bei anderen über dieses Phänomen aufrege, bitten mich die Leute um Einsicht, da Gerald doch mit Sicherheit den Blickkontakt nur meide, weil er so »schüchtern« sei. Schüchtern? Ich bitte euch! Die Leute aus unserem Freundeskreis, die noch nicht seine Nippel gesehen haben, kann ich an einer Hand abzählen! Nein, er gibt mir den Eindruck, als fände er das Gespräch mit mir so anstrengend, dass er ständig hinter mir nach jemandem Ausschau halten muss, der ihn von seinen Qualen erlösen könnte.

Ich hasse Leute, die ungefragt Kommentare zu meinem Äußeren abgeben

Wenn ich nicht gerade gefragt habe: »Hand aufs Herz, Bärbel: Findest du eigentlich, dass ich zugenommen habe?« (und warum sollte ich das tun? Ich bin doch nicht komplett irre!), dann verlier bitte kein Wort über meine

Gewichtszunahme, die ich im Übrigen mit der Lüge rechtfertige, ich würde mich – ähnlich wie Renée Zellweger für die *Bridget-Jones*-Filme – gerade auf eine Rolle vorbereiten, die laut Drehbuch zehn Kilo mehr wiegt als ich. »Der Regisseur will, dass ich viertausend Kilokalorien am Tag zu mir nehme. Na gut, Mister Hollywood! Was tut man nicht alles für die Künste, habe ich nicht recht?«

Außerdem kann man sich doch sicher sein, dass alle Leute bestens über ihre Makel Bescheid wissen. Veröffentliche ich im Internet ein Bild, auf dem ich eine kurze Hose trage, kann ich mir sicher sein, dass mindestens zehn Leute kommentieren, um mir zu sagen, dass ich ganz schön haarige Beine habe. Danke, Laura, dass du es mir sagst, das wäre mir sonst ja nie aufgefallen. Hey, ich *weiß*, dass ich haarige Beine habe! Ich bin behaart wie ein Schimpanse. Dr. Jane Goodall hat mich zwei Monate lang verfolgt, weil sie mein Verhalten beobachten und Schlüsse daraus ziehen wollte. Es war wunderbar. Wenn du etwas an meinem Aussehen kritisieren möchtest, das sich nicht – wie Spinat zwischen den Zähnen – innerhalb einer Minute problemlos lösen lässt, lass es bitte bleiben!

Ich hasse es, über Geld zu sprechen

Aber viele Leute sind so fasziniert von der Art und Weise, wie ich Geld verdiene, dass sie ständig wissen wollen, wie viel ich genau verdiene. Warum all diese Fragen? Bist du mein Steuerberater? Behandeln wir Geld einfach wie

meinen Ausraster letztens bei Starbucks, als die Eiswür-
fel aus waren, und reden wir bitte einfach nicht darüber.
Schlimmer noch finde ich es ja fast, wenn Leute meine mittlerweile über zehn Jahre lange Karriere betrachten und
mich dann allen Ernstes fragen: »Kannst du damit eigentlich
Geld verdienen?« Aber natürlich, warum würde ich es denn
sonst machen? Weil es Spaß macht? Ich bitte dich! Du solltest mich gut genug kennen, um zu wissen, dass ich ohne
eine satte Gage gar nicht erst aus dem Bett aufstehe, Jan.

Ich hasse es, wenn mich jemand mit »junger Mann« anspricht

Als ich fünfzehn war, langes Haar trug und ein eher rundli-
ches Gesicht hatte, wurde ich regelmäßig als »junges Fräu-
lein« angesprochen, also sollte ich mich dieser Tage vielleicht glücklich darüber schätzen, dass zumindest meine
Gender-Identität richtig eingeschätzt wird. Aber welchen
Zweck erfüllt so eine Anrede denn bitte? Ich sage ja auch
nicht »Hey, alte Lady!« oder »Grüß Gott, dicker Typ!«.

Ich hasse Leute, die ein Treffen fünf Minuten, bevor es hätte stattfinden sollen, wieder absagen

Ihnen sei »etwas Wichtigeres« dazwischengekommen.
Hallo? Ich finde mich auch wichtig. Hättest du mir nicht eher

Bescheid sagen können? Überpünktlich, wie ich bin, sitze ich schon seit fünfzehn Minuten in diesem Café und nibble an einer Antipasti-Platte für zwei Personen, die ich nun wohl oder übel alleine aufessen muss. Das nächste Mal drehe ich den Spieß um: Wenn wir bereits gemeinsam im Restaurant sitzen und etwas essen, werde ich dich plötzlich ansehen und sagen: »Ist es zu spät, dieses Treffen noch abzusagen?«

Ich hasse Leute, die unfreundlich zu Kellnern, Verkäuferinnen oder Menschen aus dem Dienstleistungsbereich sind

Dann ist es mir auch wirklich egal, ob sie mir bei einem Date Honig ums Maul schmieren: Wenn sie es nicht schaffen, unserem Kellner in die Augen zu schauen und »Bitte« oder »Danke« zu sagen, werden sie weder Einlass in mein Herz noch in meine Hose erlangen. Lasst es euch gesagt sein: Der Tag wird kommen, an dem euer Gegenüber auch euch so mies behandeln wird wie den Kellner. Die Warnsignale waren die ganze Zeit über da!

Ich hasse Leute, die mich nicht zu Wort kommen lassen

Und die mir außerdem beim gemeinsamen Abendessen keine einzige Frage zu meinem liebsten Thema stellen:

mir selbst! Ich habe kein Problem damit, wenn Leute mir etwas erzählen, und ich höre dem 45-minütigen Monolog über die Milchindustrie auch geduldig zu, aber es wird der Punkt kommen, an dem ich völlig unverblümt etwas sagen werde wie »Von *Milch* zu *Michi* – reden wir doch mal über mich!« und anfange, über meine Schlafschwierigkeiten zu sprechen. Garantiert unterbricht mich mein Gegenüber dann mitten in meiner Anekdote (was eigentlich ein weiterer Hass-Punkt für sich ist!) und sagt etwas wie »Weißt du, wer ganz schlecht schläft? KÜHE! Diese fürchterliche Milchindustrie, ich sage es dir…«, womit wir schon wieder beim eigentlichen Thema wären. Beziehungen sind ein Geben und Nehmen, aber bei manchen Treffen komme ich mir vor, als würde ich mehr nehmen als ein Flugbegleiter, der den Müll seiner Passagiere einsammelt.

*****

Michis Crashkurs für gutes Benehmen

Natürlich bin ich davon überzeugt, dass die meisten Menschen, die dieses Buch in Händen halten, wunderbare Leute sind und bereits über absolute Premium-Manieren verfügen. Leider fällt mir aber in meinem eigenen Umfeld immer wieder auf, dass die Leute oft ganz alltägliches gutes Benehmen vergessen. Hier einige Anregungen, um unser Miteinander harmonischer zu gestalten, die ich keinesfalls für mich behalten werde, wenn ich das nächste Mal sehe, wie jemand auf den Boden spuckt.

Die magischen Worte

Es ist unfassbar für mich, dass manche Leute es einfach nicht schaffen, »Bitte«, »Danke« oder gar »Hallo« zu sagen – das sind doch wohl die absoluten Basics! Immer wieder beobachte ich Leute im Restaurant, die ihrem Kellner oder ihrer Kellnerin zusammenhangslos »Apfelsaft!« entgegenschreien. Wir brauchen mehr Kontext: Möchtest du, dass sie dir einen Apfelsaft bringen, oder befindest du dich gerade auf einem Date mit BDSM-Fokus, bei dem »Apfelsaft!« das vereinbarte Safeword ist?

Sei rücksichtsvoll

Das letzte Mal, als mir jemand die Tür aufgehalten hat, war das, um mich hochkant aus seiner Wohnung zu werfen. Dabei finde ich es eine der schönsten Gesten, einer anderen Person vorausschauend die Tür aufzuhalten oder ihr einen Sitzplatz in den öffentlichen Verkehrsmitteln anzubieten. Aus meinem Freundeskreis weiß ich, dass besonders viele Männer die Angst haben, es könnte sexistisch wirken, wenn sie einer Frau die Tür aufhalten. Ich bitte dich, Jochen! Die »lustigen Cartoons«, die du mir ständig auf WhatsApp schickst, sind sexistisch. Jemandem die Tür aufzuhalten ist es nicht.

Sei doch mal spendabel

Ich erwarte ja gar nicht, dass meine Freunde mir Geburtstagsgeschenke machen oder mich hie und da zum Essen einladen. Aber es gibt Situationen, in denen ein bisschen Großzügigkeit durchaus angebracht wäre. Zum Beispiel habe ich in meinem Bekanntenkreis schon unzähligen Personen bei ihren Bachelor- oder Masterarbeiten geholfen, weil ich als Influencer nun mal leider einen Beruf habe, über den die Leute gerne Arbeiten schreiben (das wäre *nie* passiert, wenn ich – wie von meinen Eltern erwünscht – Bankangestellter geworden wäre). »Komm schon, Michi, triff dich mit den Leuten zum Interview! Es dauert vielleicht mehrere Stunden, aber wenigstens springt dabei ein Gratiskaffee für dich raus!«, dachte ich mir dann immer. Doch am Ende einer wahnsinnig langen verhörähnlichen Situation, von der ich absolut keinen Mehrwert hatte, musste ich dann auch noch meinen eigenen Kaffee bezahlen – und manchmal auch den meines Gegenübers, weil es gerade kein Geld dabeihatte. Ich sage ja nicht, dass man das machen muss; ich sage nur, dass es manchmal ganz höflich ist, den Leuten, die dir einen Gefallen tun, durch eine Einladung deine Wertschätzung zu zeigen.

Sei präsent

Wäre es möglich, dass wir alle von unseren Handys aufschauen und die Kopfhörer rausnehmen, wenn wir mit anderen Leuten interagieren? Nichts sagt deutlicher: »Du und alles, was du zu sagen hast, interessieren mich nicht die Bohne!«, als während einer Interaktion weiterhin die AirPods im Ohr zu haben. Ich weiß, dass du wahrscheinlich gerade den entspannenden Klängen von Katie Melua lauschst, Larissa, aber die Person an der Supermarktkasse hat dir vielleicht was zu sagen und deine volle Aufmerksamkeit verdient. Was, wenn sie dich auf einen Mengenrabatt auf Paprika aufmerksam macht, den du dir entgehen lässt, weil du gerade »Nine Million Bicycles« hörst? Selbst schuld!

Sei einfach kein Arschloch

VIII.
SHOPPING

Ich habe nicht sonderlich viele Laster im Leben. Seit ich den Traumata meiner Kindheit nicht mehr mit Wodka Martinis, sondern mit Psychotherapie auf den Grund gehe, trinke ich viel weniger (hie und da ein Martini ist trotzdem super) und habe auch nicht mehr das Bedürfnis, nach meinem dritten Glas eine Packung Marlboro Gold zu inhalieren. Fortschritte! Nun, da ich nicht mehr lebe wie Lindsay Lohan im Jahr 2007, kann ich getrost Shopping als mein größtes Laster bezeichnen: Ich liebe es einfach, Dinge zu kaufen! Während andere Leute den Minimalismus lieben, fröne ich dem Maximalismus und möchte immer *mehr, mehr, mehr*.

Nicht nur das, ich bin auch einer von diesen Menschen, die einfach nicht dazulernen und sich von jedem Kauf ein völlig neues Leben erwarten, frei nach dem Motto »Mein Leben bis jetzt war ganz nett, aber es wird erst so richtig losgehen, wenn ich erst mal diese silbernen Stiefel besitze und in der ganzen Stadt nur noch als *Der Junge mit den silbernen Stiefeln* bekannt sein werde.« (Dass solch eine Neuanschaffung selten meine gigantischen Erwartungen erfüllt hat, war mir übrigens noch nie eine Lehre.)

Einmal haben wir in einer Uni-Vorlesung über Marketing-Tricks gelernt, dass die Werbung für ein Gesichtsserum mit ulkigen DNA-Grafiken und einem tickenden Uhrengeräusch subtil darauf hinweise, dass dieses Serum die Spuren der Zeit rückgängig machen könne. »So ein Nonsens! Wer fällt den bloß auf so was rein?«, wunderten sich meine Kommilitoninnen und waren ob dieses Werbetricks völlig aufgebracht. Aber nicht ich! Ich bin nach der Vorlesung schnurstracks in die nächste Drogerie gelaufen, habe mir das Serum gekauft und bin mir ziemlich sicher, dass ich nach seiner Verwendung um mehrere Tage jünger ausgesehen habe. Ihr merkt also: Beim Shopping kenne ich mich aus. Und wo ich mich auskenne, finde ich auch immer etwas zum Hassen…

Ich hasse Verkäufer und Verkäuferinnen, die mich direkt nach Betreten des Shops fragen, ob ich etwas Bestimmtes suche

Ich kann mich dann nur schwer davon abhalten, direkt in meine Angriffspfeife zu pusten und mich tot zu stellen, bis der Angreifer wieder weg ist. Ja, in der Regel bin ich tatsächlich auf der Suche nach etwas Bestimmtem, aber ich würde mich eher lebendig begraben lassen, als im DVD-Laden zuzugeben, dass ich die Fitness-DVD »Tanz dich fit! (Diamond Edition)« von Detlef D! Soost suche. Also sage ich: »Ich schaue nur!« Besonders schlimm ist es allerdings in winzigen Boutiquen, wo die Verkäuferinnen ein »Ich schaue nur!« als offene Einladung ansehen, mich ganz genau zu beobachten, als wäre hinter meinem Rücken ein Newsletter mit meinem Foto und der Überschrift »Achtung! Berüchtigter Ladendieb wieder auf freiem Fuß!« herumgegangen.

Ich hasse es aber auch, wenn Verkäuferinnen mein »Hallo!« nicht erwidern

Dann werde ich einfach nicht zurückgegrüßt, obwohl der ganze Laden so groß ist wie Saddam Husseins Erdloch. Bin ich etwa ein Vampir, den nur die Auserwählten sehen können? Einmal wollte mir ein Freund einbläuen, dass das ein Stadt/Land-Konflikt sei, indem er mich fragte: »Dass man beim Betreten eines Geschäfts grüßt, kennst du sicher nur aus deiner Zeit am Land, oder?« Nein, Simon, das kenne noch aus der Zeit, als ich nicht ausschließlich von Arschlöchern umgeben war, die nicht mal einen einfachen Gruß erwidern können.

Ich hasse »hippe« Boutiquen und ihre verrückten Öffnungszeiten

Mo: 10:00 – 13:00
Di: 10:00 – 13:00
Mi: Geschlossen – Verkäuferin hat Yoga
Do: ca. 15:45 – 16:15
Fr: Geöffnet je nach Mondphase & Laune

Ich hasse überengagierte Verkäufer

Besonders, wenn ich mir neue Jeans kaufe. Schlimmer nur, als dass ich selbst mit der Erkenntnis leben muss, dass meine »eigentliche« Standard-Größe 28/31 mir schon so lange nicht mehr passt, dass ich für mein letztes Paar in dieser Größe noch mit Schilling bezahlt habe, ist wohl, dass nun auch die überengagierte Verkäuferin Gretl in Mitleidenschaft gezogen wird. Mit perfektem Timing steckt sie immer genau dann, wenn ich schweißgebadet versuche, einen Knopf zu schließen, und entscheide, fortan keine Kohlehydrate mehr zu essen, ihren Kopf durch den Vorhang und fragt: »Na, hat alles Platz? Darf es vielleicht *noch* eine Größe größer sein?« Eines der Probleme an dieser Situation ist natürlich, dass meine Größe bei jeder Jeans-Marke dieser Welt eine völlig andere ist, und ich mir deshalb beim Anprobieren einer Hose in meiner »Standard-Größe« nicht selten so vorkomme, als würde ich Würste stopfen. Am Ende dieses Unterfangens sind Gretl und ich wie Verbündete, die gemeinsam in den Krieg gezogen sind und überlebt haben, und ich bin so erleichtert, endlich Jeans gefunden zu haben, die mir passen, dass ich dasselbe Modell nun in fünf verschiedenen Farben und Stilen kaufe – nur um zu Hause festzustellen, dass auch jedes dieser Modelle wieder über eine völlig unterschiedliche Passform verfügt. Aaaaaaah!

Ich hasse Verkäuferinnen, die mich anlügen und sagen, ich sähe »toll« aus

Allein die Tatsache, dass sie erwarten, dass ich ihnen jedes anprobierte Teil in einer Mini-Modenschau zeige, während im Hintergrund der Song »Pretty Woman« läuft, als wären wir in einer Shopping-Montage aus einer romantischen Komödie, stresst mich zutiefst. Ich weiß ja, dass ihr auf Kommission arbeitet, und ich weiß auch, dass ich in Grün wie Kermit der Frosch aussehe, also heb dir deine Schauspielkünste für den nächsten Kunden auf, Bernadette!

Ich hasse den Möbelkauf

Wenn man lange genug Möbel sucht, verliert man jeglichen Bezug zur Realität: »Wow, dieses Regal ist zur Abwechslung mal nicht komplett hässlich und kostet auch nur 5999 Euro – GEIL!«

Ich hasse Leute, die denken, sie hätten in mir einen »schwulen besten Freund« und die perfekte Shoppingbegleitung gefunden

Ja, das ist genau, was jeder Schwule liebt: anderen Leuten dabei zuzusehen, wie sie ihr Geld ausgeben. Weit gefehlt! Wieso sollte es mir Spaß machen, dich zu beraten, ohne dafür auch nur ein paar Prozent Kommission auf den Verkaufspreis zu erhalten? In der Vergangenheit erwischte ich mich viel zu oft dabei, beim gemeinsamen Shopping-Trip heimlich den Food Court anzusteuern, während meine Begleitung in der Umkleidekabine war. Ich hoffe, ihr verzeiht mir. Ich bin nicht so der »Shopping, Prosecco & Party«-Schwule, sondern gehöre eher der selteneren Gattung »Pommes, Chicken Wings & BBQ-Sauce« an.

Ich hasse Umkleidekabinen

Nie gelingt es mir, die Vorhänge so zu schließen, dass nicht noch links und rechts ein kleiner Spalt entsteht, durch den man einen Blick auf meinen spärlich bekleideten Körper erhaschen könnte. Bestimmt denken sich die unfreiwilligen Beobachter dann: »Warum hantiert dieser Mann in der Kabine mit einem Gefrierbeutel voller Hühnerfleisch?« – Entschuldigung, aber das sind meine *Oberschenkel*! Besonders in hippen Läden für trendige Jugendliche (in denen ich natürlich ein und aus gehe, als wären sie mein Wohnzimmer!) ist es gerade en vogue, in den Vorhängen oder Türen der Umkleidekabinen als Gag noch ein kleines Guckloch zu installieren. Nun kann wirklich *jeder* meine nackten Körperteile sehen, aber dafür habe ich ja eigentlich Snapchat. Ich hasse diesen Trend, und er führt einzig und allein dazu, dass ich – der ich sonst liebend gern alleine shoppe – stets eine Shoppingbegleitung dabeihabe, die dazu gezwungen wird, sich direkt vor das Guckloch zu stellen und meinen Striptease zu beobachten; ob sie es nun möchte oder nicht! Ich mag meine Umkleidekabinen, wie ich meine öffentlichen Toiletten mag: Von allen Seiten gut abgedichtet und mit Hintergrundmusik, damit man mich nicht ächzen hört.

Ich hasse es, dass das Online-Banking dieser Tage ein bisschen zu sicher ist

Mittlerweile erscheint es mir einfacher, Einlass in das militärische Sperrgebiet Area 51 zu erhalten als in mein Online-Banking. In Sachen Geld ist Sicherheit natürlich kein Fehler, aber in Zeiten der Gesichtserkennung finde ich es komisch, dass allein für das Abrufen meines Kontostands drei ellenlange Login-Codes und ein SMS-TAN erforderlich sind, damit die Bank weiß, dass ich *ich* bin – oder dass neben mir ein Verbrecher mit einer Waffe sitzt, der mich dazu zwingt, diese Dinge einzugeben. Stellt mir doch einfach eine Frage, die nur ich beantworten kann, wie zum Beispiel: *Wie viele Lindt Lindor kann man essen, bevor einem schlecht wird?*

Wie soll ich mir all diese Passwörter merken, ohne sie aufzuschreiben? Ich merke mir ja nicht mal den Namen des neuen Freundes meiner besten Freundin. Tino? Thiemo? Tiago? Egal, die Beziehung wird eh nicht halten. Mein allererstes Passwort im Internet war übrigens MICHI. Ich habe es mir im Alter von zehn Jahren ausgesucht und bin lange Zeit sehr gut damit gefahren. Es war eine einfachere

Zeit, als es für Kennwörter nicht mehr Anforderungen gab als für die Aufnahme an einer Uni. Heute braucht ein Passwort mindestens eine Zahl, ein Sonderzeichen, einen Großbuchstaben und das Blut einer Jungfrau, um als »durchschnittlich sicher« zu gelten.

Diese Sicherheitsvorkehrungen haben zur Folge, dass ich einfach nicht mehr in mein Online-Banking schaue. Ich könnte 250.000 Euro auf dem Konto haben oder 250 Euro im Minus sein – ich weiß es nicht, und euer Tipp ist vermutlich so gut wie meiner.

Ich hasse Paket-Lieferdienste

Mittlerweile bin ich mir sicher, dass UPS nur so heißt, weil ihnen so viele Missgeschicke passieren. Hie und da denke ich mir: »Weißt du was, Michi? Heute machst du dein Leben mal *einfacher* und bestellst deine Besorgungen im Internet! Das ist praktisch, schnell und einfach!« Doch dann verpassen der Lieferant und ich uns häufiger als Lady Sunshine und Mister Moon, und das ganze Unterfangen wird umständlich, langsam und kompliziert. Oft bekommt man zumindest per Mail eine kleine Vorwarnung: »Ihre Lieferung kommt zwischen 9 und 11 Uhr.« Daraufhin denke ich mir immer: »Am Vormittag? Frechheit! Manche Menschen müssen arbeiten! Ich meine, nicht ich, aber MANCHE Menschen…«, und stelle mich bereits um 8:30 Uhr ans Fenster, aus dem ich für die kommenden zweieinhalb Stunden unentwegt rausstarre.

Besonders schwierig gestalteten sich Paketlieferungen, als ich in einem Haus mit der Nummer »6-8« lebte, und Lieferanten aus irgendeinem Grund stets dachten, sie müssten wie wild bei der Hausnummer 7 klingeln. Ich hoffe, sie hielten es nicht für eine kleine Matheaufgabe und suchten stundenlang vergeblich nach der Hausnummer »-2«.

Bleibt ein Paket besonders lange verschollen, sieht man sich gezwungen, bei einer Servicehotline anzurufen, was ein eigener Horror für sich ist. Servicehotlines von großen Unternehmen sind schlimm, weil man dort mehr Roboterstimmen zu hören bekommt als in sämtlichen *Star Wars*-Filmen kombiniert. Diese »fortgeschrittene Spracherkennungstechnologie« versteht mich einfach nicht. »Wenn Sie eine Lieferung nachverfolgen möchten, sagen Sie JA!« – »JA!« – »Sie haben NEIN gesagt. Damit wäre ja alles geklärt – auf Wiederhören!«. Wenn ich mich mit jemandem unterhalten möchte, der mich nicht versteht, unternehme ich einfach einen Ausflug nach Deutschland und erzähle dort eine witzige Anekdote in meinem Dialekt.

Ich hasse Paketshops

Schon wenn ich die Notiz »Wir haben Sie leider verpasst – Ihre Sendung befindet sich im Paketshop!« an meiner Tür sehe, bekomme ich ein Magengeschwür und frage mich, ob ich dieses neue iPhone *wirklich* brauche und es nicht einfach im Paketshop verkümmern lassen könnte. Nun sehe ich mich also gezwungen, einen obskuren Shop zu betreten, der ausschließlich Vape-Zubehör, Frisörbedarf oder Duftbäume verkauft und vor dem grummeligen Verkäufer um mein Paket zu betteln wie ein Knecht vor dem König. Es ist mir noch nie passiert, dass ich nach meinem Paket verlange, der Shop-Besitzer sagt: »Jep, hier ist es!«, und ich wieder gehen darf. Stattdessen erwartet mich eine Shakespeare-artige Komödie der Irrungen in drei Akten, im Rahmen derer mein Paket *immer* für ein paar Minuten verschollen geglaubt wird und mein Gegenüber dann denkt, mein iPhone könnte sich in einem drei Meter hohen Paket verbergen, bevor er schließlich sagt: »Ah, hier ist es ja!« und auf das Paket greift, das die ganze Zeit direkt neben ihm lag.

Ich hasse es, wenn ich an der Supermarktkasse bezahle und die Kassiererin sagt: »20 Cent vielleicht?«

Ich fühle mich dann direkt der Lüge bezichtigt, so als würde sich mein Gegenüber denken: »Der hat doch sicherlich 20 Cent, aber sein innerer Schweinehund ist einfach zu groß, als dass er sie für mich raussuchen würde! Das ist mal wieder typisch Michael, einfach nur faul, faul, faul!« Lady, bitte glauben Sie mir, ich bin unschuldig! Wenn ich 20 Cent hätte, hätte ich sie Ihnen auch gegeben.

Ich hasse ungeduldige Menschen an Supermarktkassen

Sie stehen einen Millimeter hinter mir, schnauben gestresst und schauen im Fünfsekundentakt demonstrativ auf ihre Armbanduhr, damit alle Anwesenden wissen: »Oh-oh, da hat's aber jemand besonders eilig, dessen Zeit viel wichtiger ist als unsere Zeit!« Bestimmt erwarten sich diese Menschen, dass ich sie mit ihrem Schafkäse-Oliven-Ciabatta vorlasse, damit sie dieses noch pünktlich vor Ende der Mittagspause in Konferenzraum 63E runterwürgen können – aber nicht mit mir! Ich hab's auch eilig – wenn ich nicht sofort nach Hause laufe und diese Flasche Wein köpfe, werde ich nie bis 17:00 Uhr hackedicht sein, wie das mein Ziel ist. Ich weiß, du bist mit deinem Job verheiratet, aber sieh es positiv: Dein Schreibtisch kann dir nicht davonlaufen, und ich bin sicher, der Tacker wird auch noch da sein, wenn du ein paar Minuten zu spät kommst. Also entspann dich!

Ich hasse Leute, die an der Supermarktkasse zu nah an mir dran stehen

Sie sind wie ein kleines, frisch geschlüpftes Küken, das durch Zufall als Erstes mich erblickt hat, sich »MAMA?« dachte und mir jetzt mit wenigen Millimetern Abstand auf Schritt und Tritt folgt. Weiche von mir! Es gibt nur eine

Lösung im Umgang mit solchen Menschen: Dreht euch um, nehmt ihren Finger in den Mund und sagt: »Ja, ich will es auch. Lass mich nur schnell meine Pickelcreme bezahlen, und dann gehen wir zu mir, ja?«

Ich hasse es, wenn Läden oder Restaurants nur Bargeld akzeptieren

Das hat vor allem damit zu tun, dass ich Bargeld absolut ekelhaft finde. Wenn ich einen unhygienischen Virenträger berühren will, besorge ich mir einen Welpen. Ich glaube fest an eine Zukunft, in der wir ausschließlich kontaktlos bezahlen können. Mancherorts ist sie bereits Realität: Während der Corona-Krise wurde ich an der U-Bahn-Station von einem Punk aufgehalten, der mich um eine kleine Spende bat. »Gerne kannst du auch mit Karte bezahlen!«, sagte er, worauf ich erst mal eine halbe Minute lang gelacht habe. »Du bist ja köstlich! Wann erscheint dein Comedy-Special auf Netflix?« Wie sich dann herausstellte, sollte das gar kein Witz sein – und das hat mir dann so sehr imponiert, dass ich gerne gespendet habe. Ich habe es schon mal gesagt, und ich sage es wieder: Nehmt euch ein Beispiel an den Punks!

Ich hasse es, wenn ich mich im Supermarkt an der kürzeren von zwei Kassaschlangen anstelle, nur um dann hinter einer Person zu landen, die vergessen hat, ihre Bananen abzuwiegen

Daraufhin muss die Kassenangestellte in die Obstabteilung sprinten, um das nachzuholen. Meiner Meinung nach sollte es erlaubt sein, den vergesslichen Kunden während dieser kurzen Periode zu treten, bis die Mitarbeiter mit dem gewogenen Obst zurückkommen. Es wäre nur fair.

Ich hasse Selbstbedienungskassen

In der Theorie klingt es ja fantastisch, einfach eine Selbstbedienungskasse zu benutzen, wenn man besonders wenige Artikel hat. Wie ein kleines Kind, das »Kassierer« spielt, scanne ich selbst meinen Cottage Cheese und lasse es mir hie und da nicht nehmen, für extra viel Realität laut »Bianca, wie viel kosten die Kohlsprossen?« über meine Schulter zu rufen. In der Realität geht allerdings stets etwas schief: Kaufe ich etwa Alkohol (sprich: immer), muss ein Angestellter kommen, der viel zu lange überprüft, was ein einziger Blick auf meine Augenfalten und meine schwindende Lebensfreude ohnehin verraten sollte: dass ich über sechzehn bin. Andere Male befindet sich wieder ein »unerwarteter Gegenstand« im Produktbereich, und auch dann bin ich auf die

Hilfe der Angestellten angewiesen. Warum das ganze Tamtam? Als jemand, der bei One-Night-Stands immer wieder mal mit »unerwarteten Gegenständen« konfrontiert wurde, lautet mein Ratschlag: Lass dich einfach drauf ein!

*****

Michis Shopping-Workout

Es ist mir egal, was die anderen sagen: Shoppen ist auch Sport. Ich bin felsenfest davon überzeugt, dass ich bei einer meiner ausgiebigen Shoppingtouren mindestens genauso viel Kalorien verbrenne wie meine Freunde, die in der Mittagspause mal eben einen Abstecher ins Fitness-Studio machen. Oft genügt es, beliebte Einkaufsrituale mal aus einer neuen Perspektive zu betrachten, um sich bewusst zu werden, wie schweißtreibend sie sein können. Hier verrate ich euch meine liebsten Übungen beim Shopping-Workout.

Stretching

Vor jedem guten Workout sollte man den Körper dehnen, um ihm zu signalisieren, dass die Kacke gleich so richtig zu dampfen anfängt. Was eignet sich perfekter, um in diese besondere Shoppingstimmung zu kommen und gleichzeitig ein bisschen Stretching zu praktizieren, als gleich zu Beginn ein paar trendige Oberteile und Hosen in die Umkleidekabine zu entführen? Hinter dem verschlossenen Vorhang ziehe ich mir ein Kleidungsstück nach dem nächsten über und bin überrascht von meiner plötzlichen Dehnbarkeit. Ich bin sicher, das hat mit dem Ansporn der Kleidung zu tun. Ich kann auch plötzlich wie durch ein Wunder aus dem Stand meine Füße berühren, wenn ich versuche, Saint-Laurent-Stiefel zuzuschnüren.

Farmer's Walk

Meine Freunde, die gerne CrossFit praktizieren (und sich trotzdem zu meinen Freunden zählen dürfen – bin ich nicht nett?), erzählen mir nicht selten davon, dass sie in ihren Stunden mal wieder einen anstrengenden »Farmer's Walk« machen mussten. »Was ist das denn?«, frage ich dann immer, obwohl sie es mir womöglich schon tausendmal erklärt haben, aber CrossFit interessiert mich nun wirklich nicht genug, um mir diese Dinge zu merken. Die Erklärung: Beim Farmer's Walk nimmt man in jede Hand ein Gewicht und geht damit spazieren. Was für eine Wahnsinns-Leistung, Paula! Inwiefern ist das denn bitte anders, als wenn ich nach einer üppigen Shopping-Tour mit all meinen Tüten durch die Stadt gehe und mir noch einen Frappuccino hole? Der einzige Unterschied ist, dass ich nicht auch noch mehrere Tage danach davon erzähle.

Nimm die Treppen

Weniges liebe ich so sehr wie Kaufhäuser à la KaDeWe, Galeries Lafayette oder Harrods – und das nicht nur wegen der Riesenauswahl, denn diese großzügigen Bauten eignen sich perfekt für die Cardio-Intervalle meines Shopping-Workouts. Strategisch verteile ich meine Besorgungen so, dass ich zuerst in den sechsten Stock, dann in das Untergeschoss und dann wieder in den fünften Stock muss und nehme bei dieser kleinen Rundreise ausschließlich die Treppen. Ich bin felsenfest davon überzeugt, dass ich durch dieses kleine Ritual bereits eine Kleidergröße weniger habe, bevor ich überhaupt in der flippigen Herren-Trend-Abteilung angekommen bin.

Reach and Pull

Besonders bei Sales sind viele Kleidungsstücke, auf die ich mein Auge geworfen habe, in den Regalen ganz hinten, oder aber auf hohen Stangen angebracht, die ich mit meinen 1,75 Meter Körpergröße nur äußerst schwer erreiche. Ich liebe eine gute Challenge: Wo ein Sale ist, ist ein Ziel! Für einen guten Rabatt stelle ich mich gerne auf meine Zehenspitzen und kralle mir die reduzierte Ware, während ich sämtliche Verkäufer und Verkäuferinnen verscheuche, die mir helfen wollen, und nebenbei auch meine Schultern, Arme und Beine in Form bringe. Win-Win! Abschließend wühle ich noch nach ein paar Sonderangeboten am Grabbeltisch und mache es mir zum Sport, den übrigen Schnäppchen-Jägern das letzte Paar Kuschelsocken aus der Hand zu reißen. Nichts spornt mich so an wie ein kleiner Wettstreit.

Cool down

Nach meiner mit Abstand unbeliebtesten Übung – meine Kreditkarte durch den kleinen Schlitz zu ziehen – ist es an der Zeit, das Workout langsam ausklingen zu lassen. In der Cool-down-Phase trabe ich gerne entspannt über den Food Court, mache noch ein paar Hampelmänner im wärmenden Strahl des Kebap-Grills und gönne mir abschließend eine Portion Pommes, die ich mir nach diesem sportlichen Einsatz redlich verdient habe. Aaaah, ich liebe Sport!

IX.
GESUNDHEIT UND WELLNESS

Da Hassen ein Zeitvertreib ist, der zu Verspannungen und einem zertrümmerten Sozialleben führen kann (und daher eigentlich mit kleinen Warnhinweisen wie auf Zigarettenpackungen versehen werden sollte), war ich eine Zeit lang sehr bemüht, einen wohltuenden Ausgleich in meinen Alltag zu integrieren. Von Yoga über Massagen bis hin zu so gut wie jeder Ernährungsweise, die Gwyneth Paltrow und andere Wellness-Gurus ständig empfehlen, habe ich alles ausprobiert, um ein ausgeglichenerer Mensch zu werden – und bin zu dem Entschluss gekommen, dass ich all diese Tätigkeiten hasse. Meine neue Philosophie lautet daher, dass Hassen Wellness genug ist: Man kann ihn allein oder in der Gruppe betreiben, die Herzfrequenz steigt, und nicht selten gerät man so richtig aus der Puste. Aaaah, entspannend!

Ich hasse das Fitness-Studio

Es ist mir so unangenehm, mich nach mehreren Monaten des Fernbleibens wieder dort blicken zu lassen. Deswegen nuschle ich bei meiner Rückkehr immer hörbar laut Dinge wie: »Ja ja, die drei Monate in Indien waren schön, aber jetzt ist es wieder Zeit für SPORT!« Leider bin ich viel zu ungeduldig, um das Fitness-Studio regelmäßig zu besuchen. Oft mache ich ein bis zwei Sit-ups und frage mich dann: »Sieht man schon etwas?« Von meinen Freunden, die das mit dem Muskelaufbau ein bisschen ernster nehmen als ich, weiß ich, dass Sport allein für einen definierten Körper natürlich nicht genug ist: Am besten sollte jede Hauptmahlzeit aus einer Hühnerbrust und ein bisschen Skyr bestehen. Verstehe ich das richtig? Abgesehen davon, dass das Training null Spaß macht, soll ich dann auch noch das Essen – eines der wenigen Dinge im Leben, die mir wirklich Freude bereiten – zur langweiligen Protein-Parade mutieren lassen? Mittlerweile habe ich einen Punkt erreicht, an dem ich durchtrainierte Menschen nicht mehr bewundere, sondern mir denke: »Mein Gott, wie viel Zeit kann eine Person bloß haben?«

Ich hasse trendige Diäten

Auf Dauer funktionieren sie einfach nicht. Es mag schon sein, dass man abnimmt, indem man tagelang nur eine Mischung aus Zitronensaft, Cayennepfeffer und Ahornsirup trinkt oder sich hauptsächlich von Blumenkohl ernährt, aber ein Leben, in dem diese Zutaten eine wiederkehrende Rolle spielen, möchte ich nun wirklich nicht führen. Ich verstehe auch nicht, warum alle immer so besessen davon sind, schnell abzunehmen. Fliegt ihr nächste Woche ins Weltall und habt gerade erst erfahren, dass Astronauten maximal 96 Kilo wiegen dürfen, oder warum die Eile? News-Flash: Schnell abnehmen ist unangenehm, schwierig und man sieht danach meistens so aus wie ein Luftballon, den man drei Tage nach einer Party hinter dem Sofa findet.

Ich hasse »Detox«

Dieser Begriff wird viel zu häufig verwendet. Sind nicht Leber und Niere fürs Entgiften zuständig? Und bin ich wirklich eine solche Müllhalde der Gifte, dass ich mir zusätzlich einen Detox-Tee kaufen und Detox-Pflaster auf meine Füße kleben muss, damit sie nachts all diese fürchterlichen Gifte aus mir raussaugen? So, wie ich die letzten Reste meines Veggie Pho aus der Schale schlürfe?

Ich hasse Self-Care

Ich verstehe nicht ganz, warum die völlig normale Tätigkeit, auf sich selbst und seinen Körper zu achten, plötzlich so ein Trend geworden ist. Was ist der nächste Trend? Atmen? Es nervt mich auch, wenn Leute mit dem inflationär verwendeten Begriff »Self-Care« Dinge rechtfertigen, die sich im Moment möglicherweise gut anfühlen, ihnen aber nicht wirklich guttun. »Heute habe ich zu Mittag 32 Chicken Nuggets gegessen und mich danach zu Hause verschanzt, um die ganze neue Staffel von *Der Bachelor* am Stück zu schauen, während ich Rum trinke. Zähne geputzt wird dann wieder morgen. Aaaah, *Self-Care*!« Ich glaube, so funktioniert das nicht.

Ich hasse Meditation

Sie ist einfach langweilig, und wenn ich sie morgens mache, schlafe ich immer direkt wieder ein. Ich habe damit angefangen, damit ich mich nicht immer so über andere Menschen aufrege und wütend Dinge schnaube wie »Aaaaargh, ihr seid alle Idioten!«. Nun, da ich meditiere, bin ich tatsächlich ein bisschen entspannter und hauche sanft »Haaaach, ihr seid alle Idioten!« – welcher Fortschritt!

Spirituelle Freunde, die gerne mal barfuß im Biomarkt anzutreffen sind und dort irgendwas über Chakren brabbeln, haben mir außerdem dringlich dazu geraten, Visualisierungen in meinen Alltag einzubauen. Früher bin ich immer eher pessimistisch durch den Alltag getrottet und davon ausgegangen, dass ich die meisten meiner Ziele ohnehin nicht erreichen werde. Dann war es immer eine köstliche Überraschung, wenn ich sie doch erreichte – ähnlich, wie wenn ich am Abend zu viel Alkohol trinke und am nächsten Morgen wider alle Logik *nicht* verkatert aufwache. Nahezu ein Wunder!

»Nein, nein, nein, das ist ganz falsch!«, meinten meine Freunde. »Du *musst* dich auf deine Ziele konzentrieren und dir jeden Tag sagen, dass du sie erreichen wirst!« Na gut, einen Versuch ist's wert: Eine Zeit lang war ich also mein eigener größter Befürworter und habe mir vor, während und nach jedem Casting oder Verhandlungsgespräch Dinge gesagt wie: »Jaaa, Michi – du bist super! Das wird toll, du bekommst *ALLES*, was du dir wünschst, und noch viel mehr!« Früher hätte ich mir dagegen gesagt: »Hrmpf, das wird doch eh nichts, also denk ich gar nicht mehr dran.«

Dabei bin ich mir nicht selten vorgekommen, wie ein drolliges Kleinkind, das an der unwirklichen Hoffnung festhält, dass sich seine geschiedenen Eltern wieder verlieben und Papa endlich nach Hause kommt. Newsflash: Papa kommt nicht wieder nach Hause. Er hat eine neue Freundin und deren Brüste sind so groß wie dein Kopf!

Und? Hat mir diese optimistische neue Attitüde etwas gebracht, liebe Leserinnen und liebe Leser? Sagen wir es gemeinsam: NEIN! Meine täglichen Visualisierungen und das Streben nach mehr haben nur dazu geführt, dass die schlussendlichen Zurückweisungen und Absagen so wehgetan haben wie tausend Messerstiche ins Herz. Also bin ich jetzt wieder zurück bei meinem pessimistischen Optimismus: Ich gehe einfach davon aus, dass absolut nichts klappen wird, und wenn es dann doch klappt – super!

Ich hasse Spas

Damit meine ich Gesundheit- und Wellnesseinrichtungen, und nicht *Spaß*, obwohl ich den auch nicht so toll finde. Ich habe ja nichts gegen ein bisschen Entspannung, aber diese übertrieben beruhigende Stimmung in Spas – geprägt von Räucherstäbchen-Duft und mystischen Klängen als

Hintergrundmusik, die so klingt wie der Klingelton einer Frau über siebzig – macht mich wahnsinnig. Beim Betreten eines Spas werde ich von den Personen an der Rezeption immer so behutsam begrüßt, als wäre ich Wynona Rider in *Durchgeknallt* oder der einzige Überlebende eines Flächenbrands, weswegen alle in meinem Umfeld nur in sanften, engelsgleichen Lauten mit mir kommunizieren, um mich ja nicht zu sehr aufzuwühlen. Besonders schlimm finde ich Hotel-Spas in Stadthotels, da einem dort oftmals nur ein kurzer Timeslot zum Relaxen und Plantschen zugeteilt wird. Nichts ist für mich weniger entspannend, als wenn jemand sagt: »Entspanne dich und lass die Seele baumeln… aber bitte nur sechzig Minuten, denn alles darüber kostet extra!«

Ich hasse Saunen

Ich finde sie ja noch ganz erträglich, wenn ich sie allein benutze, aber sobald andere Leute zur Tür hereinkommen, geht es los mit all den Bedenken und Sorgen! Es ist mir unangenehm, fremde Leute nackt zu sehen, und ich versuche daher panisch, ihnen nicht in die Augen zu schauen. Oft sind aber so viele Leute in der Sauna, dass es bei all meinen Augen-Ausweichmanövern schon ein besonders schweres Kunststück ist, mit dem Blick nicht direkt auf irgendeinem Intimbereich zu landen. Eine Zeit lang habe ich ein Fitness-Studio besucht, das auch über eine Sauna verfügte, und nachdem ich sie oft genug besucht hatte, konnte ich die anderen Besucher und Besucherinnen schon an ihren Intimbereichen erkennen: »Aaaah, Anton ist auch wieder da. Rebecca, hallo! Neue Frisur?« Außerdem möchte ich eigentlich auch nicht, dass andere Leute mich nackt sehen, und das aus gutem Grund! Sämtliche meiner bisherigen Liebhaber haben mich beim Anblick meines nackten Körpers vor ihrem inneren Auge langsam wieder angezogen. Denkt man dann auch noch zu lange darüber nach, dass man gerade Seite an Seite mit einer Gruppe Fremder in einem heißen, engen Raum sitzt und einander anschwitzt, dann überwiegen für mich auch schon die Nachteile. Ich ziehe Leine, noch bevor der erste Schweißtropfen gefallen ist.

Ich hasse Yoga

Dabei wird es mir von meinen Freunden so oft empfohlen, dass ich insgeheim schon vermute, sie bekommen alle Kommissionen von vereinzelten Yoga-Studios. »Du hast Migräne? Mir persönlich hat da Yoga sehr geholfen. Antriebslosigkeit? Yoga scheint mir die passende Lösung zu sein. Du hast eine stark blutende Wunde am Bein? Hmm, hast du's schon mal mit Yoga versucht?« Um ehrlich zu sein: Ja, habe ich, und es war immer unangenehm. Besonders hasse ich die Sinnbilder, die die Lehrer und Lehrerinnen immer mit ihren übertrieben beruhigenden Stimmen in meinen Kopf setzen: »Wir atmen tief ein und stellen uns vor, dass wir dabei einen goldenen Faden in unser linkes

Nasenloch einatmen!« Entschuldigung? Geht's noch? Wie ekelhaft! Woher weiß ich, wo dieser komische Faden vorher war? Was kommt als Nächstes? Muss ich mir vorstellen, dass eine goldene Spinne in meinen Mund krabbelt und dort goldene Eier legt? Nein, dankeschön!

Ich hasse Camping

Ich bin kein großer Fan von Mutter Natur und hege den leisen Verdacht, dass sie nicht meine leibliche Mutter ist und ich eigentlich adoptiert bin. Wir Menschen haben uns doch über Hunderttausende von Jahren weiterentwickelt, damit wir nicht am Boden schlafen müssen. Warum also sollte ich es freiwillig tun, besonders wenn es wenige Gehminuten entfernt ein Park Hyatt gibt? Ich hasse es außerdem, in Schlafsäcken zu schlafen. Unbequem! Das einzige Mal, das ihr mich in einem Sack vorfinden werdet, ist vermutlich, wenn einer meiner Erzfeinde mich umgebracht und meine Überbleibsel in ebendiesen Sack gestopft hat.

Ich hasse Blogger, die im Van Urlaub machen

Vor zwei Jahren noch verkehrten sie ausschließlich in den Ritz Carltons dieser Welt, wollen mir jetzt aber weismachen, dass eine vierwöchige Irland-Rundreise *in einem Van* »genau das Richtige« sei. Früher war es doch ein Zeichen für ein gutes Leben, *nicht* in seinem Auto leben zu müssen. Warum ist es jetzt umgekehrt? Einmal bin ich nur zwei Stunden mit dem Auto gefahren, kurz ausgestiegen und musste beim Einstiegen feststellen, dass es im gesamten Auto roch wie in meinen Schuhen, wenn ich sie ohne Socken trage. Jetzt stellt euch doch mal vor, wie es in einem Van riecht, in dem Bloggerin Leonie mit ihren drei Hunden seit vier Wochen Urlaub macht. Nein, danke, nichts für mich!

Ich hasse Frisörbesuche

Das Schlimmste daran ist, dass ich mich eine Stunde lang selbst im Spiegel betrachten muss, wie ich gezwungen Smalltalk mit einer fremden Person führe, die gerade mit einer Schere an meinem Kopf hantiert. Leider bringe ich es nie übers Herz anzumerken, dass ich eigentlich eher ungern quatsche, und stelle stattdessen immer total blöde Fragen wie »Und…wer schneidet eigentlich DEINE Haare?«, woraufhin wir sowieso beide still bleiben, damit die Situation nicht noch eigenartiger wird. Hat man erst mal einen Frisör oder eine Frisörin gefunden, mit der man sich prima versteht, darf man sich auch nicht zu sehr in Sicherheit wiegen: So gut wie jeder Frisör, bei dem ich mich je wohlgefühlt habe, hat nach einiger Zeit beschlossen, in eine andere Stadt zu ziehen, um dort etwa am Flughafen einen eigenen Salon namens »Hairport« aufzumachen. Ich war schon zufrieden mit dir, Jakob, aber auch nicht so sehr, dass ich dafür nach Stuttgart fliegen würde.

Ach ja, ich hasse natürlich auch diese ulkigen Namen von Frisörsalons

Am Anfang fand ich manche davon ja noch recht kre-haar-tiv, aber mittlerweile sind wohl schon alle Wortspiele aufgebraucht, sodass die Besitzer nun auf Biegen und Brechen versuchen, einen hair-lichen Gag unterzubringen, auch wenn er überhaupt keinen Sinn ergibt. Eher würde ich mir mein Haar in Rapunzel-Länge wachsen lassen, als zu einem Frisör zu gehen, der »V-hair-y nice« heißt. Handelt es sich etwa um einen Gruppenzwang innerhalb der Frisör-Community? Werden Leute auf Frisör-Conventions gemobbt und mit Scheren über das Gelände gejagt, wenn alle anderen in Läden wie »GmbHaar«, »Kamm in!« und »Vorhair/Nachhair« arbeiten, der eigene Salon aber bloß »Monis Salon« heißt? Wenn diese Wortspiele unbedingt notwendig sind, dann erwarte ich sie mir schon von allen Berufsgruppen, nicht nur von Frisören. Wieso heißt mein Bäcker nicht »Sex, Drugs & Roggen-Roll«, oder der Erotik-Laden meines Vertrauens »Fuckingham Palace«?

Ich hasse Massagen

Wenn ihr dachtet, Frisörbesuche wären anstrengend, solltet ihr euch mal eine Massage gönnen! Kaum etwas ist unangenehmer, als die gleichen Smalltalk-Fragen, die sämtliche Service-Mitarbeiter ohne Zweifel in einem Kurs namens »Kunden ärgern für Anfänger« lernen, gestellt zu bekommen, während man – bis auf ein Handtuch – völlig nackt und mit dem Gesicht nach unten auf einer merkwürdigen Bank mit Guckloch liegt, den Boden anstarrt und die fremde Person, die diese eindringlichen Fragen stellt, in unregelmäßigen Abständen deinen Po berührt. Für mich ist jede Massage eine mit »Happy End«, weil ich einfach immer so glücklich bin, wenn sie endlich vorbei ist.

Ich hasse Selbsthilfegurus

Ihr wisst, welche Menschen ich meine: jene, die sich selbst als absolute Alleswisser etablieren und mit Plattitüden um sich werfen wie: »Am Ende ist alles gut, und wenn es nicht gut ist, dann ist es noch nicht das Ende!« Schön zu wissen, aber wann – und vor allem wie – wird es gut? Und was passiert nach dem Ende? Wird es dann wieder schlechter? Fragen über Fragen – aber wenn ich Antworten darauf bekommen will, muss ich schon ihr neues Selbsthilfebuch kaufen, welches allerdings ebenfalls zu 60 Prozent aus Plattitüden und zu 40 Prozent aus ihrer tragischen Background-Story besteht, in der sie etwa schildern, dass sie einmal Turbulenzen im Flugzeug erlebt haben und seitdem nur noch im Moment leben und jedem Tag die Chance geben, der beste ihres Lebens zu werden.

Ich habe einfach ein Problem damit, wenn jemand denkt, die Weisheit mit dem Löffel gefressen zu haben. Ich kenne sogar eine solche Selbsthilfe-Lady persönlich, bei der es allerdings schon reicht, wenn ihr Matcha-Latte lauwarm ankommt, um sie völlig aus dem Konzept zu bringen und in einen absoluten Tobsuchtsanfall zu katapultieren, der für mich Indiz genug ist, dass ihre Ratschläge ja wohl nicht so gut sein können, wenn sie sich nicht mal selbst daran hält. Da investiere ich mein Geld lieber in Schokotorte, die mich auf Dauer sicher glücklicher macht.

Ich hasse Arztbesuche

Meine Mutter hat länger meine Arzttermine für mich vereinbart, als ich an dieser Stelle zugeben möchte, und ganz ehrlich: Manchmal wünsche ich mir bei diesem fürchterlichen Unterfangen auch heute noch Mamas Hilfe zurück. In erster Linie finde ich es prekär, dass ein telefonisch vereinbarter Arzttermin für eine bestimmte Uhrzeit einfach überhaupt nichts bedeutet. Habe ich einen Termin für 11 Uhr, werde ich mit Sicherheit irgendwann zwischen 11:45 und 13:30 Uhr drankommen, aber ganz bestimmt nicht um 11 Uhr. Genauso gut hätte ich vorab anrufen und den »Ketchup-Song« ins Telefon singen können, und es hätte mir genauso sehr geholfen, um pünktlich dranzukommen. Zum Glück wohne ich dieser Tage direkt neben meinem Hausarzt und kann die Ordinationshilfe bitten, einfach aufgeregt aus dem Fenster zu winken, wenn der Arzt Zeit für mich hat, oder weißen Rauch aufsteigen zu lassen, als hätten wir einen neuen Papst. Praktisch!

Dann nervt es mich natürlich noch, dass man immer so wenig Zeit mit den Ärzten bekommt. Besonders meine

Zahnärztin ist die Königin der kurzen Auftritte. Sie schneit immer nur ganz kurz herein, wie ein Promi bei einem Gastauftritt in einer Sitcom. Zuerst darf ich fünfzehn Minuten mit der Zahnarzthelferin verbringen, bevor diese geradezu rausposaunt: »Ladies und Gentlemen, hier ist sie nun: die einzigartige, die wunderbare Frau Dr. Vogt-Meier!!!«, und meine Zahnärztin den Raum betritt, als wäre sie Barbra Streisand in *Hello, Dolly!* Daraufhin schaut sie mir drei Minuten lang in den Mund und drückt mir eine saftige Rechnung in die Hand, bevor sie ebenso plötzlich, wie sie aufgetaucht ist, auch wieder verschwindet.

Ich hasse Krankheitsdiagnosen im Internet

Es läuft immer genau gleich ab: Am Freitagabend entdecke ich einen merkwürdigen Knoten an meinem Unterarm und denke mir: »Ach, das ist wahrscheinlich nichts Schlimmes, aber sicherheitshalber google ich mal danach!«, woraufhin sich herausstellt, dass der Knoten etwas absolut Schlimmes ist und es an ein Wunder grenzt, dass ich überhaupt noch lebe. Diagnosen auf zwielichtigen »Arzt-Webseiten«, auf denen steht, dass ich entweder zu wenig Wasser trinke oder Krebs habe, und Foren-Einträge, in denen eine Userin namens »SumseBienchen92« schildert, dass ihre Mutter ebenfalls einen Knoten im Unterarm hatte und mittlerweile daran verstorben ist, tragen nur zu meiner Panik bei. Die Tatsache, dass auf allen diesen Seiten dazu geraten

wird, schleunigst zum Arzt zu gehen, wir aber Freitagabend haben und ich diesen Rat frühestens in 72 Stunden befolgen kann, macht mich auch nicht unbedingt entspannter. Das kommende Wochenende verbringe ich also
damit, all meinen Freunden mysteriöse SMS mit Inhalten wie »Julia, du warst immer für mich da. Das wusste ich
sehr zu schätzen – wir sehen uns auf der anderen Seite!«
zu schicken und im Internet nach einer Mariachi-Band zu
recherchieren, die eine andächtige Version des »Macarena«
auf meiner Beerdigung spielen könnte. Am darauffolgen-
den Montag habe ich dann einen Arzttermin, bei dem
mir erklärt wird, dass es sich bei dem Knoten in meinem
Unterarm lediglich um eine Talgablagerung handele, die
zwar nervig, aber definitiv nicht lebensbedrohlich sei. Ich
bin daraufhin zwar sehr erleichtert, bereue jedoch, bereits
eine Anzahlung für die Mariachi-Band getätigt zu haben.

Ich hasse es, wenn mein Therapeut nicht zuhört

Schon beim Beginn der Therapie war er mir etwas suspekt: Nachdem ich ihm in der Kennenlernstunde einen
groben Überblick über meine Probleme gegeben hatte, ist
er bereits bei unserem nächsten Termin mit einem brand-
neuen iPhone 12 aufgetaucht, ohne Zweifel, weil er wusste,
dass er bei meinen Komplexen auf eine regelrechte Gold-
grube gestoßen ist. Dabei hatte ich ihm doch noch gar
nichts von meiner einstigen Essstörung erzählt – würde

er danach in einem Tesla vorfahren? Woche für Woche erzählte ich ihm von meinen Problemen, und er machte sich so viele Notizen, dass ich sie ihm beinahe abknöpfen und als Exposé für meine Enthüllungsmemoiren bei einem Verlag einreichen wollte. Doch einmal, nachdem ich bereits drei Monate bei ihm war, erzählte ich ihm von einem besonders stressigen Tag in meinem Leben als Online-Persönlichkeit, als er mich mitten in meiner Erzählung stoppte und mich ansah, als hätte ich ihm gerade offenbart, dass ich bei meinem Morgenspaziergang mal wieder die Muppets im Wald getroffen hätte. »Moment… Sie verdienen Ihr Geld also mit…*Videos im Internet?*«, fragte er völlig fassungslos, so als hätte ich nicht bereits in den vergangenen zwölf Wochen nahezu durchgehend davon erzählt. Äußerst dubios! Machte er sich auf seinem Block wirklich Notizen, oder skizzierte er bloß den Grundriss seiner neuen Dachgeschosswohnung? Ich beschloss, seine Dienste nicht mehr in Anspruch zu nehmen, und erzähle meine Probleme nun wieder meinen Freunden in schwummrigen Bars, was mich allemal weniger kostet.

*****

Michis magischer Morgen

Ich habe bereits so viele Selbstoptimierungsbücher gelesen, dass man meinen möchte, ich wäre nicht der halbwegs normale und »ganz okay«-e Mensch, der ich bin, sondern eine wandelnde, brennende Müllhalde. Aufgrund dieser Lektüre weiß ich natürlich, wie ein perfekter Morgen auszusehen hat, um völlig energetisch in den Tag zu starten und die To-do-List zu attackieren wie sonst nur eine Packung Schokopralinen.

Zuerst: Heißes Wasser mit Zitrone

Selbsthilfegurus lieben es, spätestens um 6:00 Uhr aufzustehen und statt einem guten Kaffee direkt heißes Wasser mit ein bisschen Zitronensaft zu trinken. Okay! Ich bin mir des Hintergrunds dieses Rituals nicht ganz bewusst, aber ich glaube, dass es damit zu tun hat, dass der Tag ja nur besser werden kann, wenn er schon mal mit so was Ekelhaftem wie heißem, saurem Wasser beginnt. Clever!

Denk an drei Dinge, für die du dankbar bist

Diese Gedanken sollten positiv sein, wie ich erst viel zu spät lernen sollte. Morgens hatte ich mir sonst immer Dinge gesagt wie: »Ich bin dankbar, dass diese lauten Nachbarn mit ihren fürchterlichen Kindern endlich umgezogen sind, ich wünsche ihnen nur das Schlechteste für die Zukunft.« Dabei hatte ich anklagend mit dem Finger gefuchtelt und mich später dann gefragt, warum ich bloß den ganzen Tag lang so schlecht drauf war.

Gönne dir Meditationsmomente

Ich als jemand, der so leicht ablenkbar ist wie eine Elster, die etwas Funkelndes erspäht, muss an manchen Morgen meditieren, um konzentriert in den Tag zu starten. Bei der Meditation merke ich erst, wie zerstreut meine Gedanken sind: In den zehn Minuten, in denen ich eigentlich an nichts denken sollte, möchte ich fünfmal nach meinem Handy greifen, erinnere ich mich plötzlich an einen Song aus dem Englisch-Unterricht der zweiten Klasse und frage mich manchmal zusammenhangslos: »Wie geht es eigentlich Kader Loth?« Der Weg ist das Ziel.

Ein bisschen Bewegung wäre auch nicht schlecht

Bestimmt gibt es total tolle medizinische Gründe, warum Morgensport förderlich ist. Ich mag Bewegung am Morgen aber vor allem, weil man dann gleich mit einem großen, abgehakten To-do in den Tag startet und sich ein Fünkchen besser als all seine Mitmenschen fühlt. »Was? Es ist zehn Uhr, und du hast noch nicht ein Killer-Ab-Workout hinter dir, Ruth? Wie faul kann ein Mensch nur sein…« Das ist genau der Boost, den mein geschädigtes Selbstwertgefühl braucht.

Jetzt geht's los

Abschließend sage ich mir manchmal noch ein paar motivierende Dinge wie: »Du bist super, Michi! Den heutigen Tag wirst du mit Bravour meistern und dich bei deinem Zoom-Meeting später sicher nicht wieder am eigenen Speichel verschlucken!« Es soll sich um munter-machende, lebensbejahende Aussagen handeln, bei denen sich die anderen Passagiere der U-Bahn denken: »Warum redet dieser Mann so energisch mit sich selbst?« Jetzt bin ich bereit für den Tag!

X.
KOMMUNIKATION

Zu Beginn meiner beruflichen Selbstständigkeit dachte ich wirklich, ich hätte das System ausgetrickst und im Spiel des Lebens gewonnen. Nun, da ich mein eigener Chef war, so dachte ich mir, konnte ich doch ohne Weiteres ausschließlich am Wochenende arbeiten und werktags vormittags im leeren Freibad liegen und die Seele baumeln lassen. Oder wie ein fabelhafter Vampir nur nachts arbeiten und, sobald die Sonne scheint, in meinen Sarg kriechen und den ganzen Tag lang Netflix bingen (was laut meiner Hautärztin auch das Beste für meine sonnengereifte Haut wäre). Den größten Vorteil erkannte ich als jemand, der schon Gruppenarbeiten an der Schule und Uni abgrundtief gehasst hat, aber darin, nicht mit anderen Leuten zusammenarbeiten zu müssen. Wie naiv ich doch war! Schnell sollte ich lernen, dass die Selbstständigkeit zwar grundsätzlich toll ist, dass man aber – sollte man Geld verdienen wollen – tatsächlich mit anderen Leuten zusammenarbeiten muss, damit sie einem Geld geben; und die sind noch dazu in der Regel nicht selbstständige Künstler, sondern Top-Manager und arbeiten Montag bis Freitag von 10 bis 18 Uhr in einem riesigen Unternehmen, weswegen man sich am besten auch an ihre Arbeitszeiten anpasst. Anders als erwartet verbringe ich den Großteil meiner Arbeitswoche also nicht bei Pommes und Eis im Freibad, sondern – genau so, wie ich es nie wollte – mit E-Mails, Konferenzschaltungen, Meetings und Smalltalk, oder kurz gesagt: mit Kommunikation. Dieses Kapitel widme ich meinem Hass auf sämtliche Formen der beruflichen, wie auch der privaten Kommunikation, denn weil mir in diesem Leben auch wirklich gar nichts erspart bleibt, gibt es tatsächlich Leute – sogenannte *Freunde* –, die mich selbst nach Ende eines langen Arbeitstages erreichen und mit mir quasseln möchten. Horror! Ist es schon zu spät, um noch die Karriere und das soziale Umfeld zu schmeißen und einsamer Leuchtturmwärter zu werden?

Ich hasse die Autokorrektur

Sie bessert »Hi« immer auf »Jo« aus, und nun denken all meine Freunde fälschlicherweise, dass ich ein cooler Rapper bin. »Jo Lucas, wie geht's?« Aus »Wow« wird wiederum fast immer »Wie«, wodurch ich auf meine Kontakte wahrscheinlich wie ein verdatterter alter Mann wirke, der einfach nichts rafft. Sie schicken mir ein Bild ihres neuen Autos, und ich antworte mit »WIE!!!«, als würde ich keine Autos kennen und vor allem mit der Kutsche von A nach B kommen. Unvergessen bleibt auch dieses eine Mal, als die Autokorrektur aus »Michi« einfach mal »Nicht« gemacht hat. So passierte es, dass ich die Mail an einen wichtigen Kunden mit »Liebe Grüße – Nicht« beendete, was schon recht frech klingt.

Ich hasse Leute, die man einfach nicht erreichen kann

Weder telefonisch noch per E-Mail. Ich verstehe es schon: Sie sind Freigeister, die im Wald leben und dort in einer kleinen Nussschale schlafen, und die Zeit nicht in Stunden und Minuten, sondern in Erfahrungen messen. Kannst du bitte trotzdem auch nur einmal zurückrufen oder zurückschreiben, wenn ich bereits über fünf Stunden versuche, dich zu erreichen? Noch frustrierender ist es ja, wenn Leute einfach mitten im Chat aufhören zurückzuschreiben und sich dann für die nächsten drei Stunden nicht melden. Sind sie gestorben?

Ich hasse Leute, die nicht richtig E-Mails schreiben können

Es kommt mir schon das Grauen, wenn ich in meinem Postfach eine Mail mit dem Betreff »Eine Frage…« vorfinde, mit drei Punkten am Ende, die signalisieren, dass diese Mail länger sein wird als *Moby Dick*. Schreib doch die Frage in den Betreff! Man möchte meinen, der Sinn hinter solch modernem Hokuspokus wie E-Mails sei es, unseren Alltag zu vereinfachen und langwierige Prozesse abzukürzen. Doch dann finde ich in meiner Inbox Mails von Menschen, die so wirken, als hätten sie gerade einen Creative Writing Workshop belegt und wollen ihre neu erlernten Fähigkeiten an mir testen. Ähnlich wie ich, wenn ich erst einmal anfange, über meine liebsten Desserts zu sprechen, kommen sie in ihrer ellenlangen Mail einfach nicht zum Punkt. Ich hab gerade einen ganzen Roman gelesen und noch immer keine Ahnung, worum es geht oder was genau deine Frage ist, die du im Betreff schon so schön angeteasert hast. Für den Mailverkehr mit Michi gilt das gleiche wie für jeden anderen Verkehr mit Michi: Halten wir uns kurz, und danach will ich bitte snacken und schlafen.

Ich hasse unnötige Abkürzungen in E-Mails

»Hast du noch Kapazitäten f. eine Kooperation?«, wollte unlängst jemand in einer Mail von mir wissen. Du konntest nicht etwa Kapazitäten abkürzen? Oder Kooperation? Dafür aber das ohnehin schon sehr kurze Wort FÜR? Wie viel Zeit hast du dadurch gespart? 0,5 Sekunden?

Ich hasse es, am Wochenende E-Mails zu bekommen

Nicht selten wache ich am Samstagmorgen auf und finde gleich fünf neue E-Mails vor. Entschuldigung? Da fühle ich mich, als würde ich meinen Kühlschrank aufmachen und einen Lockenstab darin vorfinden – das gehört dort nicht hin! Weil ich partout nicht antworten will, obwohl ich natürlich massig Zeit habe, die ich ohnehin online verbringe, muss ich nun so tun, als wäre ich einer dieser Menschen, die am Wochenende »nicht ins Internet schauen«, weil ich viel zu beschäftigt mit Ziegen-Yoga und Wildwasser-Rafting bin (oder was auch immer normale Menschen am Wochenende so machen). Was kann so dringend sein, dass es nicht bis zum nächsten Werktag warten kann? Wenn ich am Montag nicht deine Leiche vorfinde, war dein Anliegen offenbar nicht sonderlich dringend.

Ich hasse diesen eigenartigen Schreibstil, den manche Menschen haben

Kennt ihr diese Leute......die in E-Mails an jeder auch nur..... irgendwie möglichen Stelle.......Punkte einfügen? Sind sie immer......nachdenklich, oder einfach nur....... ein bisschen schrullig?

Ich hasse falsch gesetzte Apostrophe

Ich würde mich gerne mal genauer mit Leuten unterhalten, die mich fragen, was meine liebsten »Kino's in Wien« sind, um ihre Beweggründe für diese prekäre Apostrophsetzung zu erfahren und ihnen dann in einem aufklärenden Gespräch mitteilen, dass ein Apostroph im Deutschen vor allem bei der Genitivbildung von Namen, die auf einen s-Laut enden (»Lars' Geburtstag«) oder bei Auslassungen im Inneren eines Wortes (»M'Gladbach«) verwendet werden, im völlig unschuldigen Wort »Kinos« aber absolut nichts verloren haben. Bei der falschen Verwendung von Apostrophen sind der Kreativität keine Grenzen gesetzt. Zwar finde ich es grundsätzlich rührend, wenn Leute ihrem verstorbenen Freund Fredy im Park »Fredy´s Bänkchen« widmen, aber finde gleichzeitig Trost in der Tatsache, dass Fredy tot ist und diesen Missbrauch der deutschen Sprache wenigstens nicht mehr sehen muss.

Ich hasse Sprachnachrichten

Ich weiß, dass Schreiben nicht deine große Stärke ist, Lisa, was du vor allem dadurch deutlich machst, dass du keinen blassen Schimmer hast, wann du »seit« oder »seid« verwenden sollst. Aber wenn du mir eine Sprachnachricht schickst, die länger als zwei Minuten dauert, werde ich sie mir einfach nicht anhören. Sorry! Ja, ich bin kein Fan davon, während Meetings und anderen Terminen auf mein Handy zu schauen, aber würdest du es schaffen, deinen Redefluss anstatt in die Sprachnachrichten-Funktion einfach in die Diktier-Funktion deines Handys zu jaulen, könnte ich zumindest einen kurzen Blick auf deinen Text werfen, um zu sehen, worum es geht – und sicherzustellen, dass du nicht gerade von Wölfen gejagt wirst und Hilfe brauchst. Aber was soll ich bei deiner ellenlangen Sprachnachricht tun? Einen Kuli unter den Tisch fallen lassen und sie mir unauffällig unter dem Tisch kauernd anhören, während ich ihn aufhebe?

Okay, ich weiß, man kann es mir wirklich nicht recht machen, denn was ich fast noch nerviger finde als lange Sprachnachrichten, sind zu kurze Sprachnachrichten. Du konntest wirklich nicht die Zeit finden, »Ja, ich komme gerne!« auszuschreiben? Die Freundschaft ist beendet!

Ich hasse Leute, die eine Frage mit »Eine Frage« einleiten

Vielleicht denken sie, dass ich supersensibel bin und vor jeder neuen Aussage Auskunft darüber will, welche Satzform mich nun erwartet. Wenn dem so ist, sollen sie es bitte durchziehen und vor jedem Aussagesatz »Ein Aussagesatz!« und vor jedem Zwischenruf »Ein Zwischenruf!« schreien.

Ich hasse Sprichwörter

»Hmm, mühsam ernährt sich das Eichhörnchen!«, sagen Leute, die Sprichwörter lieben, gerne oder blicken angestrengt in die Ferne, bevor sie »Alte Füchse gehen schwer in die Falle!« flüstern. Ich habe dich gefragt, ob du ein Taschentuch hast. Wieso sprichst du dann von Füchsen? Das mag bei normalen Menschen gut ankommen, aber da mir nicht mal die gängigsten Sprichwörter ein Begriff sind, wirken sie auf mich immer wie Nonsens quasselnde Aluhutträger, die mich mit Gleichnissen über Tiere vor dem Ende der Welt warnen möchten.

Ich hasse Leute, die im Smalltalk »Verstehst du, was ich meine?« fragen

Warum tun sie das? Habe ich den Ruf, der dümmste Mensch der Welt zu sein? »Oh, ich war letztens im Supermarkt und sie hatten keine Sojamilch mehr, verstehst du, was ich meine? Und ich trinke keine normale Milch, verstehst du?« *Hmm nein, bin mir nicht sicher, ob ich dir da folgen kann. Was meinst du mit Milch? Und was ist ein Supermarkt?* Ja, ich verstehe, was du meinst. Ich habe zwar zugegeben meine Probleme, der Storyline einer ganzen Staffel *Dark* zu folgen, aber deine kurvenreiche Milchstory kann ich gerade noch verstehen, Bianca.

Ich hasse es, wenn ich jemandem »Danke!« sage und diese Person antwortet mit »Dafür nicht!«

Okay, wofür dann? Wenn ich schon beim Danke bin, möchte ich mich auch gleich darüber aufregen, wie anstrengend ich es finde, dass Dankesworte in E-Mails so oft zu einem Teufelskreis der Dankbarkeit mutieren. »Danke für deine Hilfe!«, »Nichts zu danken, Michi, ich habe es gerne gemacht. Danke DIR, dass du mich gefragt hast!«, »Natürlich, es war mir ein Vergnügen und – wie gesagt, du warst mir eine große Hilfe! Danke dafür!«, »Oh, es freut mich, dass es dir ein Vergnügen war. Danke für die lieben Worte!« STOP! Können wir uns einfach einig sein, dass wir einander ewig dankbar sein werden und uns das viele Hin und Her sparen?

Ich hasse Leute, die Namen für Buchstaben verwenden

Am Flughafen erklären sie mir zum Beispiel, dass ich zum Gate »6 Cäsar« muss, was mich mehr verwirrt als die bislang ungeklärte Frage, ob das Licht im Kühlschrank eigentlich auch brennt, wenn der Kühlschrank geschlossen ist. Wer ist dieser mysteriöse Cäsar? Der Pilot? 6 Cäsar klingt weniger wie ein Gate und mehr wie eine Bestellung für mich und meine fünf Caesar Salad liebenden Freunde. Meine Verwirrung erreicht jedoch »Hund, der die Türklingel gehört hat«-Status, wenn jemand anfängt, seinen Namen für mich zu buchstabieren: »Ich heiße Manuel – Martha, Anton, Nordpol…« Na wie jetzt? Heißt du Manuel, Martha oder doch Anton? Jetzt haben wir ihn ganz verloren: Er brabbelt nur noch wirres Zeug. Ich weiß, ich weiß: Diese Leute machen das, damit man ähnlich klingende Buchstaben wie »M« und »N« voneinander unterscheiden kann. Aber es wird doch hoffentlich niemand denken, dass du Nanuel heißt. Als jemand, der diese Art des Buchstabierens gänzlich ablehnt, ist es mir immer unangenehm, wenn mich jemand am Telefon bittet, genauer zu sprechen. »B oder P?«, wollen sie wissen. *Mensch, welche Namen verwendet man da bloß?*, frage ich mich schwitzend, weil ich es nie gelernt habe. Ohne Zweifel sage ich dann irgendwas

Beknacktes wie »P wie Penelope Cruz!«, aber es hat sich zum Glück noch nie jemand beklagt; vermutlich, weil alle Menschen Penelope Cruz lieben.

Ich hasse Leute, die nicht schweigen können

Eigentlich bin ich ja super im Smalltalk. Stellt mich neben einen Guard vor dem Buckingham Palace, und fünfzehn Minuten später trage ich bereits seine flauschige Haube und habe herausgefunden, ob er Fan der *Twilight*-Saga und eher im Team Jacob oder im Team Edward ist. Ich habe also kein Problem, mit Menschen zu sprechen – aber dann gibt es Leute, die so große Angst vor der Stille haben wie ich vor dem Ende der Happy Hour. Sobald es mal kurz ein bisschen leise ist, fangen sie an, diese Stille mit Nonsens-Phrasen wie: »Ja, ja, so ist das nun mal, aber was will man machen? Im Leben ist es mal so und dann mal wieder so. Es geht bergauf und bergab, aber wie will man wissen, wie sich ein Höhenflug anfühlt, wenn man nie eine Talfahrt hinter sich hatte?« Sie sagen einfach *irgendetwas*, nur um etwas zu sagen.

Ich hasse Leute, die sich in Kalenderwochen ausdrücken

Jedes Mal muss ich nachschauen, wann das denn bitte sein soll. Wobei, wenn jemand sagt »Michi, hast du Lust in KW16 was zu unternehmen?«, *muss* ich gar nicht nachschauen, weil ich einfach weiß, dass ich nichts mit Leuten zu tun haben will, die in Kalenderwochen sprechen. Sie sind wie diese Eltern, die sagen, dass ihr Kind gerade 29 Monate alt ist. Entschuldigung, aber ich habe nicht um eine Rechenaufgabe gebeten; ich kann mit Ach und Krach Trinkgeld berechnen.

Ich hasse Leute, die unnötige Fragen stellen

Ich weiß schon: Manche Leute sind einfach ein bisschen doof. Ihr Rad dreht sich, aber der Hamster ist tot. Wenn sie noch blöder wären, müsste man sie zweimal die Woche gießen. Das ist schon okay, aber bitte zieht mich nicht mit unnötigen Fragen in eure Lernschwäche mit rein! Besonders an der Uni wurde ich immerzu von meinen Kommilitonen mit Fragen gelöchert, deren Antwort offensichtlich war. Eine Professorin sagte uns etwa, wir müssten als Pflichtlektüre ein bestimmtes Buch zur Gänze lesen. Meine Sitznachbarin drehte sich schockiert zu mir um und meinte direkt: »Heißt das *alle* Seiten?« Nein, Stefanie, es heißt: nur das Cover und das Inhaltsverzeichnis. Bitte verschwende nicht meine Zeit!

Noch mehr regt es mich auf, dass viele Leute einfach nicht verstehen, was »Vegetarier« bedeutet. Eine Zeit lang habe ich mich vegetarisch ernährt und mehr Leute, als ich an dieser Stelle zugeben möchte, meinten daraufhin: »Aber

SCHINKEN isst du schon, oder? Und wie ist es mit Fisch? Aber so ein bisschen Hähnchen ist doch kein Fleisch, oder doch?« Habt ihr alle den Sachunterricht in der Grundschule verpasst und nie den Unterschied zwischen einem Tier und einer Pflanze gelernt? Fragen wie diese sind der Hauptgrund, warum ich heute kein Vegetarier mehr bin.

Ich hasse Smalltalk mit Nachbarn

Ich hätte so viel mehr Zeit, wenn ich nicht die Hälfte meines Tages damit verbringen würde, mich im Müllraum zu verstecken, um dem Smalltalk mit meinen Nachbarn auszuweichen. Ich weiß auch nicht warum. Eigentlich sind sie ja nette Menschen, aber es gelingt uns einfach nicht, über normale Dinge zu sprechen. Stattdessen kreisen die Smalltalk-Themen immer um das Wetter, »diese Sauerei am Müllplatz« oder »Lebt Frau Meyer von nebenan eigentlich noch? Ich hab sie schon so lange nicht mehr husten hören!« Und bevor ich zum fünften Mal das gleiche Gespräch mit ihnen führe, verstecke ich mich lieber.

Ich hasse Leute, die ständig zwischen den Sprachen wechseln

Und ich kann nur von Glück sagen, dass ich niemanden kenne, der mit mir so redet. Aber als Hobby-Spürnase à la Agatha Christies Miss Marple kann ich es nur schwer lassen, in Bus oder Bahn die Gespräche anderer Leute zu belauschen. Nichts irritiert mich dabei mehr, als wenn die Leute mitten im Satz die Sprache wechseln. »So today I went on a really long Spaziergang, denn irgendwie ist mir zu Hause die Decke auf den Kopf gefallen and I just had to leave the house, you know. Sometimes gibt es so Tage, da muss ich einfach nach draußen. I don't know what's wrong with me!« Oh, ich habe EINIGE Ideen was mit dir nicht so recht stimmen könnte. Wie lange hast du Zeit, Klara? Ich frage mich wirklich, warum diese Leute das machen. Wissen sie, dass direkt vor ihnen ein neugieriger Österreicher sitzt, der ihr Gespräch für einen seiner bitterbösen Einträge in seinem Hass-Buch verwenden wird, und sprechen daher in Codes? Wenn ja, warum haben sie sich für die einfachste Geheimsprache der Welt entschieden, die einfach nur zwei Sprachen zusammenwürfelt, die in unseren Breiten ohnehin fast alle beherrschen?

In der Regel sind es ja zwei oder mehrere Leute, die sich so unterhalten, was für mich außerdem die Frage aufwirft, ob sie *beschlossen* haben, so zu reden, oder ob das einfach so passiert ist? Läuft das ab, wie wenn man seinem Partner vorschlägt, im Bett einen geheimen Fetisch zu befriedigen? »Du, Schatzi, ich habe mir gedacht, heute könnten wir doch mal was Neues ausprobieren und in unserem Gespräch wahllos zwischen Deutsch und Englisch hin und her wechseln. Das *pusht* wirklich all meine *buttons*, sozusagen. Ich hoffe, du bist offen für meinen verrückten Vorschlag!«

Ich hasse Leute, die es »lustig« finden, wie ich spreche

Man hört mir ja durchaus an, dass ich Österreicher bin. Schaut: Fand ich es auch irgendwie witzig, als ich durch die Zürcher Innenstadt gegangen bin und mich eine junge Frau sehr nett gefragt hat, ob sie ein »Föteli« mit mir machen darf? Na klar, ich bin doch auch nur ein Mensch! Aber es wäre mir nie eingefallen, ihr ins Gesicht zu sagen: »Die Art und Weise, wie du sprichst, finde ich ja mal richtig *witzig*! Und die Leute sagen, Comedy wäre tot! Offensichtlich haben sie dich noch nicht getroffen, du Gag-Granate!« – wie die Leute das bei mir tun. Nein! Ich weiß ja, dass es für diese Person ganz normal ist, sich so auszudrücken, und sie es definitiv nicht als Scherz gemeint hat. Genauso sehr hasse ich es dann, wenn die Leute anfangen, meine Sprache nachzuahmen und eine Imitation hinlegen, die ihrer Meinung nach »sehr treffend« ist, natürlich aber eher wie ein sterbender Wal klingt. Es gab keine Überlebenden. – Können wir uns einigen, dass es selten eine gute Idee ist, Leute zu imitieren, während sie sich mit dir in einem Raum befinden?

Ich hasse das Wort »eigentlich«

Es suggeriert immer einen subtilen Vorwurf. Fragt mich jemand: »Michi, machst du Sport?«, halte ich das für eine völlig normale Frage und antworte mit einem fünfzehnminütigen Monolog darüber, dass die Schritte, die ich im Rahmen meines Stand-Up-Comedy-Programms auf der Bühne mache, Bewegung genug für mich sind. Nächste Frage, bitte! Stellt mir aber jemand die Frage: »Michi, machst du *eigentlich* Sport?«, halte ich das für eine dünn verschleierte Kritik an meiner Fitness und kontere mit: »Das geht dich überhaupt nichts an, du widerliches Biest!«, bevor ich laut fauche wie eine Katze, die sich angegriffen fühlt. Glaubt man dem Duden, so »verstärkt oder relativiert [das Wort ›eigentlich‹] besonders in Fragesätzen eine gewisse Anteilnahme, eine vorwurfsvolle Äußerung«. Wusste ich's doch! Deine vorwurfsvolle Äußerung kannst du gerne für dich behalten, Bärbel, denn ich hasse sie. Und wusstest du *eigentlich*, dass Hassen auch ein Sport ist?

Ich hasse das Wort »teilweise«

Kein Feedback war während meiner Uni-Zeit nutzloser, als wenn andere Studierende nach einem meiner Referate anmerkten, dass meine Präsentation »teilweise ein bisschen langatmig« war. Wow, danke für dieses wertvolle Weisheits-Nugget, Joachim. Wärst du noch so gütig, mir zu offenbaren, welche Teile meiner fünfundvierzigminütigen Präsentation du genau meinst? Sonst ist deine Wortmeldung für mich nämlich in etwa genauso aufschlussreich, als hättest du als Feedback drei Minuten lang »Nana-nanana, Hey, Hey, Happy Birthday!« gesungen.

Ich hasse Leute, die sich darüber aufregen, dass ich das Wort »hassen« verwende

»Hass ist so ein starkes Wort«, lamentieren sie in einem gequälten Ton. Nein, Barbara, »Fisting« ist ein starkes Wort. Was soll ich denn stattdessen sagen? »Ach Mensch, diese eine Sache finde ich ja auch *meeeganervig?*« Da hasse ich lieber. Ich mag vor allem den Klang des Wortes; schon allein, wenn man »Hass« ausspricht, fühlt man sich, als hätte man ein bisschen Ballast abgeworfen. Es ist ein Gefühl der Befreiung, das mir die heilige Beichte leider nie geben konnte.

Ich hasse es, dass ich nie weiß, ob ich mit jemandem per Du oder per Sie sein soll

Dabei habe ich fürchterliche Angst, in ein Fettnäpfchen zu treten. Meine Nervosität führt dazu, dass ich es immer genau falsch rum mache und etwa den DJ im Club frage: »Entschuldigen Sie, gnädiger Herr, könnten Sie auch etwas von Lady Gaga spielen?«, während ich meine achtzigjährige Nachbarin so locker-lässig begrüße, als wäre ich Horst Lichter bei »Bares für Rares«: »Na, Adelheid, du kleines Mäuschen, was hast du heute Feines geplant?« In vielen Situationen bin ich mir wirklich nicht sicher, ob ich Du oder Sie sagen soll. Es gibt Menschen, mit denen ich etwa seit Jahren E-Mail-Kontakt habe und bei denen ich die direkte Anrede geschickt umschiffe, indem ich Dinge schreibe wie »Na, wie fühlen wir uns heute?«, in der Hoffnung, dass sie meine Unsicherheit erkennen und mich irgendwann von meinen Qualen erlösen, indem sie mir das Du-Wort anbieten.

Schlimmer noch finde ich es ja, von anderen Leuten gesiezt zu werden. Besonders oft passiert mir das bei Leuten, die mich aus dem Internet kennen. Man möchte doch meinen, das Internet erzeuge ein falsches Gefühl der Intimität, aber weit gefehlt! Spricht man online oft genug über Hass, erzeugt das Internet ein falsches Gefühl der Ehrfurcht, das ich spätestens dann merke, wenn die Leute mich bibbernd fragen: »Darf ich ein Selfie mit Ihnen machen, Herr Buchinger?« und selbst, nachdem ich ihnen das Du angeboten habe, darauf bestehen, mich zu siezen, was ich weniger auf Respekt, sondern vielmehr darauf zurückführe, dass ich schon mit zweiundzwanzig so ausgesehen habe, als stünde ich bereits mit einem Bein im Sarg.

Ich hasse Lückenfüller-Phrasen

Ich wünschte, die Leute würden nicht meine Zeit verschwenden, indem sie mir Dinge sagen wie: »Sozusagen, lieber Michael, könnte man im Moment annehmen, dass ich in gewisser Weise ein maßgebliches Hungergefühl, welches sich anscheinend in meiner Magengegend äußert, verspüre…« Danke für die poetische Umschreibung deines Hungers, Lord Byron, aber wieso sprichst du wie ich, wenn ich in Uni-Zeiten versucht habe, bei einer

Präsentation aus zwei Minuten Inhalt einen fünfminütigen Dialog zu machen? Komm zum Punkt!

Ich hasse Jugendwörter

Früher, als ich noch ein zackiger jünger Hüpfer war, war ich tatsächlich sehr darum bemüht, am neuesten Stand in Sachen Jugendwörtern zu bleiben. Nicht selten hat man mich dann dabei erwischt, wie ich lässig an einer Straßenecke stand und jugendlich »Sheesh!« jaulte, wenn jemand über dreißig an mir vorbeiging. Mittlerweile ist das Lernen dieser Wortneuschöpfungen auf meiner Prioritätenliste allerdings sogar noch tiefer gesunken als »Regelmäßig Zahnseide verwenden« – sie sind mir einfach egal. In dem Moment, in dem ich auf Urban Dictionary nachschauen muss, was du da gerade gesagt hast, ist es mir schon nicht mehr wichtig genug. Wenn ich jetzt ein Wort höre, das ich nicht kenne, denke ich mir einfach »Hach, die Jugend!« und finde mich damit ab, dass ich die Bedeutung dieser Wörter – ähnlich wie die wahren Tathergänge im O.J. Simpson Fall – wohl nie herausfinden werde. Wenn Jugendliche Laute wie *cringe*, *skrrrt* oder *okrrr* von sich geben, sehe ich sie immer wie süße kleine Roboter, die durch die Gegend rollen und wahllos »Beep, Bop, Boop!« sagen. Eigentlich stört mich ja, dass diesen Youngsters offenbar die Fähigkeit fehlt, ihrem Gegenüber entgegenzukommen. Ich begrüße meine neunzigjährige Nachbarin auch nicht mit: »Yo, Ulrike, du crazy Sau, bist mal wieder fett am Raven?«

Natürlich primär, weil ich mich nicht so ausdrücke, aber auch, weil ich weiß, dass sie mich nicht verstehen würde. Es schmeichelt mir ja, dass du denkst, ich wisse, was deine Laute bedeuten, Laurenz, aber ich habe gerade keinen blassen Schimmer, ob du tatsächlich mit mir kommunizieren willst oder gerade einen Schlaganfall hast.

Ich hasse es, wenn jemand auf meine SMS mit einem Anruf antwortet

Zumal wenn ich bloß eine einfache Frage gestellt habe, auf die man mit »Ja« oder »Nein« hätte antworten können. Ähnlich wie ein Politiker, der auf eine Frage einfach keine klare Antwort geben will, lullen sie mich dann am Telefon in einen Wortschwall ein, der mehr Fragen aufwirft, als er beantwortet. Ich wollte doch bloß wissen, ob du mir die Nummer deines Klempners geben kannst. Dass du mich jetzt anrufst, mir eine schillernde Anekdote über »Rohrexperte Robert« erzählst und mir dann seine Nummer diktierst, hilft mir absolut nicht weiter, da ich natürlich keinen Stift dabeihabe, um sie mir zu notieren. Keine Sorge, ich bin kein schüchternes Mauerblümchen, das sich nicht zuzugeben traut, dass es deine Stimme hören will. Wenn ich telefonieren wollte, hätte ich dich angerufen.

Genauso sehr hasse ich es, wenn Geschäftspartner mich anrufen, nachdem ich ihnen eine E-Mail geschickt habe. Das verheißt nie etwas Gutes, und ich kann mir immer sicher sein, dass sie mich im Laufe des Telefonats zu zwielichtigen Machenschaften anstiften werden, wie etwa die vereinbarte Produktplatzierung auf Instagram lieber nicht als »Bezahlte Werbung« zu markieren oder etwa vorschlagen, als Bezahlung einfach ein Bündel Geldscheine unter den Tisch fallen zu lassen, welches ich »zufällig« aufhebe – kein Grund, eine Rechnung zu stellen und lästige Steuern zu zahlen – *hahahaha!* Netter Versuch, Ralph, aber wenn es dir so wichtig ist, gib es mir schriftlich!

Ich hasse Anrufe von unbekannten Nummern

Mein erster Gedanke ist dann immer, mein Handy aus dem Fenster zu werfen und mir ein neues Leben als Technologie-Verweigerer aufzubauen. Ich habe genug Horrorfilme gesehen, um zu wissen, dass es sich höchstwahrscheinlich um einen Mörder handelt, der sich bereits in meinem Haus befindet. Das, oder meinen Bankberater. Beides schlimm! Mein zweiter Gedanke, für den ich mich meistens tatsächlich entscheide, ist einfach nicht ranzugehen und stattdessen hektisch nach dieser mir unbekannten Nummer im Internet zu googeln, als Lösungsansatz für den rätselhaften Fall rund um den mysteriösen Anrufer, in den ich mich nun verwickelt sehe – ein Fall, den ich auch binnen weniger Sekunden hätte lösen können, hätte ich einfach das Telefon abgehoben. Entschuldigung, aber ich bin doch ein zart besaiteter, kleiner Millennial. Schreibt mir doch bitte als Vorwarnung eine SMS oder eine E-Mail, ehe ihr mich einfach so anruft!

Ich hasse Massen-SMS

Einige meiner Freunde neigen dazu, Nachrichten mit Inhalten wie »Gehe morgen ins Kino – hat irgendjemand Lust mitzugehen?« an eine große Gruppe an Menschen zu schicken, so als wären sie ein Fischer, der einfach ein Netz in den Ozean wirft und schaut, ob irgendetwas in seine Falle tappt. Ist es dir wirklich so egal, mit wem du ins Kino gehst, Heiko? Das Schlimme an diesen Nachrichten ist, dass man keinen blassen Schimmer hat, wer die anderen Empfänger sind. Wenn ich also Ja sagen würde (was nicht passieren wird, da ich mich nicht bloß als »irgendjemand« sehe und mir in einer Nachricht eine persönliche Begrüßung und Verabschiedung erwarte), kann es durchaus sein, dass mein absoluter Erzfeind ebenfalls mit von der Partie ist und ich erst wenige Sekunden, bevor ich neben ihm in einem dunklen Raum eingesperrt werde, um zwei Stunden lang auf einer riesigen Leinwand Jennifer Aniston anzustarren, Wind davon bekomme. Leute, die solche Massen-SMS verschicken, verstehen nicht, dass es sich nicht gut anfühlt, im Leben einer anderen Person bloß eine gesichtslose Nummer zu sein, die in einem riesigen »Hast du Lust, was zu unternehmen?«-Verteiler gefangen ist. Ich komme mir vor wie der Empfänger eines Newsletters, für den ich mich nie angemeldet habe – mit dem großen Nachteil, dass in der gesamten Nachricht kein »Abmelden«-Button zu finden ist.

Ich hasse Leute, die zu laut tippen

Manchmal sitze ich in einem Café oder in der Bahn neben einer Person, die so laut in die Tasten ihres Laptops haut, dass ich vermute, sie könnte gerade einen blutrünstigen Drohbrief verfassen. Reg dich ab, Regina, du bist nicht zu Hause! Genauso unangenehm finde ich es, mich in Gegenwart von Leuten zu befinden, die ihr Handy nicht stumm geschaltet haben. Alle im Umkreis von fünf Metern kommen in den Genuss der digitalen Tastentöne, sowie der Senden- und Empfangen-Geräusche. Hey, du hältst doch dein Handy ohnehin durchgehend in der Hand, als wäre es daran festgeleimt. Ich bin sicher, du brauchst kein Bimmeln, das man bis nach Ungarn hört, um mitzubekommen, wenn im Rahmen deines feurigen Schlagabtauschs eine neue Nachricht eintrudelt.

Ich hasse Leute, die einfach nicht verstehen, wann eine digitale Unterhaltung zu Ende ist

Obwohl man schon all die Signale gesendet hat: Auf die letzte Nachricht hat man schon gar nicht mehr geantwortet, sondern sie einfach nur mit »Gefällt mir« markiert und im Gespräch ausreichend oft gestreut, dass es jetzt ja wirklich schon spät ist und man morgen früh rausmuss. Doch da hat man die Rechnung ohne diese ganz besonderen Menschen gemacht, die gegen Signale jeglicher Art immun sind. Fröhlich schreiben sie weiter und reißen sogar ein völlig neues Thema an, da sie gerne die ganze Nacht mit dir chatten wollen. Ich hab schon kapiert, dass dir langweilig ist und du nicht schlafen kannst, Alex! Aber schau doch einfach Astro-TV, wie der Rest von uns!

*****

Michis Aufklärung: E-Mail-Floskeln und ihre wahre Bedeutung

Als jemand, der so viele E-Mails erhält, dass er beim Eintrudeln einer neuen jedes Mal gerne laut schreien möchte, bin ich mittlerweile äußerst geübt im E-Mail-Slang und weiß, dass viele der im Mailverkehr verwendeten Floskeln in Wahrheit eine völlig andere Bedeutung haben:

Vielen Dank für deine Mail – Toll, *noch* eine Mail. Genau das, was ich jetzt brauche.

Wie in meiner letzten Mail erwähnt – Kannst du nicht lesen? Oder warum stellst du so dumme Fragen?

Ich bin mir nicht sicher, ob Sie meine letzte Mail erhalten haben – Hör auf, mich zu ignorieren, du kannst mir nicht entkommen.

Mir ist aufgefallen… – Tja, da hast du wohl wieder einen deiner vielen Fehler gemacht.

Ich wollte mal kurz bei Ihnen nachhaken… – Eigentlich hätte ich deine Antwort vorgestern gebraucht, du faule Nuss.

Vielleicht ist meine letzte Mail ja in Ihrem Postfach untergegangen – Ich terrorisiere dich jetzt einfach so lange mit E-Mails, bis du mir antwortest.

Das kann ja mal passieren – Also *mir* ist das noch nie passiert.

Ich setze meine Kollegin in cc – Soll die sich doch um deinen Scheiß kümmern.

Weitere Informationen dazu finden Sie im Internet unter… – Du hättest es auch einfach googeln können, anstatt mich hier mit einer weiteren E-Mail zu belasten.

Ich hoffe, ich konnte Ihnen weiterhelfen – Das war's; mehr mache ich sicher nicht für dich.

Ich melde mich verlässlich zurück – Ich habe das bereits jetzt schon wieder vergessen, sorry.

Vielen Dank im Voraus – Du hast noch nicht mal zugestimmt, aber jetzt musst du es ja wohl machen.

Hoppla, vielleicht habe ich mich nicht deutlich ausgedrückt – Doch, habe ich, aber du hast es einfach nicht verstanden.

Für weitere Auskünfte stehe ich Ihnen gerne zur Verfügung – Bitte melde dich nie wieder bei mir.

Mit freundlichen Grüßen – Hier mein Versuch, abschließend höflich zu wirken, nachdem ich dich mit unzähligen Forderungen zugemüllt habe.

Lieben Gruß – Ich hasse dich und wenn du glaubst, dass du mehrere liebe Grüße von mir bekommst, hast du dich geschnitten.

XI.
LEUTE, ORTE UND DINGE

»Die Hölle, das sind die anderen«, wusste schon Jean-Paul Sartre, und da bin ich ganz bei ihm: Mein Leben wäre vermutlich eine ausgelassene Parade an Sonnenschein und Regenbögen, wenn ich nicht ständig anderen Leuten mit ihren anstrengenden Angewohnheiten und nervigen Meinungen begegnen würde. Vielleicht wäre es sogar ratsam für mich, mich mal einer Mitmenschen-Detox zu unterziehen. Personen, die Suchtprobleme haben und etwa gerade mit dem Trinken aufgehört haben, sagt man doch gerne mal, dass sie sich eine Zeit lang von »Leuten, Orten und Dingen« fernhalten sollen. Nun, ich finde, das Gleiche gilt auch für Leute, die ein bisschen zu viel hassen (wer? Ich?). Hier daher eine Liste von Leuten, Orten und Dingen, die ich besonders hasse und vermutlich meiden sollte. Oder anders gesagt: Hasspunkte, die einfach in kein anderes Kapitel gepasst haben.

Ich hasse Leute, die mir sagen, sie akzeptieren meine Homosexualität, aber ich solle sie doch bitte nicht so öffentlich zeigen

Das ist in etwa so, als würde ich sagen: »Ich liebe deine neue Frisur, Cassandra, aber setz dir ab jetzt in der Öffentlichkeit vielleicht besser einen Hut auf!« oder »Ein tolles Album hast du da produziert, Jochen, aber am besten, du spielst die Songs nur alleine im Keller, wo dich niemand hören kann! Hahaha, ist nicht böse gemeint. Ich liebe deine Musik!«

Ich hasse es, wenn meine Nachbarn ein falsches Bild von mir bekommen

Ich *liebe* neue Nachbarn: neue Leute, neue Chance! Neue Nachbarn haben mich *noch nie* auf meiner Türmatte schlafen sehen, weil ich dachte, meinen Schlüssel verloren zu haben. Trotzdem möchte ich auch nicht wie ein besserer Mensch wirken, als ich tatsächlich bin. Einmal sind nebenan neue Mieter eingezogen, just in der einen Woche, in der ich beschlossen hatte, wieder öfter laufen zu gehen. Bereits in ihrer ersten Woche sahen sie mich also fünfmal in meiner vollen Jogging-Montur im Flur und dachten sich wohl: »Wow, dieser Michael von nebenan ist ja ein wirklich sportlicher Typ!«

Ich hasse Menschengruppen, die direkt nebeneinander durch die Stadt gehen und sehr viel Platz einnehmen

Das ist dann wie bei Taylor Swift und ihrem Girl Squad im *Bad-Blood*-Musikvideo. Dass ich ein schlechter Mensch bin, merke ich vor allem daran: Immer, wenn ich fast in einen langsamen Fußgänger reinlaufe, überlege ich kurz, ob ich ausweichen oder voll in ihn reindonnern soll, damit er »seine Lektion lernt«. Schlimmer noch sind aber Menschen, die in Gruppen langsam gehen. Sie marschieren in einer beeindruckenden Formation, die vage an einen Suchtrupp erinnert, der durch den Wald watet, um eine Kinderleiche aufzuspüren, aber man kommt einfach unmöglich an ihnen vorbei, da sie sich weigern, ihren magischen Bund zu brechen. Wage ich doch ein riskantes Überholmanöver, sehen mich all ihre vierzehn Augen böse an, als wäre *ich* der Komische und nicht diese Leute, die durch die Stadt schreiten wie eine Gruppe von »Victoria's Secret«-Angels.

Ich hasse Leute, die alles vorlesen

Ich habe eine Theorie, die besagt, dass Menschen, sobald sie über sechzig sind, anfangen, Dinge vorzulesen, als würden sie staatliche Förderung dafür erhalten. Besonders gern gehen sie diesem Steckenpferd bei langen Autofahrten nach. Für alte Leute ist das wie ein Ausflug in den Vergnügungspark. Sie denken sich: »Sieh mal an, all diese Schilder! Am besten, ich lese sie alle vor!« Und dann geht es auch schon los: Ein endloser Monolog, als würde man am Handy einen Text markieren und versehentlich auf »Vorlesen« tippen. »Telekom, -20% Rabatt, kaufen sie jetzt, alles billiger, nur bei uns, Einfahrt, Parken verboten, Eltern haften für ihre Kinder.« Das Einzige, was in solchen Situationen hilft, ist absichtlich einen Umweg durch das

Rotlichtmilieu anzusteuern und an besonders vielen Sex-shops vorbeizufahren – augenblicklich hören die alten Leute auf, *diese* Dinge vorzulesen.

Ich hasse Leute, die mir raten, mich doch einfach zu entspannen

Wenn ich mich darüber beklage, gestresst oder ange-spannt zu sein (was, zugegeben, sehr oft der Fall ist), kommt immer mindestens eine Person angeeiert, die mir sagt: »Ach Michi, entspann dich doch einfach!« »HEU-REKA! Daran habe ich ja noch gar nicht gedacht. *Entspan-nen!* Das ist es! Genial!« Eine solche Reaktion ist mir lei-der noch niemals eingefallen. Vielmehr ist mein Puls fast immer von 160 auf 180 gestiegen, und ich habe angefan-gen, diese besonders hilfreiche Person mit einem borsti-gen Besen zu verscheuchen.

Ich hasse langweilige Menschen, deren Vorstellung von einem »guten Abend« es ist, einen Multivitaminsaft aufzureißen und mehrere Runden *Das verrückte Labyrinth* zu spielen

Natürlich ist es frech, die ganze Existenz einer Person als »langweilig« abzustempeln. Und ich bin auch sicher, du kannst richtig wild und verrucht sein, wenn du willst,

Markus. Bloß habe ich es noch nie gemerkt. Es stört mich, wenn solche Menschen dann denken, man könne »irre viel Spaß« mit ihnen haben und mich unentwegt zu einem »weiteren crazy Abend« zu sich einladen. Etwa so wie damals, als wir stumm nebeneinander am Sofa gesessen sind und uns die DVD-Extras von *Mrs. Doubtfire* angesehen haben, woraufhin du nach fünfzehn Minuten eingeschlafen bist? Entschuldigung, waren wir beim selben Treffen? Es war *megalangweilig*. Ich hab heimlich Wein in meine Teetasse geschüttet und hatte trotzdem keinen Spaß.

Das sind übrigens oft dieselben Leute, die zwanghaft versuchen, »Insider« bei dir zu etablieren. Du kannst sagen »Ich hätte gerne ein Glas Orangensaft!«, und sie drehen sich zu dir um und sagen augenzwinkernd: »Hehe, *SAFT*! Kannst du dich noch erinnern, Michael, als wir gemeinsam diesen Multivitaminsaft getrunken haben? LOL! *Insider*!« Irrtum, das ist kein Insider! Es ist einfach eine völlig normale Sache, die passiert ist und die – wie die meisten anderen Dinge, die man mit dir unternimmt – nicht sonderlich erinnerungswürdig war.

Ich hasse Leute, die gerne lästern

Ich erzähle ihnen etwa, dass ich morgen wieder meine Freundin Tina treffe, und sie bekommen plötzlich einen verschwörerischen Blick und nuscheln: »Oh, über die kann ich dir auch ein paar Geschichten erzählen…« In erster Linie: unhöflich! Ich hab dir doch gerade gesagt, dass sie eine Freundin von mir ist. Und in zweiter Linie: natürlich! *Jeder* kann Geschichten über Tina erzählen; sie hatte bereits mehr Männer in sich als das trojanische Pferd, und ich finde das toll! Als Unruhestifter, der nur auf Drama aus ist, frage ich mein lästerndes Gegenüber dann natürlich: »Was, wie meinst du das denn?« Und dann kommt als Antwort gerne mal: »Nein, das sage ich jetzt lieber nicht, das ist eine lange und komplizierte Geschichte.« Entschuldigung? Ja, Lästern ist eine Unart. Aber eine noch größere Unart ist es, mit Lästern anzufangen und dann aufzuhören, weil es dir plötzlich nicht angebracht erscheint. Ich biete dir doch auch kein saftiges, frisch gebackenes Stück Torte an und sage dann: »Oh, aber du kannst es leider nicht essen, das wäre zu kompliziert…«

Ich hasse Leute, die wie ein Baby sprechen, wenn sie einen Gefallen von mir wollen

Vor allem, wenn sie die Vokale meines Namens langziehen: »Miiiichiiii, darf ich dich um einen Gefallen bitten?«, fragen sie mich in einer Piepsstimme, die eigentlich nur Hunde hören können. Vermutlich denken sie, ich könne einem süßen Baby, das sich 500 Euro von mir ausborgen möchte, einfach nicht Nein sagen, aber da haben sie sich geschnitten: Besonders bei Babys und Kleinkindern habe ich kein Problem, Nein zu sagen, da sie früh genug lernen müssen, dass das Leben nun mal kein Wunschkonzert, sondern grundsätzlich eher eine Aneinanderreihung von Enttäuschungen und Absagen ist.

Ich hasse Leute, die kein Nein verstehen, wenn sie einen Vorschlag machen

»Michael, mein Freund, möchtest du einen Töpferkurs mit mir besuchen?«, wollen sie wissen. Zunächst mal lache ich eine halbe Minute – witzig, dass du denkst, dass wir Freunde seien, Emanuel! Lieber würde ich mich einer Wurzelbehandlung unterziehen, als mit dir einen Töpferkurs zu belegen. Natürlich spreche ich diese Dinge nicht *wirklich* aus. Ich wurde gut erzogen und spreche ausschließlich hinter dem Rücken der anderen negativ über sie! Also sage ich einfach kurz und knapp: »Nein, danke, darauf habe ich keine Lust!«

Doch für viele Leute ist ein »Nein« nicht das Ende der Diskussion, sondern eine offene Einladung, die harten Geschütze aufzufahren. Sie tun so, als hätten sie deine Antwort nicht gehört und diese nur für das Rauschen des Windes gehalten. Unbedingt wollen sie mich von dem Unterfangen – das ich bereits abgelehnt habe – überzeugen: »Der Töpferkurs kostet 180 Euro und findet am Sonntag um 8:00 Uhr morgens statt. Das wird super für unsere Freundschaft!« Wieso glaubst du, dass es mich umstimmt, wenn du zu dem ohnehin schon fürchterlichen Unterfangen Töpferkurs auch noch viele weitere Dinge aufzählst, die ich einfach nicht mag? Wer leitet den Töpferkurs? Hitler? »Nein« ist eine komplette Antwort, also bitte respektiere es. Wenn du kein Nein hören kannst, schlage ich vor, dass du in die Datingwelt einsteigst. Als ich noch gedatet habe, habe ich mehr Neins gehört als die Zeugen Jehovas, und es hat mich gelehrt, mit Abweisung umzugehen.

Apropos, ich hasse Leute, die nach einem »Nein« abrupt die Stimmung wechseln

»Michael, hast du Lust, mit mir einen Ausflug nach Salzburg zu unternehmen?«, fragen sie mich zuckersüß. Bei aller Liebe zu *The Sound of Music* – wenn ich noch mal in das teure, touristenüberfüllte Salzburg muss, dann singe ich »So Long, Farewell«, erklimme einen Berg und werfe mich von diesem runter. Also lehne ich höflich ab. *Nein, danke!* Doch dann kippt ihre Stimmung schneller als mein Kontostand nach einem Besuch im Tortenparadies. »Du bist so egoistisch. Auf dich ist einfach nie Verlass, was bist denn du für ein Freund? Mit dir wollte ich ohnehin *nie* nach Salzburg.« Na ja… doch, genau das hast du doch nur ein paar Augenblicke zuvor gesagt! Ich werde Zeuge einer Wut, wie ich sie sonst nur von Rolf, dem kleinen Nazijungen aus *The Sound of Music*, kenne. Bei deinen Stimmungsschwankungen würde ich dir raten, einen Stimmungsring zu tragen, damit wir alle mit einem Funkeln in den Augen dieses wunderbare Farbenspiel beobachten können – wie es sonst wohl nur Aurora Borealis oder ein Helene-Fischer-Konzert bieten.

Ich hasse Freundschaften, die zu viel Pflege benötigen

Manche Leute wollen sich so oft mit mir treffen, dass ich insgeheim vermute, sie sind nur hinter meinem Glückstaler her. Wir sind seit zehn Jahren befreundet und sehen uns mindestens einmal die Woche: Was muss ich denn noch tun, um dir zu versichern, dass ich dich mag? Mir deinen Namen tätowieren lassen? Wir alle haben doch arbeitsintensive Phasen, in denen das Sozialleben vielleicht ein bisschen mehr nach hinten rutscht, aber das Schöne an langjährigen Freundschaften ist ja, dass man selbst nach zwei Monaten Funkstille wieder nahtlos in das Gespräch einsteigen kann. Manchmal fühle ich mich etwas erdrückt, wenn gewisse Freunde mehr Zeit von mir brauchen, als ich ihnen gerade geben kann, und mich direkt am Ende unseres Treffens fragen, ob wir uns denn vielleicht morgen wiedersehen. Ja, ich weiß, es ist jammerschade, dass auch so wunderbare Dinge wie ein Treffen mit mir irgendwann mal enden müssen, aber wir haben uns doch gerade schon für drei Stunden gesehen. Kannst du dich nicht mehr erinnern?

Ich hasse Leute, die vorgeben, im »falschen« Land geboren zu sein

Mein Englischstudium war voll von Leuten, die mit einem »Rough Trade London«-Jutebeutel in den Vorlesungssaal geschlendert kamen und völlig ungefragt Dinge von sich gaben wie: »Well, actually I was born in Great Britain, wasn't I?« Babsi, du bist aus Deutschkreutz im Burgenland. Wir alle wissen es! Es würde mich auch nicht wundern, wenn diese Menschen auf der falschen Straßenseite herumkurven, weil man es in ihrer »eigentlichen« Heimat so macht.

Ich hasse Vorstellungsrunden, wie sie besonders an der Uni beliebt sind

Am Anfang eines jeden Kurses und jeder kleineren Vorlesung wird man ja regelrecht dazu gezwungen, sich den anderen vorzustellen, was mir natürlich überhaupt nicht passt. Freiwillig würde ich etwas von mir und »meinem Weg« nur im Rahmen des Zwölf-Schritte-Programms der Anonymen Alkoholiker erzählen; und – ganz ehrlich – die anderen Anwesenden interessieren mich leider in etwa so sehr wie der Beipackzettel meiner Schmerztabletten. Aber gut, diese Tradition *muss* wohl sein. So kommt also die erste Person dran, die sich vorstellen soll, und sagt ohne Zweifel immer etwas wie: »Mein Name ist Tamara, ich bin 25 Jahre alt und mein Lieblingstier ist die *RAUPE*!«, woraufhin alle lachen – aber nicht auf diese »Hahaha, Comedy!!!«-Art und Weise, sondern mehr in der »Oh Mann, in welcher Hölle bin ich hier wieder gelandet?«-Manier. »Super«, denke ich mir, »die Vorstellungsrunde war bereits nützlich«, und mache mir eine mentale Notiz, nie wieder ein Wort mit der verrückten Raupen-Lady Tamara zu wechseln. Nur noch unangenehmer wird die Situation dadurch, dass sich nun alle Anwesenden ein Vorbild an Tamara nehmen und ebenfalls ihr Lieblingstier nennen. Ich bin ein erwachsener Mann; ich habe kein Lieblingstier! Meine Gedanken rasen, und als ich dann schließlich drankomme, sage ich etwas Dummes wie: »Mein Name ist Michael und mein Lieblingstier ist der Wurm am Boden einer Tequila-Flasche!« Niemand lacht, und schon bin ich auch in diesem Kurs wieder der absolute Außenseiter. Genial!

Ich hasse Leute, die für die Uni leben

Ich gebe es ja zu: Während meines Studiums habe ich mir nicht immer so viel Mühe gegeben, wie ich hätte können. Zu beschäftigt war ich mit meinem Sozialleben und meinen eigenen kreativen Projekten, um im Kurs »History of English« mehr zu leisten als unbedingt nötig, um – ähnlich wie bei einer Limbo-Stange – einfach ganz knapp durchzukommen. Für mich war das ideal: Ich habe meinen Abschluss bekommen, durchaus was gelernt und hatte aufgrund meines niedrigen Anspruchs an mich selbst nebenbei genug Zeit, um an meiner Karriere zu feilen.

Meine Freunde und meine Familie haben meine Herangehensweise immer akzeptiert, doch Kommilitonen der Gattung »Übereifrig« wollten mir durchgehend ein schlechtes Gewissen einreden: »Was? Dieses Semester belegst du *nur drei Kurse*?«, wollten sie wissen. Das waren natürlich immer jene Leute, die zwei Studien gleichzeitig am Laufen hatten, sich bei der Wohnungssuche gezielt für eine Wohnung im Zweihundert-Meter-Umkreis vom Campus entschieden hatten und – wenn sie mal abends das Haus verließen – ausschließlich Uni-Partys wie das »große Anglistik-Clubbing« besuchten (Ende immer um 22:30 Uhr). Fünf Jahre nach meinem Abschluss sind manche dieser Leute übrigens *noch immer* im Bachelor-Studium – entweder, weil sie sich zu viel zugemutet haben, oder weil sie die Uni einfach so sehr lieben. Daran ist ja auch überhaupt nichts falsch, aber bitte redet mir kein schlechtes Gewissen ein, weil ich für das akademische Leben nicht ganz so sehr brenne wie ihr.

Ich hasse Wohnungsbesichtigungen

Es ist doch ohnehin schon so schwer, eine gute Wohnung zu finden. Ich stelle es mir leichter vor, ins Weiße Haus einzuziehen, als in eine schöne, erschwingliche Wohnung in einem der guten Bezirke Wiens. Als wäre das nicht schon schlimm genug, muss man dann auch noch diese fürchterlichen Massenbesichtigungen über sich ergehen lassen, bei denen dreißig Leute in der Wohnung ihre Runden ziehen und allesamt *äußerst interessiert* daran sind. Ich hasse diesen Wettbewerb und komme mir direkt vor wie eine der Kandidatinnen bei *Germany's Next Topmodel*, die Drama anzetteln und als einzige aufs Cover der *Harper's Bazaar* – beziehungsweise in diesem Fall in die Wohnung einziehen – wollen. Gefällt einem die Wohnung, muss man nun umso mehr darum buhlen und sich besonders aufdringlich mindestens dreimal die Woche bei der Maklerin melden, so als wäre sie ein heißes Date, nur um zu beweisen, dass man wirklich *großes Interesse* hat. Das ist mir schon wieder viel zu anstrengend, selbst wenn die Wohnung über einen lichtdurchfluteten Erker verfügt.

Mein Freund und ich hatten bei diesen Besichtigungen nie sonderlich gute Chancen: Da wir beide selbstständig sind, dachten die meisten Makler direkt, dass wir von Auftrag zu Auftrag leben und schon nach zwei Monaten nicht mehr die Miete bezahlen könnten. Und dann auch noch ein schwules Paar, das in wilder Ehe lebt? Nein, danke, wir nehmen lieber die Familie mit drei Kindern, weil wir alle wissen, dass Kinder-Haben *absolut nicht* teuer ist und diese tollen Menschen sicherlich jeden Monat pünktlich bezahlen werden. Das alles war so nervenaufreibend, dass wir im Endeffekt eine Wohnung gekauft haben.

Ich hasse Spendensammler

Und ich fühle mich auch ganz schlecht deswegen. Ich bin der Wohltätigkeit ja nicht abgeneigt und mache auch regelmäßig bei Charity Runs mit, um Geld für Zwecke, die mir wichtig sind, zu sammeln (und ein paar Kalorien zu verbrennen). Ein angenehmer Nebeneffekt an diesen Läufen ist übrigens, dass sie meine Kondition stärken, um im Alltag vor Spendensammlern auf der Straße und ihren dubiosen Methoden davonzulaufen. Von schamlosem

Catcalling bis hin zu wüsten Beleidigungen ist da alles dabei. Es fühlt sich daher nicht viel anders an als ein Sexdate mit BDSM-Fokus. Nichts lässt mich schneller mein Portemonnaie zücken, als wenn mich jemand mit »Hey, du sexy Kerl« begrüßt und mir, wenn ich sage, dass ich in Eile bin, hinterherruft, dass die Leistungsgesellschaft mein Leben zerstören wird. Ähnlich wie meiner Tante Irmgard signalisieren auch diesen Leuten nicht mal Sonnenbrille, Blick nach unten und Kopfhörer im Ohr, dass ich gerade nicht zu einem Pläuschchen aufgelegt bin.

Aber ich verstehe sie ja ein bisschen, sie machen nur ihren Job. Großes Unverständnis habe ich dagegen für Spendensammler, die bis vor meine Wohnungstür kommen. Wenn du es irgendwie an zwei versperrten Türen vorbeigeschafft hast und jetzt mit einem Bein in meinem Vorzimmer stehst, habe ich viele Fragen an dich, und keine von ihnen lautet: »Wie viel darf ich spenden, und wo muss ich unterschreiben?«

Ich hasse Flyer

Das Einzige, was ich mir gern in die Hand drücken lasse, ist ein Rezept für ein gutes Schlafmittel. Wenn ich einen Flyer für ein Produkt erhalte, beschließe ich, dieses unter absolut keinen Umständen zu kaufen, bevor ich den Zettel in der nächsten Mülltonne entsorge.

Ich hasse es, wenn Leute aufgrund meiner Homosexualität gewisse Dinge von mir erwarten

So sind sie vielleicht »enttäuscht«, weil ich noch nie *Moulin Rouge* gesehen habe und sie ja so gerne mit mir über die Kostüme in diesem Film sprechen wollten. Was für ein komisches Vorurteil! Du bist doch hetero, Claudia, also erzähl mir bitte mehr über die versteckten Freuden des Briefmarkensammelns.

Ich hasse Menschen, die ihr blödes Verhalten auf den Mond schieben

»Tut mir leid, dass ich deinem Verlobten ins Gesicht gespuckt habe, Monika. Ich kann ja auch nichts dafür – gestern war VOLLMOND!« »Wenn in meinem Horoskop etwas steht wie ›Tun Sie es einfach, egal was andere denken!‹, dann nehme ich es als Erlaubnis, alleine einen ganzen halben Liter Ben & Jerry's zu essen.« Generell kann ich nicht ganz nachvollziehen, wenn meine Mitmenschen den Sternen ein bisschen zu viel Gewicht geben. Sehe ich mir zum Beispiel das Paar-Horoskop von meinem Freund und mir an, dann sollten wir nicht nur schon längst getrennt sein, sondern hätten bereits mehrere gegenseitige Mordversuche hinter uns.

Ich glaube einfach, dass viele Leute in den Sternen eine Rechtfertigung für ihr blödes Verhalten suchen, und frage mich, wie weit mich das bringen würde. Wie wär's mit: »Es tut mir leid, dass es zu dieser Situation kommen musste. Aber in meinem Mondkalender stand, heute wäre der perfekte Tag für eine bewaffnete Geiselnahme in einer Bankfiliale. Typisch Waage, hab ich recht?«

Ich hasse Meetings

Besonderes jene, in denen Bullshit Bingo gespielt wird und man sich einig ist, dass die Brainstorming-Session mal wieder total viele wertvolle Incentives und Crossover Opportunities hervorgebracht hat. Bei Meetings sind alle immer total begeistert von mir und versprechen mir für meine Karriere das Blaue vom Himmel, nur um sich dann – ähnlich wie auch all die Dates, die eine »schöne Nacht« mit mir hatten – nie wieder bei mir zu melden. »Alles klar! Wir bleiben in Kontakt!« ist für mich mittlerweile nichts anderes mehr als Code für: ›Ich hoffe, wir sehen und hören uns nie wieder!‹ Außerdem stresst es mich, dass es in vielen Meetings – besonders, wenn man sich in einer Sache nicht ganz einig ist – oft notwendig ist, Dominanz zu beweisen, was mir meistens äußerst schwerfällt.

Nach all den Jahren habe ich zum Glück einige Tricks entwickelt, um von Anfang an die Oberhand zu haben. So ist es etwa mein liebster psychologischer Trick, gleich am Anfang beim Händeschütteln laut »AAAARRGHH MEINE HAND!!!« zu schreien, um zu suggerieren, dass mein Gegenüber mir wehgetan hat, und direkt in die Opferrolle zu schlüpfen. Wenn es dann später, bei den Verhandlungen, um Geld geht, wimmere ich hie und da leise vor mich hin und jaule: »Ich glaube, sie ist gebrochen…«, um eine höhere Summe mit einkalkuliertem Schweigegeld verlangen zu können.

Ich hasse neumodische Kindernamen

Kinder sollten ausschließlich nach Königen und Königinnen benannt werden. Diese Einstellung rührt natürlich daher, dass ich von allen Kindern in meinem Umfeld erwarte, dass sie eines Tages hohe Ämter einnehmen. Aber ich kann mir beim besten Willen nicht vorstellen, eines Tages stolz vom »Bundespräsidenten Joshua« oder der »Vorstandsvorsitzenden Sky-Lou« zu hören.

Ich hasse Leute, die denken, dass mich ihre Kinder brennend interessieren

Es tut mir leid, aber wenn du nicht zu meinem inneren Kreis gehörst, interessieren mich die Fotos deiner Babys nicht die Bohne. Letztens bin ich im Flugzeug gesessen, und die Person neben mir wollte mir unbedingt Fotos ihrer Enkelkinder zeigen. Ähm…nein? Entschuldigung, aber ich esse gerade. Manchmal denke ich mir: »Ach komm schon, Michi, sei *einmal* nett!« und sehe mir die Babyfotos dieser absolut fremden Person an, weiß dann aber nie, was

ich beim Betrachten sagen soll. »Wow, was für ein Foto…
sehr Baby! Das sieht ja wirklich komplett anders aus als alle
anderen Babys, die ich je gesehen habe!« Schlimmer noch
finde ich es, wenn die Leute ihre Babys dabeihaben und sie
mir zeigen oder – welch Horror! – in die Hand drücken.

Ich weiß nie, wie ich damit umgehen soll. Während
ich Hunde immer überschwänglich mit »Naaa HALLO
du kleines WUFFI!! Wie geht's dir? Wie heißt du denn, du
süßer RACKER!!!?« begrüße, sage ich zu Babys allerhöchstens: »Guten Tag, Herr Baby. [Unangenehme Stille] Und…
haben Sie gute Filme gesehen in letzter Zeit?«

Trotz all der Liebe zu Hunden hasse ich allerdings Hundebesitzer, die mir versichern, dass ihr Racker »nur spielen« möchte, während er auf mir herumspringt und mich im Gesicht leckt

»Der will doch nur spielen«, sind zufällig auch die gleichen Worte, die eine Freundin von mir zu hören bekam,
kurz bevor sie von diesem wahnsinnig verspielten Hund
in die Brust gebissen wurde, wo sie nun eine Narbe hat,
um sich immer an dieses fantastische Spiel zu erinnern.
Von »Spielen«, die Beißen und Lecken beinhalten, hatte ich
bereits in meinem Dating-Leben in meinen frühen Zwan-
zigern die Nase gestrichen voll. Und selbst *wenn* dein Hund
nur spielen möchte: Dem »Party«-Kapitel dieses Hass-
Buches kannst du entnehmen, wie ich zu Spielen stehe; ich

HASSE sie. Was ist, wenn ich nicht spielen möchte? Wieso respektiert niemand meine Wünsche und Gefühle in diesem Szenario?

Ich hasse Leute, die wollen, dass ich ihnen bei ihrer Bachelorarbeit helfe

Interview-Anfragen für Bachelorarbeiten erreichen mich jede Woche mehrfach, aber opportunistisch, wie ich bin, weigere ich mich, ein Interview zu geben, das in etwa eine Person erreichen wird (nämlich den Professor oder die Professorin, die die Arbeit bewerten) und aus dem ich daher absolut keinen Nutzen ziehen werde (es sei denn, der Professor oder die Professorin kauft danach meine Bücher oder Tickets zu meinen Shows).

Die Erfahrung hat mich gelehrt, dass diese Leute in einem mindestens fünfundvierzigminütigen Interview mit dem Flair eines Verhörs auf dem Polizeirevier ausnahmslos immer genau die gleichen Fragen stellen, auf die ich bereits mehrfach geantwortet habe und die sie daher auch ganz einfach googeln könnten, wobei ich am Ende meistens sogar noch gezwungen bin, meinen Kaffee selbst zu bezahlen. Genauso nervig finde ich diese »kurzen Fragebögen« (deren Beantwortung natürlich ebenfalls mindestens fünfundvierzig Minuten dauert), die wir für unsere studierenden Facebook-Kontakte ständig ausfüllen sollen.

Ungern möchte ich jemandem vorschreiben, wie er seine Uni-Arbeiten zu schreiben hat, aber diese ganzen empirischen Forschungen sind einfach ein viel zu großer Aufwand für alle Beteiligten. Mir persönlich ist es gelungen, sie in meiner gesamten Studienzeit zu vermeiden, und mein Abschluss ist deshalb nicht weniger wert.

Ich hasse Gruppenarbeiten an der Uni

Wenn ich sehen will, wie Leute sich über etwas streiten, was überhaupt nicht wichtig ist, gehe ich zu einem Treffen mit meiner Verwandtschaft. Gruppenarbeiten sind unangenehm, weil man nie die Person sein sollte, die gleich zu Beginn zu viele Inputs gibt. Ehe man sich's versieht, ist man auch schon der Gruppenanführer und zuständig für die Kommunikation, die Aufgabenverteilung und – seien wir ehrlich – absolut alles. Ich habe es abgrundtief gehasst, der Organisator einer Gruppenarbeit zu sein und meinen Kommilitonen hinterherzulaufen, die sich pünktlich einen Tag vor Abgabe so verhalten haben, als wären sie im Zeugenschutzprogramm und einfach nicht mehr erreichbar. Ich konnte mich immer nur schwer davon abhalten, um drei Uhr morgens vor ihrer Wohnungstür zu stehen und sie mit den laut gebrüllten Worten »Na, wie läuft's mit der PowerPoint-Präsentation?« aus dem Schlaf zu reißen.

Ich hasse Leute, die meinen Problemen lauschen und mir dann sagen, dass es nun wirklich Schlimmeres gebe

Das hat mir noch nie auch nur ansatzweise in irgendeiner Form weitergeholfen. Es gibt *immer* Schlimmeres, Jana! Natürlich ist mein schmerzender Weisheitszahn angesichts der Tatsache, dass es – wie du sagst – Menschen gibt, die überhaupt keine Zähne haben, eher ein Kinkerlitzchen, aber trotzdem habe ich einen pochenden Schmerz in meinem Mund. Dachtest du, dass ich mich so sehr an dem Leid dieser zahnlosen Menschen ergötze, dass ich meine Schmerzen völlig vergesse? Und drehen wir den Spieß doch mal um: Wenn ich nicht unzufrieden sein darf, weil es anderen Menschen so viel schlechter geht als mir, darf ich dann auch nicht zufrieden sein, weil es da draußen ja auch Menschen gibt, denen es um einiges besser geht? Ich bin mir zum Beispiel ziemlich sicher, dass ich nie so glücklich sein werde wie diese verdammte Reese Witherspoon, in deren Leben augenscheinlich vierundzwanzig Stunden am Tag die Sonne scheint. Soll ich mein Streben nach Glück daher am besten gleich aufgeben?

Ich hasse Leute, die ein wunderschönes Foto von sich selbst als Hintergrundbild am Handy oder Laptop haben

Das erinnert mich immer an den Film *Während du schliefst*, in dem Sandra Bullock zu Beginn mit einem absoluten Kotzbrocken zusammen ist. Dass wir ihn als Zuschauer unsympathisch finden sollen, wird unter anderem dadurch signalisiert, dass in seiner Wohnung ausschließlich Bilder von ihm selbst hängen. Ich weiß schon: Diese Leute, die sich selbst als Hintergrundbild haben, machen das oft, weil sie Bekräftigung brauchen, um an sich selbst und ihren Traum zu glauben. Schön für dich! Ich hoffe nur, du bist dir bewusst, dass du auf den Rest der Welt wie eine Person wirkst, die sich beim Masturbieren selbst im Spiegel betrachtet und laut »Ja…*ich*!« stöhnt.

Ich hasse Moralapostel, die mich zur Schnecke machen, weil sie in meiner Küche ein Produkt einer Firma erspähen, die man »eigentlich nicht unterstützen« sollte

Sollte, sollte, sollte! Wer hat dich denn bitte zur Lebensmittel-Polizei gemacht, Babsi? Ich versuche ja auch, gewisse Firmen zu vermeiden, aber manchmal passieren mir Ausrutscher, weil ich nicht so gut informiert bin wie du. Also bitte urteile nicht so stark über mich. Wer noch nie unabsichtlich ein Nestlé-Produkt gekauft hat, werfe das erste Cini Mini!

Ich hasse Leute, die meine Witze wiederholen

Das passiert leider relativ oft. Als absolute Gag-Granate bringe ich natürlich den ganzen lieben langen Tag Meldungen, die absolut köstliche Feuerwerke der Freude sind. Bloß posaune ich meine Pointen in einer größeren Runde nicht immer raus, sondern nuschle sie eher in meinen Bart, sodass maximal die Person, die neben mir sitzt, sie hört und ein bisschen was zum Schmunzeln hat. Gern geschehen! Dagegen fühle ich mich oft wie Cäsar kurz vor seiner Ermordung, wenn mir die Person neben mir dann in den Rücken fällt, indem sie meinen ausgezeichneten Witz um einiges lauter als ich wiederholt und dafür brüllendes Gelächter von allen Versammelten erntet. Das ist eine äußerst unangenehme Situation. Wir beide wissen natürlich, dass es sich dabei um einen Milli-Vanilli-artigen Betrug handelt, aber was bringt es mir, wenn ich nun laut schreie: »Das ist *mein* Witz! *Ich* habe das zuerst gesagt!«? Nichts.

Ich hasse alle, außer mich selbst

Das trifft es wohl auf den Punkt.

Danksagung

Nach 333 Dingen, die ich abgrundtief hasse, ist es wohl ein angenehmer und notwendiger Ausgleich, nun ein paar Leute aufzulisten, an denen ich wirklich gar nichts auszusetzen habe.

Bei Sophie Boysen vom Heyne Verlag bedanke ich mich, dass sie geduldig meinen Buch-Ideen gelauscht und sich dann für das »Hass-Buch« ausgesprochen hat, das natürlich von Anfang an mein absoluter Favorit war.

Ein großes Dankeschön geht an Sara Ginolas, die sich den wunderbaren Titel überlegt, Feedback zu meinem Manuskript gegeben und mir immer mit beruhigenden Worten geantwortet hat, wenn ich mich mal wieder bei ihr gemeldet habe, weil mir eine Haarsträhne am Cover nicht gefallen hat (ich scherze nicht).

Bei Henning Thies, meinem Lektor, bedanke ich mich für seine hilfreichen Ideen, Anregungen und Kommentare, die dieses Buch um einiges besser gemacht haben. Unsere Zusammenarbeit war mir ein Vergnügen!

Meine Managerin Julia Sobieszek begleitet mich nun schon seit drei Jahren, und mein Leben hat sich mit Beginn unserer Zusammenarbeit um gefühlte 200 Prozent verbessert. Danke, Julia. An dieser Stelle möchte ich mich auch bei ihrem Team von der Agentur Sobieszek bedanken: Tamara, Anja und Maram – ihr seid alle super!

Lieber Dominik, jetzt sind wir schon über sieben Jahre ein Paar, und du lachst noch immer über meine Witze, als würdest du sie zum ersten Mal hören – *das* ist Liebe!

Nicht zuletzt möchte ich mich bei meiner treuen Community bedanken. Ich freue mich sehr, dass ihr meine Inhalte konsumiert und mich bei meinen zahlreichen Vorhaben unterstützt. Egal, ob ihr meinen Podcast hört, mir nette Nachrichten schreibt oder zu meinen Auftritten kommt: Ich weiß eure Unterstützung wirklich sehr zu schätzen.